MÉMOIRES
DE CANLER

SCEAUX. — IMPRIMERIE CHARAIRE ET FILS.

MÉMOIRES
DE
CANLER

ANCIEN CHEF

DU SERVICE DE SURETÉ

—

TOME I

TROISIÈME ÉDITION

PARIS

F. ROY, LIBRAIRE-ÉDITEUR

185, RUE SAINT-ANTOINE, 185

—

1882

AVERTISSEMENT

La première édition des *Mémoires de Canler* parut en 1862 ; elle ne formait qu'un volume très abrégé, car l'auteur avait cru prudent de supprimer tous les passages susceptibles de porter ombrage à la police impériale.

Malgré cette réserve le livre fut saisi, et c'est le plus bel éloge que nous puissions en faire aujourd'hui. Tous les journaux de l'époque, du reste, sans distinction d'opinion, furent unanimes à blâmer cette mesure prise sous le futile prétexte qu'en publiant ses *Mémoires*, M. Canler, alors en retraite, violait le secret professionnel en dévoilant certains actes de l'administration qui lui avait été confiée.

Maintenant que nous vivons sous un régime de liberté, les mêmes motifs ne peuvent être évoqués ; la lumière doit se faire partout; il n'est pas un acte dont un de nos fonctionnaires doive avoir à rougir; il ne peut, il ne doit exister aucun mystère dans les actes de la police.

Nous croyons donc le moment bien choisi pour publier une édition, cette fois complète, des *Mémoires de Canler*. Nous avons rétabli le texte d'après le manuscrit original, sans aucune omission ni coupure, et tel que l'auteur avait eu primitivement l'intention de le publier.

Nous espérons que l'administration actuelle ne prendra aucun ombrage d'une œuvre qui dévoile, il est vrai, certains mystères fort curieux et les actes blâmables de quelques agents sans scrupules ayant appartenu à l'ancien régime;

œuvre dont le mérite consiste à être écrit sans esprit de parti et avec la plus rigoureuse exactitude.

Aujourd'hui notre police devient en quelque sorte une police nationale. On voit ces braves gens, obscurs soldats du devoir, luttant avec courage et désintéressement contre les bandits les plus dangereux, exposant souvent leur vie pour le triomphe de la loi et la protection de la société.

Pour diriger tout ce personnel, lui imprimer une bonne direction, il faut des capacités hors ligne, une perspicacité fort grande, un grand courage et une présence d'esprit remarquables, car, malgré son incontestable utilité, la police a parfois une tâche bien délicate et surtout bien ingrate à remplir.

Enfin, il n'est pas toujours facile de faire un excellent policier, et un bon chef de la sûreté, qui tient à remplir son devoir avec le plus grand scrupule, doit être sans cesse prêt à l'attaque comme à la défense.

Qu'il pleuve, qu'il vente ou qu'il neige, rien ne doit le rebuter, nuit et jour il doit être sur la brèche. Il doit avoir un tempérament de fer, car c'est au moment où il croit pouvoir prendre un peu de repos, qu'un ordre vient l'arracher au sommeil pour courir sus aux malfaiteurs. — Faut-il découvrir un voleur, arrêter un assassin, prévenir un crime ? vite il doit partir avec ses agents pour cerner les bandits dans leur repaire et c'est pour ainsi dire en rampant dans l'ombre, qu'ils s'avancent en silence et pas à pas dans ces redoutables coupe-gorge, car ils doivent tout entendre et tout voir sans être vus afin de ne pas donner l'éveil ; il faut qu'ils soient calmes, patients, tenaces et attentifs pour ne pas perdre de vue un seul instant le gibier qu'ils guettent et qu'ils filent souvent des mois entiers pour arriver à connaître ses desseins et découvrir ses complices. Enfin, pendant que nous dormons sans inquiétude, les agents de la sûreté se livrent sans cesse par tous les temps et au milieu de graves dangers, à une pénible guerre d'embuscade pour laquelle le chef doit employer tous les moyens ingénieux que lui suggère son imagination inventive, car il ne doit faire usage de ses armes qu'à la dernière extrémité. Il lui faut donc, son corps défendant, sortir victorieux de la lutte et livrer son prisonnier vivant, afin de faire triompher la loi au profit des honnêtes gens dont il protège le sommeil, la fortune et le foyer.

Voilà, à notre avis, ce que doit être le policier, honnête et fidèle gardien de la sécurité publique.

M. Canler, sous les apparences de la bonhomie, fut ce chef honnête, dévoué, courageux, intelligent et désintéressé, car après trente ans de loyaux et bons services, il est mort absolument sans fortune. Cependant, il s'est souvent signalé dans ses fonctions par d'importantes captures et il a rendu d'éminents services à la Justice de son pays.

Arrivé à la retraite, il a écrit ses *Mémoires* sans aucune prétention littéraire, mais avec beaucoup de franchise et dans un style familier, qui en rendent la lecture très intéressante et très agréable.

Ses *Mémoires* sont d'autant plus curieux que les histoires qu'il raconte ne sont nullement du domaine de la fantaisie ni du roman, mais appartiennent bien à la triste réalité. Il cite les dates, les noms des individus et des agents qui, étant sous ses ordres, ont été témoins des faits qu'il raconte.

En un mot, son livre est plein d'étonnements et de faits étranges, même incroyables, c'est un tableau réaliste sur lequel, en artiste spécial, il s'est appliqué à peindre d'après nature les vices et les crimes de la haute et basse société parisienne.

Nous avons eu la bonne fortune d'être mis en possession des Mémoires manuscrits de M. Canler et de toutes les pages dont il avait, par prudence, expurgé la première édition.

Ces notes ont été revues et classées avec soin pour faire l'édition complète que nous présentons aujourd'hui telle que l'auteur l'avait comprise. Au lieu d'un seul volume de 400 pages, que contenait la première édition, celle-ci sera en deux forts volumes ayant environ 500 pages chacun. Nous pensons que le public fera un accueil empressé à cette nouvelle édition considérablement augmentée et qui pour cette raison devient le complément indispensable de toute collection des mémoires sur la police.

L'Éditeur, F. R.

AVANT-PROPOS

POURQUOI JE PUBLIE MES MÉMOIRES

Trois choses peuvent pousser un homme à écrire ses mémoires :
1° Le besoin de célébrité, de renommée, d'immortalité, en quelque sorte, c'est-à-dire l'orgueil ;
2° Le désir d'exploiter la curiosité par des récits romanesques ou bizarres ;
3° L'envie de vulgariser les faits et les idées dont la connaissance lui a été acquise par une longue expérience pratique ; l'espoir de sauver du déshonneur quelques individus faibles de caractère, en leur montrant le vice tel qu'il est, c'est-à-dire laid, bas, ignoble, repoussant ; la persuasion, enfin, de remplir un devoir envers la société, en exposant des événements où il s'est trouvé acteur ou témoin, afin d'en tirer des enseignements utiles et propres à inspirer aux jeunes intelligences une noble répugnance à

l'égard de tout ce qui est vil, méprisable et honteux.

C'est, j'ose le dire, cette pensée qui m'a encouragé et soutenu.

Avec le secours de mes notes et surtout d'une mémoire assez heureusement organisée, puisqu'elle me permet de me rappeler non seulement les faits, mais encore les noms et les dates d'une manière irréfutable, je me suis mis à l'œuvre dans cette seule intention d'être utile, de prémunir les honnêtes gens contre les ruses des malfaiteurs, et de prouver à ceux-ci que leurs machinations sont dévoilées tôt ou tard.

J'espère aussi que les exemples que je cite détourneront de la mauvaise voie certaines intelligences faibles ou portées à mal faire.

A ce propos, je crois devoir faire observer que, pour initier le lecteur aux difficultés que présente souvent la découverte des criminels, je me suis trouvé dans la nécessité de reproduire, dans quelques affaires d'assassinat seulement, certaines parties des débats qui se sont déroulés en cour d'assises et qui se lient d'une manière indispensable aux choses inédites que je raconte. D'ailleurs, l'espace de temps qui s'est écoulé depuis ces jugements, m'a semblé un motif suffisant pour ne pas reculer devant une relation très sommaire de faits oubliés pour la plupart.

Il me reste à déclarer qu'en ce qui concerne ma part d'action et de conseil, je me suis imposé la loi de n'être qu'un narrateur scrupuleux, et que je ne redoute aucun démenti; de même, pour toutes les circonstances qui ne me sont pas personnelles, je me suis renfermé sévèrement dans le rôle d'un observateur désintéressé qui raconte simplement ce qu'il a vu, ce qu'il a su, ce qu'il a entendu, sans avoir d'autres prétentions que celle de faire connaître quelques particularités qui pourront donner à réfléchir et à ceux qui sont enclins au mal et à ceux qui le redoutent. J'espère qu'en faveur de ma bonne intention, le lecteur accueillera avec indulgence le récit de mes souvenirs; j'espère aussi qu'il excusera les négligences de style d'un ancien enfant de troupe, qui sait trop combien son instruction a été négligée, pour avoir jamais la prétention de se poser en homme de lettres.

MÉMOIRES DE CANLER

ANCIEN CHEF DU SERVICE DE SURETÉ

I

MON ENFANCE ET MA JEUNESSE

Avant de commencer le récit de mes souvenirs, je crois devoir jeter un coup d'œil rétrospectif sur les vingt-trois premières années de ma vie et raconter, en quelques pages, ce que j'ai été et ce qui m'est arrivé jusqu'à mon admission à la préfecture de police.

Je suis enfant de troupe.

Mon père, après avoir fait les campagnes de la République jusqu'en 1796, passa sergent dans une compagnie de vétérans à Saint-Omer, où je suis né, le 4 avril 1797.

En 1799, mon père reçut l'ordre de rejoindre à Namur (alors département de Sambre-et-Meuse) la 4ᵉ compagnie de la 6ᵉ demi-brigade de vétérans.

En 1801, la direction de la prison militaire de cette ville devint vacante ; le commandant de la place, qui avait servi dans le même régiment que mon père, le fit nommer directeur provisoire de cette prison, qu'il ne quitta qu'en 1805.

Je me trouvai donc, à l'âge de quatre ans, dans une prison où la séquestration la plus complète et la discipline la plus rigoureuse sont la punition infligée aux soldats qui ont manqué à leurs devoirs ou failli aux lois de l'honneur. Le souvenir de cette époque m'a fait reconnaître combien les impressions du jeune âge influent sur les idées qui se développent plus tard chez l'homme. Élevé dans les principes de la plus rigoureuse probité, j'éprouvai naturellement une terreur salutaire pour tout ce qui pouvait m'exposer à des punitions; aussi, quand il m'arrive de me rappeler mon enfance et de considérer le rôle que j'ai joué dans mon âge mûr, je ne puis m'empêcher d'être frappé du rapport qui existe entre l'instruction morale de mes premières années et la carrière que j'ai embrassée plus tard.

J'étais depuis six ans à Namur, lorsque l'empereur vint visiter cette ville et passer la garnison en revue. Mon père lui remit une pétition sollicitant pour moi, en ma qualité d'enfant de troupe, la place d'un des tambours récemment décédé. Cette demande reçut un accueil favorable, et le 1er messidor an XIII (18 juin 1805) je fus nommé tambour; j'avais alors huit ans et deux mois.

Peu de temps après, nous quittâmes Namur pour aller tenir garnison à Vanloo, où je me liai étroitement avec les enfants de troupe du 3e hussards.

Comme eux, je pris l'habitude d'accompagner les hommes de ce régiment lorsqu'ils allaient se baigner dans la Meuse. Un jour du mois d'août 1806, je partis de la caserne avec plusieurs cavaliers pour nous rendre à la rivière. J'étais à peine dans l'eau que le trompette Xavier, qui savait combien j'étais imprudent, me recommanda de ne pas m'engager trop au large.

Le conseil était bon, mais loin de m'y conformer, je voulus faire le vaillant et j'avançai dans la rivière, lorsque je fus tout à coup emporté par un courant dont la violence me fit un moment disparaître ; heureusement, un hussard nommé Bonheur put me saisir aux cheveux et me ramener sur la berge. Mon père voulut offrir à mon sauveur une récompense que celui-ci refusa obstinément. Dès lors, Bonheur devint le commensal de la maison et y fut traité comme un frère.

Un mois s'était à peine écoulé depuis cet événement, lorsque mon hussard s'étant livré à quelques libations, manqua l'appel et fut puni de deux jours de salle de police. Le lendemain, sa compagnie devant aller se baigner, on le fit sortir de prison ; mais, avant de se rendre à la rivière, il alla à la cantine et y prit quelques verres de genièvre. Bonheur était loin d'être ce qu'on appelle un ivrogne, aussi le peu de liquide qu'il avait absorbé suffit-il pour le griser. A peine fut-il au bord du fleuve, qu'il s'élança en avant sans écouter les recommandations de ses camarades. Arrivé à l'endroit du courant où il m'avait sauvé la vie, il disparut et toutes les recherches faites pour le retrouver furent sans succès.

La ville de Vanloo est traversée par un ruisseau d'environ deux mètres de large. Ses eaux vaseuses lui ont fait donner le nom de Schwartzbac (ruisseau noir); hors la ville, il est bordé d'un côté par la route, et de l'autre par de charmants jardins d'agrément qui ne manquent pas d'un certain aspect pittoresque. Les nombreuses racines d'arbres qui plongent dans ses eaux y forment un grand nombre d'excavations où se plaisent les écrevisses et les lamproies, fort abondantes dans ce ruisseau. Souvent j'allais avec des enfants de troupe à la pêche de ces crustacés et de ces poissons. Un jour que j'étais parvenu à prendre une lamproie monstrueuse avec l'aide d'un de mes camarades nommé Églie, une discussion s'éleva entre nous au sujet du partage de cette pêche; mon camarade m'appliqua un soufflet que je lui rendis aussitôt, puis nous tombâmes l'un sur l'autre à bras raccourcis.

Nous nous serions indubitablement pris aux cheveux si cela eût été possible; mais l'empereur, comme on le sait, avait remplacé depuis longtemps, dans l'armée, les cadenettes et la poudre par les cheveux tondus. Tout à coup Églie me dit : — Écoute, nous ne pouvons nous arranger comme des pékins ! Nous sommes soldats, nous avons des armes et en garde !...

Ces paroles n'étaient pas prononcées que déjà les sabres étaient croisés. Mon adversaire, voulant me donner un coup de manchette, fit glisser fortement sa lame contre la mienne; la pression fut si forte, que la poignée de mon briquet m'échappa de la main. Alors Églie se fendit; ne pouvant me servir de mon sabre, je parai avec l'avant-bras gauche. La blessure ne fut pas légère et la cicatrice est encore visible. Mon vainqueur s'empressa de bander la plaie avec son mouchoir, puis nous rentrâmes compère et compagnon à la caserne, Églie tout fier de m'avoir blessé, et moi plus fier encore, s'il est possible, de l'avoir été.

Nous quittâmes Vanloo au mois de septembre 1807, et après avoir tenu garnison à Mézières, nous nous rendîmes à Anvers, où nous fûmes casernés à la citadelle. Là, par suite d'une nouvelle organisation, je cessai d'être tambour, n'ayant pas l'âge fixé par les nouveaux règlements.

Peu après notre arrivée dans cette ville, ma mère, ma sœur et moi, nous fûmes atteints de la maladie anversoise, c'est-à-dire la dysenterie combinée avec une fièvre tierce. A Namur, nous avions gagné beaucoup d'argent; mais, depuis notre départ de la prison, le malheur semblait nous poursuivre, car ni l'ordre, ni l'économie de ma mère n'avaient pu empêcher notre position d'empirer de jour en jour: Après une année de maladie, nous nous trouvâmes dans une situation désespérée, et, pour ne pas demeurer plus longtemps à la charge de mes parents, j'allai le 6 décembre 1811 à la mairie, signer mon engagement pour le 28ᵉ de ligne, dont le dépôt était à Saint-Omer. Le 7, muni de ma feuille de route, je me rendais chez le payeur pour toucher mon indemnité de 15 centimes par lieue. En chemin, je traversai la place Verte. Un régiment, le 26ᵉ léger, je crois, formait le carré autour des grilles pour empêcher les curieux de pénétrer à l'intérieur; mais grâce à mon uniforme je parvins aisément à m'approcher et à voir ce dont il s'agissait. Au milieu de la place était un immense brasier, alimenté incessamment par des pièces de bazin, de nankin, de dentelles, de soieries, que des hommes prenaient dans des fourgons qu'on amenait à chaque instant. Cet autodafé de marchandises anglaises, saisies d'après le système du blocus continental, dura huit jours. On en brûlait pour plus d'un million par jour ; les cendres étaient soigneusement recueillies et jetées ensuite dans l'Escaut.

Je fus très ému par la destruction de tant de richesses dont la plus modique partie aurait arraché ma mère et ma sœur à la position malheureuse où elles se trouvaient. Je me hâtai de m'éloigner, et, après avoir reçu ma modeste indemnité de route, je rentrai à la maison le cœur gros, mais le visage riant. Le lendemain, je partis pour Saint-Omer, et comme j'avais été tambour aux vétérans, je fus admis au 28ᵉ en cette qualité.

En 1813, je quittai les baguettes pour le fusil. Je venais d'être nommé caporal, lorsque ma compagnie reçut l'ordre de se rendre à Anvers où nous arrivâmes le 15 octobre.

Le duc de Plaisance, alors gouverneur de cette

place, détacha au mois de janvier 1814, une colonne
des troupes de la garnison, avec ordre de pousser
une reconnaissance aussi près que possible de Bréda,
située à dix lieues nord-est. La colonne alla jusqu'aux portes de cette ville, où elle rencontra une
division ennemie de force quintuple, qui la fit battre
en retraite. A vingt minutes d'Anvers, avant d'arriver à la porte Rouge, il existe une rivière peu large,
mais très profonde, appelée la Scheyn (lisez *Chèque*),
qui coupe la route à angle droit et qu'on traverse sur
un petit pont en pierre, où quelques hommes peuvent à peine passer de front. Lorsque la colonne
d'expédition arriva auprès de ce pont, la difficulté
pour le traverser fut encore augmentée par l'obscurité de la nuit; le désordre se mit dans les rangs.
Alors les uns se jetèrent à la nage, et entraînés par
le courant, se noyèrent; les autres en se précipitant
en masse sur l'étroit passage qui s'offrait à eux, se
trouvèrent à moitié étouffés et rejetés sur les para-
pets, d'où ils tombèrent dans la rivière pour n'en
plus sortir. Ce malheureux événement produisit la
plus pénible impression sur l'esprit de la garnison et
répandit l'épouvante et la consternation parmi les
habitants. Presque aussitôt la ville fut bloquée. Le
duc de Plaisance fut rappelé et remplacé par le général Carnot. A peine ce dernier fut-il installé, que
le siège fut poussé vigoureusement par les alliés, qui,
cependant, n'obtinrent aucun résultat. Les savantes
combinaisons du général déjouaient toujours les
projets de l'ennemi.

Entre autres qualités, Carnot, que les soldats avaient surnommé l'*Infatigable*, possédait cette activité incroyable, qui, en 1673, au siège de Maëstricht, avait fait dire à Louis XIV en parlant de Villars :

« Dès qu'on tire le canon en quelque endroit, il semble que ce petit garçon sorte de terre pour s'y trouver. »

Opposant une énergique volonté aux souffrances de la fatigue, Carnot, suivi de deux lanciers, était sur pied jour et nuit, faisant des rondes, visitant les postes, établissant des batteries, indiquant à chacun la position qu'il devait conserver et la conduite qu'il devait tenir en cas d'attaque, enfin ne s'en rapportant qu'à lui pour les soins de surveillance que réclamait une aussi grave position.

Les alliés voulant frapper un coup décisif, placèrent une batterie derrière le faubourg de Willebrord dit Bellegrade, afin de bombarder et d'incendier les vaisseaux qui se trouvaient dans les bassins intérieurs de la ville, et qui formaient alors l'une des plus belles et des plus fortes escadres que la France possédât.

Devant cette menace, le conseil de guerre de la place fut d'avis que ce faubourg fût immédiatement abandonné et démoli ainsi que l'église; mais Carnot déclara qu'il ne consentirait jamais à une destruction qui réduirait les malheureux habitants de ce quartier à la plus affreuse détresse; et, d'ailleurs, il trouverait moyen de défendre la ville que l'empereur avait confiée à sa garde sans avoir recours à de pareilles extrémités.

On sait que Carnot tint parole.

Après un siège inutile, l'ennemi se retira et Anvers fut sauvée.

Les Anversois n'ont pas oublié la conduite de Carnot à leur égard, et chaque fois qu'ils parlent de lui, c'est toujours avec respect et reconnaissance.

Aussi, quelques années après l'époque que je viens de rappeler, le conseil municipal d'Anvers décida que la grande rue de Willebrord prendrait le nom de Carnot, et l'on posa solennellement sur la première maison de ce faubourg une plaque en marbre qui portait, gravée en lettres d'or, l'inscription suivante :

Au général Carnot, la ville d'Anvers reconnaissante. Ce faubourg, ainsi que l'église de Willebrord, ont été préservés d'une destruction complète par le général Carnot, gouverneur d'Anvers.

Louis XVIII étant monté sur le trône, la place d'Anvers fut évacuée et remise aux Anglais le 3 mai 1814. Ma compagnie retourna à Saint-Omer, où nous arrivâmes le 10 mai. Mon régiment, comme tant d'autres, avait conservé pour Napoléon le plus vif enthousiasme. Dans les chambrées, on exprimait hautement l'espoir qu'un jour on reverrait ce dieu des soldats, cet empereur qu'on regardait comme le seul souverain possible; et si nos chefs, moins expansifs que nous, sous-officiers et soldats, ne laissaient pas transpirer leurs sentiments, les cœurs étaient d'accord et les désirs unanimes.

Un matin, retentit dans toute la France comme un coup de tonnerre la nouvelle :

« *Napoléon est débarqué à Cannes !!!* »

L'annonce de cet événement ne fit que redoubler notre enthousiasme, et chacun jurant de se joindre à lui à la première occasion, se procura une cocarde tricolore pour remplacer la cocarde blanche de nos shakos. En attendant ce jour tant désiré, les cocardes furent précieusement cachées au fond de nos sacs, sous la doublure.

Mon bataillon reçut l'ordre de partir pour aller, comme disait M. de Saint-Hilaire, notre colonel, combattre l'usurpateur. Arrivés à Béthune, nous reçûmes contre-ordre, et l'on nous fit retourner à Saint-Omer, où, à six heures du soir, nous apprîmes l'entrée triomphale de Napoléon à Paris. Toutes les fenêtres des chambrées furent spontanément illuminées comme par enchantement, et alors commença une véritable fête, célébrée aux cris de : *Vive l'Empereur !*

Mon régiment fut formé en deux bataillons de guerre, puis nous partîmes pour Valenciennes, où nous arrivâmes le 13 juin. Mais, en passant à Orchies, le colonel Saint-Hilaire nous quitta subitement pour rejoindre le roi Louis XVIII, à Gand. Il fut remplacé par le colonel Saint-Michel.

Le 14, nous bivouaquâmes dans une forêt, et le 15, au point du jour, on nous donna connaissance d'une proclamation que l'empereur adressait à son armée avant d'entrer en campagne. Après cette lecture, qui était pour nous le signal de marcher en avant, nous nous dirigeâmes sur Thuin, en Belgique.

Notre corps d'armée devait quitter cette ville le lendemain matin pour se trouver de bonne heure à Fleurus; mais nous ne partîmes qu'à midi, et, par un concours de circonstances, de marches et de contremarches restées inexplicables, nous n'arrivâmes à notre destination que plusieurs heures après l'engagement de la bataille.

Mon régiment fut placé derrière un petit bois, non loin de la route de Bruxelles, pour arrêter la cavalerie ennemie qu'on supposait devoir déboucher de ce côté; on nous fit former le carré sur six rangs.

Nous restâmes dans cette position jusqu'à neuf heures du soir; alors nous reçûmes l'ordre de nous porter sur la gauche de la route de Bruxelles, en avant des Quatre-Bras.

Je ne rappellerai pas tous les actes d'héroïsme accomplis par l'armée française, et, sans parler ici de ces hommes qui broyaient leurs croix entre leurs dents, qui déchiquetaient leurs drapeaux par petits morceaux qu'ils avalaient pour que ces emblèmes ne pussent tomber au pouvoir de l'ennemi, je ne puis m'empêcher de raconter une des particularités de cette journée mémorable.

En prenant possession de notre nouveau bivouac, nous aperçûmes au bord de la route un jeune soldat, ou plutôt un tronçon d'homme, car l'infortuné avait eu les deux jambes emportées par un boulet! Sa blessure n'avait pas encore été pansée; on avait seulement cherché à arrêter l'hémorragie en bandant les plaies avec une chemise. Ce malheureux portait en outre les traces récentes de blessures au visage et à la poitrine. Il devait être d'une force extraordinaire pour avoir survécu à ses blessures et à la perte de sang qui en était résultée. En nous voyant défiler devant lui, il se souleva sur les mains par un mouvement nerveux et s'écria d'une voix énergique :

— Vive l'empereur ! J'ai perdu mes deux jambes, mais je m'en f...! La victoire est à nous ! Vive l'empereur !

La physionomie, les accents de ce brave qui, sans doute, est mort ignoré de tous, sont restés gravés dans ma mémoire, et, en traçant ces lignes, je ne puis encore maîtriser mon émotion au souvenir de ce sentiment de patriotisme si courageusement exprimé.

La division à laquelle j'appartenais était composée de mon régiment, et des 54º, 55º et 105º de ligne, sous les ordres des généraux Bourgeois, commandant la première brigade, et Allix, la division. Arrivés à notre destination, nous mîmes sacs à terre et les armes en faisceaux ; puis quelques hommes par escouades partirent à la maraude.

J'avais pris quatre hommes avec moi et nous nous étions dirigés à l'aventure, laissant nos fusils à la garde de nos camarades.

Il est un vieux proverbe qui dit qu'il est bien difficile de peigner un diable qui n'a pas de cheveux ; ma foi, je crois qu'il était pour le moins aussi difficile de trouver quelque chose à manger, car chaque maison, chaque grange que nous visitions avait été visitée par d'autres. Enfin, j'avisai, au milieu d'un bois, une espèce de grange tombant en ruines ; nous nous dirigeâmes de ce côté, et j'entrai dans l'édifice délabré, par une brèche que le temps avait faite dans un des angles. La nuit était des plus obscures, il me fallut quelques minutes pour distinguer les objets qui m'entouraient. Enfin, à l'angle opposé, j'aperçus quelque chose de blanc ; ce n'était certes pas le moment de croire aux fantômes ou aux apparitions, je me dirigeai vers cet objet, et je reconnus, à ma grande satisfaction, que c'était un sac de farine ! Nous résolûmes de l'emporter. Pour alléger le fardeau, on emplit de farine ses poches, son mouchoir, son shako, puis le restant fut laissé dans le sac, que chacun prit à tour de rôle sur ses épaules.

Par ces changements continuels de position, ces chargements et déchargements successifs, le maudit sac nous avait barbouillés de telle sorte, qu'en arrivant au camp nous eûmes toutes les peines du monde à nous faire reconnaître, et qu'officiers et soldats nous reçurent par de joyeux éclats de rire. Nous ressemblions non pas seulement à des meuniers, mais encore à ces dignes imitateurs de Debureau, habitués de nos bals masqués.

Le 17, à une heure de l'après-midi, un coup de canon partit de la hauteur où la chaussée de Bruxelles fait le coude, c'était le signal d'aller en avant ; nous poursuivîmes l'ennemi l'épée dans les reins jusqu'à sept heures du soir. Alors nous prîmes position près du village de Sainte-Alliance et des hauteurs de Rossomme, puis chacun commença ses dispositions pour son dîner, et quelques-uns partirent à la maraude. Cette fois, nous ne rapportâmes que du bois et un petit mouton vivant ; mais comme, selon toute apparence, la journée du lendemain devait être rude, nous conservâmes notre mouton pour le prochain déjeuner, et nous passâmes la nuit auprès du feu. Ce n'était, certes, point du luxe, car pendant toute la nuit la pluie ne cessa de tomber. Enfin, au point du jour, chaque compagnie démonta ses fusils pour les graisser, changer les amorces et faire sécher les capotes ; puis, ces préparatifs terminés, nous songeâmes à notre déjeuner. La marmite fut mise au feu ; un de nos caporaux, quelque peu garçon boucher, tua, écorcha et mit en morceaux notre pauvre petit mouton, qu'on fit cuire avec une certaine quantité de la farine par moi découverte le 16. Après une heure de cuisson, le capitaine et le sous-lieutenant de la compagnie vinrent prendre leur part de notre repas, qui, je me hâte de le dire, avait un goût détestable, car, au lieu de sel dont nous manquions absolument, notre cuisinier avait imaginé de fourrer une poignée de poudre dans la marmite.

Le soleil étant monté à l'horizon, on prit les armes et l'on se mit en bataille. L'empereur passa alors devant le front de tous les corps, et, par un mouvement spontané qui ressemblait à une commotion électrique, casques, shakos, bonnets à poil furent agités au bout des sabres ou des baïonnettes aux cris frénétiques de *Vive l'empereur!!!*

Vers midi, nous allâmes prendre position sur le plateau de la Sainte-Alliance, où avait été établie une batterie de quatre-vingts canons, puis on nous fit descendre dans le ravin qui porte le même nom, et où nous étions à l'abri d'une batterie formidable que les Anglais avaient établie pendant la nuit en face de la nôtre, et qui faisait un feu continuel.

Bientôt ce fut un duo effroyable exécuté par les deux batteries composées de près de deux cents canons; les boulets, les bombes, les obus, passaient en sifflant au-dessus de nos têtes. Après une demi-heure d'attente, le maréchal Ney donna l'ordre d'attaquer et d'emporter d'assaut la batterie anglaise; trois coups de baguettes sur la caisse d'un tambour suffirent pour que le corps fût prêt à marcher : on nous forma en colonne serrée par bataillon; je remarquai que l'adjudant-major Hubaut, chargé de former les divisions, vieux soldat ayant fait toutes les campagnes de l'Empire, était préoccupé et d'une pâleur extrême. Enfin, les colonnes étant formées, le général Drouet d'Erlon se mit au milieu de son corps d'armée, et d'une voix forte et accentuée prononça ces seules paroles :

« C'est aujourd'hui qu'il faut vaincre ou mourir! »

Le cri de *Vive l'empereur!* sortit de toutes les bouches pour répondre à cette courte allocution, et, l'arme au bras, au bruit des tambours battant la charge, les colonnes s'ébranlèrent et se dirigèrent vers les canons anglais sans tirer un seul coup de fusil. Alors les batteries ennemies, qui jusque-là n'avaient envoyé que des boulets et des obus, furent braquées sur nos colonnes qu'elles décimèrent par la mitraille. A peine avions-nous fait cent pas que le commandant de notre deuxième bataillon, M. Marins, était blessé mortellement; le capitaine de ma compagnie, M. Duzer, était frappé de deux balles; l'adjudant Hubaut et le porte-drapeau Crosse étaient tués.

Et au milieu de tout cela, la voix calme et grave de nos chefs faisant exécuter ce seul commandement : *Serrez les rangs!*

A la deuxième décharge de la batterie anglaise, le tambour de grenadiers Lecointre eut le bras droit emporté par un biscayen, mais cet homme courageux continua de marcher à notre tête en battant la charge de la main gauche, jusqu'à ce que la perte de son sang lui fît perdre connaissance. (En 1828, je le revis à Paris, où il était entré aux Invalides.)

La troisième décharge réduisit le front de notre bataillon au front de compagnie; le cri terrible de *Serrez les rangs!* se fit entendre de nouveau. Ce cri, loin de porter l'épouvante ou le désespoir dans nos cœurs, produisit un effet tout contraire, il exalta notre courage et nous inspira non seulement l'idée de vaincre, mais encore celle de venger nos malheureux frères d'armes expirant sous nos yeux.

Après une course de vingt minutes, nous arrivâmes près de l'ouvrage en terre où se trouvaient placés les canons anglais, et nous commençâmes à le gravir. La pluie qui était tombée toute la nuit avait délayé les terres, d'ailleurs naturellement grasses, de sorte que, dans le cours de mon ascension, le sous-pied de ma guêtre droite se cassa et mon talon sortit de mon soulier. Je me baissai vivement pour remettre ce dernier; mais, au même moment, je sentis qu'une violente cecousse me rejetait mon shako en arrière, il serait très probablement tombé, sans les jugulaires qui l'accrochaient à mon menton. C'était une balle que je venais de recevoir, et qui, du n° 28 de ma plaque, avait fait un zéro et était sortie par derrière en me rasant la tête.

Toujours l'arme au bras, nous montâmes ainsi jusqu'aux canons qui venaient de vomir contre nous des flots de mitraille. A peine atteignons-nous le sommet du plateau que nous y sommes reçus par les dragons de la reine qui fondent sur nous en poussant des cris sauvages. La première division qui n'a pas eu le temps de former le carré, ne peut soutenir cette charge et se trouve enfoncée; alors commence un véritable carnage; chacun se voit séparé de ses camarades et se bat pour son propre compte. Le sabre, la baïonnette s'ouvrent un passage dans les chairs palpitantes, car on est trop rapproché les uns des autres pour faire usage des armes à feu.

Mais la position n'était pas tenable pour des fantassins combattant isolément et entourés par des cavaliers; je me trouvai donc bientôt isolé, prisonnier et désarmé. Tout à coup, le commandement : Au trot! se fait entendre : ce sont les lanciers et les cuirassiers français qui arrivent à notre secours ; les dragons anglais, pour repousser cette charge, sont obligés de m'abandonner. Alors je profite de cet instant de liberté pour me jeter dans un champ de blé qui se trouvait sur le côté. Les cavaliers français attaquent les dragons anglais avec furie, sabrent et jouent de la lance à tort et à travers, de telle sorte que ceux-ci finissent par battre en retraite en laissant bon nombre des leurs sur le champ de bataille. Cela me permet de le traverser pour tâcher de rejoindre mon corps, lorsqu'en faisant un détour sur la gauche, je me trouve près d'un officier de dragons anglais qui avait été tué dans la mêlée. Un coup de sabre lui avait fendu la tête et la cervelle avait jailli hors du crâne.

A la poche de son gousset pendait une superbe chaîne en or ; quelle que fût la précipitation de ma fuite, je m'arrêtai un instant pour m'emparer de cette chaîne et d'une belle montre aussi en or. Les Anglais m'avaient dépouillé de mon sac et de mes armes, j'appliquai la loi du talion ; puis, quelques pas plus loin, je trouvai une gibecière sous le couvercle de laquelle était gravé sur une plaque en cuivre : « Labigne, sous-lieutenant au 55ᵉ de ligne. »

Je passai rapidement l'inspection de ma seconde trouvaille, qui se composait d'une écritoire et de linge, dont je sentis toute la valeur, ne possédant, pour le moment, que ce que j'avais sur le corps. Peu après, je rencontrai, accompagné de quelques officiers, mon colonel, qui courait comme un fou à droite et à gauche, de toute la vitesse de son cheval, en criant : A moi, 28ᵉ ! à moi! et ces cris, où était empreinte la marque du plus profond désespoir, disaient hautement que le désastre de son régiment l'attaquait dans son propre honneur. J'allais me joindre à lui, lorsque des cris lamentables se firent entendre à ma droite; je me dirigeai de ce côté et j'aperçus, étendu par terre, un jeune soldat du 105ᵉ de ligne.

Ce malheureux, qui avait eu le tibia droit fracturé par une balle, souffrait horriblement de sa blessure qui n'avait été ni pansée, ni même bandée.

— « Camarade, me criait-il, je vous en prie en grâce, ne m'abandonnez pas là ! je ne puis me traîner jusqu'à l'ambulance, et si la cavalerie vient à repasser par ici, je serai infailliblement foulé aux pieds des chevaux. » Et en disant ces mots, il étendait vers moi des mains suppliantes ; je ne pus résister à cet appel et me précipitai vers lui.

Me mettant aussitôt à genoux, je tirai une chemise de la gibecière que je venais de trouver, je bandai sa blessure, puis je le pris sur mon dos et je le portai ainsi, avec beaucoup de peine et de fatigue, à travers le champ de bataille jusqu'à la première ambulance, où je parvins à le faire placer, non sans difficulté. J'allai ensuite me réunir à quelques-uns de mes camarades, et, errant un peu à l'aventure, nous fûmes rencontrés par un général qui nous héla et nous demanda où nous allions ; sur notre réponse que nous cherchions à rejoindre notre corps. — C'est inutile, nous dit-il, votre régiment est en pleine débandade. Venez avec moi, je vais vous mettre en position.

Il nous plaça sur la route, avec consigne de ne laisser passer que les blessés et de faire rebrousser chemin à tous soldats en état de porter les armes. Trois lanciers étaient déjà là avec la même mission ; en moins d'une heure nous avions arrêté plus de quatre cents fuyards. (J'avais pris le fusil d'un blessé à qui il était devenu inutile.)

Nous ne quittâmes cette position que lorsque l'armée entière battit en retraite en se dirigeant vers Charleroi, avec les caissons, les bagages et les voitures chargés de malheureux ayant bras ou jambes cassés, et pour la plupart n'ayant pas encore été pansés.

Qu'on juge de la désolation que devait présenter cette scène, rendue encore plus pénible par la confusion qu'occasionnaient les ténèbres de la nuit.

A cause de l'encombrement désastreux qu'offrait la route, nous nous mîmes en marche isolément, chacun cherchant à se frayer un passage de côté et d'autre à travers champs.

A cinq heures du matin, j'arrivai à Charleroi, que je ne fis que traverser ; de là je me dirigeai vers Beaumont, où je trouvai un nombre considérable de soldats de toutes armes, venus comme moi dans l'espoir de rejoindre leurs corps et de marcher de nouveau à l'ennemi.

J'avais grandement besoin de repos, car, depuis quatorze heures que j'avais quitté le champ de bataille, je ne m'étais pas arrêté un instant. Cependant, après avoir pris quelque nourriture, je me hâtai de quitter Beaumont et me dirigeai sur Avesnes où j'arrivai à neuf heures du soir; les portes étaient fermées, le pont-levis était levé. Force me fut de coucher à la belle étoile ; mais, lorsqu'on a dix-huit ans, qu'on a passé trois jours sans sommeil et qu'on a fait une traite de trente lieues, on n'y regarde pas de si près.

Je ne fis qu'un somme jusqu'à cinq heures du matin ; alors les portes de la ville s'ouvrirent ; un adjudant, envoyé par le commandant, vint annoncer que, la garnison étant plus qu'au complet, nous ne pouvions entrer dans la place, et que d'ailleurs, l'armée se reformant à Laon, nous aurions là probablement toutes facilités de rejoindre nos corps respectifs.

Parmi les soldats qui étaient arrivés en même temps que moi, je retrouvai trois camarades du régiment : Millet, sergent de grenadiers, décoré; il avait eu le bras gauche emporté par un boulet; Vernon, autre sergent, et Forestier, caporal, blessés aussi au bras gauche ; nous nous mîmes en route pour Laon, où mes trois compagnons de route se firent recevoir à l'hôpital. Quant à moi, j'allai rejoindre ceux de mes camarades qui étaient arrivés avant moi, et à la tête desquels se trouvaient le colonel et le commandant Senac. Lorsque nous étions entrés en campagne, le régiment comptait quatorze cents hommes, deux cents à peine se trouvaient à Laon. Dans cette campagne de quatre jours, l'Empereur avait livré les deux grandes batailles de Fleurus et de Waterloo.

Le 23 ou le 24 juin, le maréchal Soult, major général de l'armée, passa en revue les troupes qui se trouvaient à Laon. En arrivant devant moi, mon colonel le fit arrêter et lui dit en me désignant :

— Maréchal, voici le plus jeune soldat de mon régiment ; c'est un enfant de troupe âgé de 18 ans, il a fait sa première campagne à seize ans. Après s'être conduit très bravement à Waterloo, il a emporté du champ de bataille sur son dos un soldat français dangereusement blessé.

Je fus tout stupéfait de cette apostrophe, car j'ignorais que cette action eût été remarquée par mon colonel.

— Eh bien ! lui répondit le maréchal, vous le porterez pour la croix !

Et il s'éloigna.

Mais les circonstances étaient trop graves alors pour ne pas faire ajourner l'exécution de promesses de ce genre, et les événements qui suivirent, en changeant la face de la France, vinrent mettre à néant les espérances bien légitimes que d'autres soldats avaient pu concevoir, ainsi que moi.

Le jour même de cette revue, je vendis à un horloger de la ville, pour la somme de 120 francs, la montre qui me venait de l'officier anglais et qui valait plus de 500 francs. Si alors je fus satisfait du prix que j'en obtins, mon acheteur en fut sans doute plus content que moi.

Nous partîmes de Laon pour Soissons, mais avant de traverser cette dernière ville pour aller camper hors de la porte de Reims, dans une plaine qui se trouve près de la route de Compiègne, on nous fit descendre dans les fossés qui étaient à sec, et là, après nous avoir fait former le carré, le colonel nous donna lecture de l'abdication de Napoléon en faveur de son fils le roi de Rome.

Cette communication nous atterra. Vainement le colonel, voulant stimuler notre enthousiasme, cria-t-il *Vive Napoléon II!* Le régiment, ou pour mieux dire, le détachement cria aussi *Vive Napoléon II!* mais la tristesse était sur tous les visages, et l'on semblait se dire du regard : Qu'allons-nous devenir sans notre Empereur?...

Trois jours après, nous quittâmes Soissons pour nous rendre à Compiègne; mais déjà les Anglais nous avaient devancés dans cette ville. Notre infanterie se jeta vivement dans la forêt qui borde la route et l'artillerie resta au milieu de la chaussée pour répondre aux canons ennemis; nous nous avançâmes en tirailleurs à l'abri des arbres de la lisière du bois et nous attaquâmes les Anglais à coups de fusil. Après une heure de combat, ou plutôt d'escarmouches, on sonna le rappel, nous nous reformâmes en colonne par division pour nous rendre à Villers-Cotterets, puis à Senlis, où nous arrivâmes à dix heures du soir ; mais là, comme à Compiègne, l'ennemi nous avait encore devancés. Alors commença une marche pénible, exécutée à travers champs, avec l'assistance d'un guide...

Nous marchions depuis trente heures. La fatigue, la chaleur, le besoin exténuaient les hommes, le sommeil les accablait, on dormait en marchant, on aurait volontiers dormi en se battant ; à deux heures du matin, on fit une courte halte; puis, après avoir pris un peu de repos, nous repartîmes à travers les terres labourées, et, à neuf heures du soir, nous arrivâmes à Bondy, où nous passâmes la nuit sous les murs du parc. Depuis quarante-neuf heures que nous étions en marche, nous ne nous étions arrêtés que deux heures. A cinq heures du matin, nous nous remîmes en route pour aller camper à la barrière de Montreuil; huit jours après, nous passions la Loire à Gien pour nous rendre à Bergerac, où nous séjournâmes jusqu'au licenciement, qui eut lieu le 29 septembre 1815. Les hommes de chaque corps furent dirigés sur leurs départements respectifs pour y former la légion départementale.

Nous n'étions que trois appartenant au Pas-de-Calais : Villemard, musicien, Pénot, soldat, et moi; nous fîmes le voyage ensemble, et, après avoir déposé nos armes à Tours, nous nous dirigeâmes vers Paris.

Pour nous rendre de Versailles dans la capitale, nous traversâmes le bois de Boulogne, où bivaquaient alors les Anglais; ceux-ci, en nous voyant tous trois sans armes, nous poursuivirent de leurs sarcasmes, et cela, sans qu'aucun officier intervînt pour leur imposer silence.

Nous continuâmes notre route jusqu'à Arras, où je fus incorporé dans la légion du Pas-de-Calais, et ne tardai pas à être renommé sergent.

Au mois d'août 1816, nous quittâmes Arras pour nous rendre à Saint-Omer; de là nous nous dirigeâmes, le 24 décembre, sur Paris, où nous arrivâmes à la caserne Popincourt, le 3 janvier 1817, et, le 24 décembre de la même année, j'épousais à la mairie du huitième arrondissement mademoiselle Denisot, dont le père était marchand coquetier.

Au moment où j'écris ces lignes, je compte quarante-quatre ans de ménage.

Ma lune de miel fut de courte durée, car, cinq jours après mon mariage, le régiment quittait Paris pour aller à Rennes, où nous arrivâmes le 11 janvier 1818.

On sait combien la superstition est grande en Bretagne et quel empire les légendes exercent sur l'esprit des masses. En voici une que je rapporte, car, outre son originalité, elle tend à prouver que la langue bretonne est celle qu'on parlait dans le paradis terrestre :

« Un jour qu'il faisait horriblement chaud, Adam et Ève étaient assis sous un pommier. La femme, qui était excessivement gourmande et altérée, prit une pomme; mais, au moment d'y mettre la dent, son mari, qui était non moins gourmand et non moins altéré; lui en demanda un morceau, en disant en breton : *A'tam!* d'où lui vint le nom d'Adam.

« Puis, comme il n'y a rien qui donne soif comme une mauvaise action, nos premiers parents, après avoir commis leur crime, furent plus altérés que jamais ; alors la femme alla chercher de l'eau et en donna à son époux, en lui disant également en breton : *Ev!* c'est-à-dire : Bois ! et depuis lors le nom lui est resté. »

Voilà, j'espère, une définition incontestable, car nos premiers parents seuls pourraient se permettre de la contredire avec quelque autorité.

Nous fîmes en Bretagne un séjour de trois mois environ ; puis, en avril, nous nous rendîmes au Havre, où, le 31 décembre 1818, j'obtins mon congé définitif.

Me voici de retour à Paris, mais pour y vivre il faut avoir de l'ouvrage, un emploi ou des rentes. Malheureusement je n'avais ni l'un ni l'autre, et, à vrai dire, je ne savais pas trop à quoi je pouvais être bon ; cependant je me décidai à apprendre un état. Aussitôt dit, aussitôt fait : j'entre en qualité d'apprenti dans la maison du sieur Thomas, fabricant de papiers peints, rue d'Aligre, 10. Broyant des couleurs du matin au soir, faisant des courses, portant des paquets et ne rentrant chez moi que le soir, avec une joue rouge et l'autre verte, je me serais facilement résigné à mon sort, si je n'avais eu continuellement à supporter les gros mots et les injures de mon brutal patron. Dégoûté du métier, je l'abandonnai.

Quelque temps après ma sortie de fabrique, je remarquai, en passant rue Saint-Sébastien, un grand rassemblement devant une maison ; je m'approchai et j'appris qu'un locataire de cette maison avait trouvé dans sa chambre, au troisième étage, un voleur qui était en train de le dévaliser ; que, lorsqu'il avait voulu s'emparer du malfaiteur, celui-ci l'avait menacé d'un couteau formidable, qu'alors le locataire s'était esquivé pour aller chercher la garde, en ayant toutefois la présence d'esprit d'enfermer le voleur à double tour.

— Je crois bien, ajouta mon narrateur, que tout cela sera inutile, et que, quand la force armée arrivera, le gaillard aura pris la fuite par la cheminée !

— Mais alors, m'écriai-je, il n'y a pas de temps à perdre, il faut l'arrêter, et au plus vite !

Et, sans attendre de réponse, je me précipite dans la maison, j'entraîne le concierge à ma suite, nous franchissons les trois étages, et, me faisant désigner la chambre, je m'approche, j'écoute attentivement : tout est silencieux ; j'enfonce la porte en sapin qui cède facilement sous mes efforts, mais la cage est vide et l'oiseau déniché. Je cours à la cheminée, où j'aperçois mon homme qui s'aidait des pieds et des mains pour en atteindre l'extrémité. En un coup de main, j'arrache les matelas du lit, je saisis dans la paillasse quelques poignées de paille que je jette dans la cheminée, j'y mets le feu ; à peine s'allume-t-elle que j'entends une voix enrouée qui me crie : « Arrêtez ! de grâce ! ne faites plus de feu ! je vais descendre, j'étouffe par la fumée ! » Et aussitôt nous entendons l'individu effectuer sa descente ; mais, pensant qu'il pourrait vouloir se servir de son couteau, je me place dans la cheminée, et dès que ses jambes sont à ma portée, je les saisis, et les tirant violemment, je le fais tomber comme une masse sur laquelle je me jette aussitôt. Je lui enlevai prestement l'arme offensive. Alors le concierge m'aida à le maintenir jusqu'à l'arrivée de la garde qui le conduisit chez le commissaire de police. La cour d'assises le condamna à sept ans de travaux forcés.

Cette affaire me donna l'idée de me consacrer à la poursuite des malfaiteurs, et, à cet effet, j'adressai au préfet de police une demande pour obtenir un emploi d'inspecteur qui me fut accordé peu de temps après l'assassinat du duc de Berry.

II

MON ENTRÉE A LA POLICE

Le 25 avril 1820, jour de mon entrée à la préfecture, je fus placé sous les ordres de M. Dabasse, officier de paix.

Le personnel de la préfecture de police, avant l'assassinat du duc de Berry, était composé de :

MM. Anglès, ministre d'État, préfet de police,
     Fortis, secrétaire général,
     Foudras, inspecteur général,
     Delaporte, adjoint à ce dernier,

de 24 officiers de paix et 104 inspecteurs de police; plus, de 5 inspecteurs sédentaires et garçons de bureau, dont deux, détachés au bureau de l'inspecteur général, étaient les nommés Mantoux et Bailly. Les appointements de ces deux derniers étaient de 1,200 francs. Le premier est mort, il y a peu de temps, laissant une fortune de huit cent mille francs : il était parvenu à obtenir un brevet d'imprimeur-lithographe, puis à être chargé de l'impression des listes électorales du département de la Seine; en outre, il avait soumissionné et obtenu la régie du droit des pauvres.

Quant au second, qui existe encore, il épousa la fille d'un employé de la préfecture de la Seine, où il parvint à entrer lui-même en cette qualité. Il est modestement retraité depuis bien des années.

Après le crime du 13 février, l'organisation du service actif reçut quelques modifications. Au lieu de deux officiers de paix et de huit inspecteurs chargés de la surveillance de trois arrondissements, il n'en resta plus qu'un avec six inspecteurs. C'était, comme on le voit, une réduction assez importante; mais les employés qu'on retira de la surveillance des quartiers furent portés dans l'attribution de la politique, et ce que les voleurs gagnèrent en impunité, les libéraux le perdirent en liberté. En effet, les officiers de paix et les inspecteurs qui changèrent d'attributions, passèrent sous les ordres de M. Garnier, commissaire de police du quartier du Mail, nommé à cette occasion inspecteur général adjoint, chargé de la politique, et ayant ses bureaux à la préfecture même.

Les 48 commissaires de police de Paris avaient alors 6,000 francs d'appointements fixes; aucun inspecteur n'était spécialement attaché à leur bureau, si ce n'est un employé réunissant le titre d'inspecteur et celui de secrétaire, et recevant pour ces diverses fonctions la modeste somme de 1,400 francs.

Les officiers de paix avaient 3,000 francs et les simples inspecteurs 1,200 francs.

En 1821, une amélioration fut apportée dans le traitement de certains employés; les officiers de paix virent le leur s'élever à 3,600 francs; celui des inspecteurs secrétaires fut porté à 1,800 francs, mais ils perdirent la qualité d'inspecteurs et conservèrent seulement celle de secrétaires qui leur est restée jusqu'à ce jour.

A peine étais-je en fonctions, que je m'aperçus que plusieurs de mes collègues étaient loin d'être attachés au gouvernement de la Restauration. Presque tous étaient anciens soldats de l'Empire, ayant échangé leurs épaulettes ou leurs galons contre la carte d'inspecteur de police. La vie qu'ils menaient alors n'était pour eux qu'une transition indispensable entre leur passé et leur avenir, et plus d'un nourrissait, à part soi, l'espoir d'endosser encore l'uniforme et de porter l'épaulette d'or au retour de l'empereur, car ce retour était la chimère de chacun.

De tous les agents de police, celui qui se faisait le plus remarquer par son libéralisme était un nommé Lenfant. Ancien soldat de l'Empire, décoré de la main même de Napoléon, ex-lieutenant aux lanciers rouges, il avait fait presque toutes les campagnes, assisté à toutes les batailles et visité toutes les capitales avec le drapeau tricolore. 1815 l'avait réduit à la demi-solde, et c'est en attendant des jours meilleurs qu'il s'était mis dans la police.

Après lui venait Rousselle, qui avait servi longtemps dans la garde impériale, et avait rapporté de la grande armée l'habitude de *grogner* continuellement. Dieu sait si mes deux grognards s'en donnaient! Le roi, les princes, la charte, la chambre, tout y passait.

J'avais donc, dès les premiers jours, acquis la conviction que mes agents royalistes étaient tout bonnement de bons et solides bonapartistes. Eux-mêmes ne tardèrent pas à m'en fournir la preuve. A cette époque où le personnel était peu nombreux, chaque jour, à midi, les officiers de paix et les inspecteurs se rendaient individuellement à la salle de permanence afin de recevoir les ordres du préfet. D'un autre côté, le cinq de chaque mois, tous les employés touchaient leurs appointements à la caisse de la préfecture. La première fois que j'émargeai la feuille de solde, Lenfant vint à moi au moment où je mettais mon modeste traitement dans mon gousset; il me prit par le bras, et m'entraînant dans l'embrasure d'une fenêtre, il me dit : Canler voulez-vous être des nôtres? Nous sommes quelques bons garçons qui, le jour de la paye, nous réunissons pour déjeuner : la dépense n'est pas énorme, car le plus haut qu'elle ait atteint c'est 3 fr. 50 c. ; d'un autre côté, je crois qu'on peut bien se permettre un petit *extra* une fois par mois. Si cela vous va, dites oui; sinon, bonsoir, car je suis déjà en retard.

Pour toute réponse, je passai mon bras sous le sien et lui dis : Marchons.

— A la bonne heure ! exclama-t-il, voilà qui est vraiment charmant de votre part. Rousselle prétendait que j'avais tort de vous en parler, que cela ne vous conviendrait peut-être pas ; je savais bien, moi, que vous ne diriez pas non.

Et nous partîmes.

En sortant de la préfecture, nous prîmes le quai, le pont Neuf, le quai de l'École, la rue du Coq et la rue Saint-Honoré, mais celle-ci nous ramenait sur nos pas, et j'en fus tellement étonné que je ne pus m'empêcher de le faire remarquer à mon conducteur.

— Où allons-nous ? lui dis-je.

— Nous allons rue des Prouvaires, chez Lecourt, restaurateur, où nous serons parfaitement bien. Je dois vous engager à ne pas être étonné de trouver à table une douzaine d'employés de différentes attributions ; peut-être ne les connaissez-vous pas tous, mais vous ferez bientôt connaissance avec eux ; ce sont de bons camarades.

— Mais, dites-moi donc, Lenfant, pour aller de la préfecture à la rue des Prouvaires, je ne vois pas qu'il y ait nécessité de passer par le Louvre.

— Vous ne comprenez pas ?

— Pas le moins du monde.

— Eh bien, en voici la raison : chacun de nous doit aller prendre son service en quittant la préfecture ; or, si nous partions tous par le même chemin, nous risquerions d'être *filés* et de voir arriver au beau milieu de notre déjeuner l'un de nos chefs qui viendrait nous offrir ses félicitations.

— Vous avez raison, je n'avais pas tout d'abord pensé à cela.

— Et puis, vous comprenez combien il serait

vexant pour nous d'être confondus avec ces brigands de libéraux qui, sous prétexte de se réunir pour dîner, tiennent de très jolis petits conciliabules contre le gouvernement de Sa Majesté très chrétienne Louis XVIII.

Mais j'avais trop entendu parler mon interlocuteur pour croire un seul mot de ce qu'il venait de me dire ; aussi le regardai-je d'une manière qui lui prouvait que nous étions d'accord, et nous partîmes d'un éclat de rire. Puis enfin, tout en devisant de la sorte, nous arrivâmes chez Lecourt, où nous montâmes dans une salle située au premier étage. Se couvert était dressé, et une douzaine d'agents, groupés çà et là, causaient ensemble.

A notre entrée, Rousselle vint au devant de nous en nous disant :

— Ma foi, mes amis, il ne manquait plus que vous, et puisque nous sommes au complet nous allons commencer tout de suite.

J'étais en face de Rousselle, à ma gauche était Gayetti et à ma droite mon parrain Lenfant. Pendant le repas, il ne fut pas dit un seul mot qui eût rapport à la politique, et je finissais, ma foi, par croire que je m'étais trompé sur leurs intentions et leurs opinions ; mais vers la fin du déjeuner, Rousselle commença l'attaque en me disant :

— Dites-moi donc, Canler, n'avez-vous pas servi sous l'Empire ?

Je m'apprêtais à lui répondre, lorsque Gayetti me coupa la parole.

— Certainement, dit-il, c'est un enfant de troupe, et quoiqu'il soit bien jeune, il a fait trois campagnes.

— Mais, reprit le premier, jusqu'à quel moment avez-vous servi?

Ce fut encore mon voisin de gauche qui répondit pour moi.

— Jusqu'à quel moment? Notre ami n'est ni plus ni moins qu'un de ces affreux brigands de la Loire, comme on les a baptisés si poétiquement.

A ces mots, tous se levèrent d'un mouvement spontané et saisirent leurs verres; alors Lenfant, portant cette fois la parole, dit :

— Mes amis, le nouveau compagnon que nous recevons aujourd'hui dans notre petite société a fait suffisamment ses preuves, ainsi que l'a annoncé notre ami Gayetti; c'est un enfant de troupe qui a suivi pas à pas la fortune de Napoléon et qui est resté fidèle à son devoir jusqu'au licenciement complet de l'armée de la Loire. Buvons donc à sa santé, et qu'il soit le bienvenu parmi nous?

Et les verres furent vidés.

Prenant alors la parole, je remerciai en peu de mots mes aimables confrères; puis la conversation prit enfin son véritable cours, c'est-à-dire se rabattit exclusivement sur la politique.

Chacun apporta son mot, présenta son plan de réforme et déblatéra à son aise contre les excès des royalistes. D'ailleurs, ce n'était pas à tort que ces derniers étaient blâmés, car les reproches les plus sérieux qui leur furent adressés, les griefs les plus importants qui s'élevèrent contre eux, reposaient tous sur les malheureux événements qui s'étaient passés dans le midi, dès le commencement de la Restauration, et qu'on avait si justement qualifiés du nom de *terreur blanche*.

La conversation continua ainsi, vive, animée, pendant un certain temps ; puis à trois heures, Lenfant, qui était le plus instruit, le plus capable de la société, et qui en outre remplissait en quelque sorte, dans ces petites réunions, les fonctions de président, annonça qu'il était temps de songer à la retraite, en ajoutant :

— Nous avons tous accepté un mandat, notre honneur est engagé à sa parfaite exécution ; que le gouvernement nous soit antipathique, cela se comprend, mais que nous manquions à notre devoir, ce ne serait le fait ni d'hommes de cœur, ni de loyaux citoyens : seulement, mes amis, avant de nous séparer pour un mois je réclame un moment de silence.

Trois bouteilles venaient d'être vidées dans nos verres, Lenfant se leva, saisit le sien, puis le portant à hauteur de l'œil, dit à mi-voix :

— A la santé et au retour de l'Empereur !

Nous imitâmes son geste, nous répétâmes ses paroles, et après avoir vidé nos verres, nous nous séparâmes et chacun alla où son devoir l'appelait.

Tel fut le premier déjeuner que je fis avec mes nouveaux camarades, déjeuner que nous renouvelâmes tous les mois, même après la mort de l'Empereur.

En 1822, nos réunions cessèrent brusquement ; quelques-uns de ces pauvres diables, ayant manifesté trop librement leurs opinions politiques, furent révoqués lorsde l'arrivée de M. Delavau à la préfecture de police, et les autres se trouvèrent tellement disséminés dans tous les services, qu'il n'y eut plus possibilité de nous réunir comme par le passé.

D'ailleurs, à cette époque, la délation était devenue à l'ordre du jour parmi les employés ; entre amis, entre parents même, on s'épiait, on s'observait, et il n'était pas rare de voir deux intimes se vendre mutuellement, dans l'espoir de voir leur trahison profiter à leur avancement.

III

M. ANGLÈS PRÉFET DE POLICE

M. Anglès fut appelé à la Préfecture de police le... 181... A cette époque la Congrégation était toute-puissante dans les affaires gouvernementales. Le nouveau préfet avait servi Napoléon avec fidélité ; mais pour faire oublier aux jésuites et aux émigrés son ancien attachement à l'empire, il poursuivit avec une haine persistante tous les bonapartistes ; il s'empara de l'opinion publique qu'il interpréta suivant son bon plaisir. Alors tous les moyens réprouvés par l'honneur et la probité, et qui déshonorent autant ceux qui les emploient qu'ils font de victimes, furent mis en œuvre par les agents de police pour plaire au nouveau maître et recevoir les récompenses promises à leurs détestables services.

Le préfet fut d'autant mieux secondé dans sa police que des agents qui dataient de l'empire, pour satisfaire leur cupidité, se firent à l'envi les uns des autres provocateurs et dénonciateurs. Quelques-uns des nouveaux agents, anciens militaires, se joignirent aux premiers et les dépassèrent en quelque sorte, pour donner des preuves de leur dévouement aux Bourbons. Je pourrais au besoin citer plusieurs de ces agents qui, après avoir harcelé les bonapartistes sous la Restauration, pourchassèrent avec non moins d'acharnement les légitimistes sous le gouvernement de Juillet. L'un d'eux, en 1849, écrivit une lettre à M. le préfet Carlier pour lui demander sa réintégration dans son ancien emploi, espérant sans doute qu'il pourrait poursuivre tout à la fois légitimistes, orléanistes et républicains. Mais sa lettre resta sans réponse.

La police, il faut le dire, a malheureusement trop souvent travaillé elle-même à sa déconsidération, en adoptant au nombre de ses agents des hommes dont la moralité ou les opinions politiques laissaient beaucoup à désirer. En choisissant de pareils instruments pour l'exécution des mesures qu'elle prescrit, elle laisse à penser qu'elle veut avoir à sa solde des hommes qui ne rougiront de rien et qui se prêteront aux actes les plus arbitraires. Cependant elle ne peut se faire illusion sur le jugement que lui réserve l'opinion publique. La police, suivant moi, ne devrait admettre parmi ses agents que des hommes dont la probité et la moralité seraient un sûr garant d'une bonne et loyale conduite.

Si l'on voulait avoir une idée de la police absurde et vexatoire de la Restauration, qu'on lise la *Police dévoilée* par Froment, chef de la brigade du cabinet du préfet Delavau et le *Livre noir* de Grelant, officier de paix. Il est vrai que les renseignements qu'ils donnent ne consistent qu'en copies de rapports de surveillances exercées sur des personnes victimes de dénonciations calomnieuses, dictées par la haine ou la vengeance des agents. On a peine à croire que les chefs de la préfecture de police se soient laissé aveugler par leur passion politique à ce point de donner suite aux rapports mensongers de leurs agents, et pourtant c'est la plus pure vérité !

M. de Belleyme avait commencé à purger son administration non seulement des agents provocateurs, mais encore de ceux qui avaient de fâcheux antécédents. Malheureusement sa trop courte présence à la préfecture de police ne lui permit pas d'accomplir cette réforme, qui fut entièrement délaissée par M. Mangin, son successeur.

Je reviens à M. Anglès.

Lorsque le ministère, sous l'influence des jésuites, des émigrés et de sa camarilla royale, voulait faire passer à la Chambre des députés une loi dans l'intérêt du parti dominant, un budget par trop anormal, ou prendre des mesures réactionnaires, la police, par des moyens plus ou moins machiavéliques, détournait l'attention des affaires politiques. C'est ainsi qu'en 1817, elle faisait pleuvoir, dans la rue Montesquieu, de petites pièces d'argent, sans qu'il fût possible de savoir d'où elles provenaient. Cette rue et celles environnantes étaient encombrées d'une foule de curieux dont les uns ramassaient la monnaie qui leur tombait sur le nez, les autres cherchaient à deviner le phénomène. Les bonnes gens disaient que c'était une tentation du diable et que ceux qui toucheraient à cet argent seraient damnés à tout jamais ; d'autres pensaient que c'était un tour de physique ; mais les plus fins devinaient une machination de la police. Certains journaux, pour donner plus de créance à cette jonglerie, annoncèrent que l'autorité avait fait explorer, mais sans succès, toutes les maisons, pour découvrir la main mystérieuse qui jetait tant d'argent sur le pavé.

Cette comédie se renouvelait chaque jour, à la grande satisfaction des badauds. Mais après trois semaines de cette mystification, le but de la police étant atteint, elle fit cesser la pluie d'argent qui avait coûté trente mille francs au budget des fonds secrets.

Si à cette époque le spiritisme et les frères Davenport eussent existé, on leur aurait sans aucun doute attribué ce prétendu miracle.

En 1819, la préfecture de police fit courir le bruit que des individus se faisaient un cruel plaisir de piquer, avec un poinçon ou une longue aiguille fixée au bout d'une canne, les jeunes femmes qu'ils rencontraient dans les rues ou sur les boulevards. Les journaux dévoués à la police publièrent cette nouvelle et publièrent en même temps les noms de plusieurs victimes que la police leur avait donnés.

La nouvelle s'était propagée de telle façon dans la capitale, que les filles et les femmes n'osaient plus sortir sans être accompagnées de leur père, de leur frère ou de leur mari. La panique était si grande, qu'à nuit close, on ne rencontrait pas une seule femme sur la voie publique. Pour donner plus de vraisemblance à cette diabolique invention, le chef du bureau des mœurs avait choisi dix de ses subordonnées pour les faire promener dans les divers quartiers de la capitale ; chacune d'elles était suivie par deux agents qui étaient chargés d'arrêter celui qui les piquerait, et en même temps on faisait afficher le signalement d'un prétendu piqueur, en invitant les citoyens à l'appréhender.

Un mois après, le tour étant joué, il ne fut plus question de piqueurs.

La discussion du projet de loi pour le double vote avait soulevé de violentes tempêtes au sein du corps représentatif. Le 29 mai 1820, la Chambre devait se prononcer sur un amendement de M. Camille Jordan, député de l'opposition. Ce jour-là, M. le marquis de Chauvelin, autre député de l'opposition, qui était atteint d'une maladie aiguë, se fit néanmoins transporter à la Chambre dans une chaise à porteurs. L'amendement passa à la majorité d'une seule voix. Cette nouvelle s'étant répandue au dehors, M. de Chauvelin, à son retour, fut accueilli sur la place Louis XV par les cris de : Vive la Charte ! Vive le député fidèle ! poussés par une foule considérable qui stationnait depuis plusieurs jours sur cette place.

Le lendemain, M. Chauvelin revint à la Chambre et reçut du peuple, qui en encombrait les abords, un accueil encore plus sympathique. Puis à la sortie de la séance, au fur et à mesure, que les députés libéraux paraissaient, la foule criait avec enthousiasme : Vive Benjamin Constant ! Vive Manuel ! Vive Labbey de Pompière ! Vive Sébastiani ! etc., etc.

Les jours suivants, les démonstrations publiques furent encore plus vives. La police pensant qu'aucun stratagème, ne pourrait distraire l'opinion publique de ce projet de loi, crut devoir adopter des moyens plus énergiques que les précédents.

A cet effet, le 2 juin, mes collègues et moi reçûmes de l'officier de paix M. Dabasse, l'ordre de nous rendre sur la place Louis XV, de nous mêler à la foule et d'exciter tous ces *chenapans*, en criant nous-mêmes comme eux et plus fort qu'eux. Des militaires, ajouta-t-il, pour la plus grande partie gardes-du-corps, s'y rendront également, mais en bourgeois et munis de cannes, et aux cris de : Vive le Roi ! rosseront d'importance *tous ces braillards de la Charte et de l'opposition*.

Nous nous dirigeâmes vers la Chambre des députés. Là, nous nous séparâmes trois par trois ; je restai avec Gayetti et Lenfant, dont j'ai déjà eu l'occasion de parler à propos de nos petites réunions de la rue des Prouvaires. Sur les trois heures de l'après-midi, des hommes de haute stature, porteurs de cannes, arrivèrent de tous côtés ; nous les reconnûmes pour être des gardes-du-corps déguisés. Les jeunes gens qui encombraient la place (les élèves des écoles de droit et de médecine étaient venus en masse) devinèrent aussi le déguisement de ces messieurs et les accueillirent aux cris de : Vive la Charte!

Les nouveaux venus essayèrent, mais vainement, de proférer quelques Vive le Roi! Leurs voix étaient perdues dans le tumulte. Ils se mirent alors à distribuer des coups de cannes à tous ceux qui se trouvaient à leur portée. Un jeune clerc de notaire ou d'avoué, nommé Durand, s'approcha et leur adressa les plus vifs reproches en leur disant avec raison qu'ils étaient venus armés de cannes, sachant parfaitement bien que les personnes qui se trouvaient sur la place n'avaient rien pour se défendre. A ces mots, les partisans du projet de loi tombèrent sur ce malheureux jeune homme et le bâtonnèrent à outrance. Ému de compassion, je m'élançai suivi de près par Lenfant et Gayetti, et nous parvînmes, grâce au concours de quelques-uns de nos voisins, à retirer de leurs mains l'infortuné clerc.

Nous nous gardâmes bien de rendre compte à nos chefs de cet incident. Mais nous avions été vus par d'autres inspecteurs, qui ne jugèrent pas les choses comme nous, et trouvèrent très agréable de faire un petit rapport sur le compte de leurs collègues.

Le lendemain, M. l'inspecteur général Foudras nous fit appeler tous trois dans son cabinet pour nous témoigner son mécontentement sur notre conduite de la veille.

— Comment! nous dit-il, on vous envoie pour prêter votre concours aux militaires en bourgeois, et vous faites tout le contraire! En vérité, je ne vous comprends pas! M. le préfet voulait vous révoquer, mais j'ai intercédé pour vous, et, grâce à ma prière, vous conserverez vos places. Mais, une autre fois, rappelez-vous bien à quelle administration vous appartenez, et sachez, à l'avenir, mieux exécuter les ordres qu'on vous donnera.

M. Foudras était naturellement paternel pour les employés. De plus, il avait compris que, dans la circonstance présente, nous révoquer c'était livrer authentiquement à l'opposition le secret de l'affaire.

Pendant que nous arrachions Durand à la bastonnade, une scène plus grave se passait sur un autre point. Un peu avant la fin de la séance, M. de Chauvelin quitta la Chambre, et comme toujours traversa le pont Louis XVI et la place Louis XV, dans sa chaise à porteurs. A sa vue, les cris de : Vive Chauvelin! Vive le député fidèle! partirent de toutes les bouches; mais aussitôt, plusieurs individus entourèrent le député qu'ils menacèrent en brandissant leurs cannes, sans pourtant oser s'en servir. Cette action exaspéra la foule, et une collision s'engagea pour ne finir qu'à l'arrivée de la force armée, qui fit entièrement évacuer la place. Presque en même temps, un étudiant, le jeune Lallemand, fils d'un riche marchand de graines de la rue du Petit-Carreau, était tué d'un coup de fusil tiré par un garde royal en faction près de la grille du jardin des Tuileries.

Le lendemain, le préfet de police faisait placarder, sur les murs de la capitale, une proclamation dans laquelle les rassemblements étaient qualifiés de rébellion, d'attentat à la tranquillité publique.

Les attroupements cessèrent sur la place Louis XV et aux environs; mais chaque soir, de nombreux rassemblements se formaient entre les portes Saint-Denis et Saint-Martin. On envoyait des agents sur les boulevards, non pour sommer les attroupements de se dissiper, mais pour avertir la préfecture lorsque la foule compacte empêcherait la circulation. Alors on exécutait au galop, le sabre à la main, des charges de cavalerie qui, bon gré, mal gré, arrivaient forcément à s'ouvrir un chemin dans cette foule tumultueuse et agitée.

IV

LE COLONEL LABÉDOYÈRE

S'il est une chose ignoble dans la société, c'est la délation ; les cœurs se glacent à la pensée de ces hommes qui viennent à vous, le sourire aux lèvres, les bras ouverts, qui vous serrent la main avec les plus chaleureuses protestations d'amitié et qui vont ensuite vous livrer au bourreau. Mais si l'individu dénoncé est un bienfaiteur qui ait comblé de ses bontés celui qui vient de le vendre, si le misérable, secouru jadis par une main généreuse, n'a trouvé dans son cœur, au lieu de reconnaissance, que les inspirations de la plus infâme trahison et n'a pas reculé devant le rôle odieux de délateur. Oh! alors, je vois les poitrines soulevées par le dégoût qu'inspire cet homme, et les yeux exprimer le mépris et l'indignation qu'il mérite. Aussi, ne puis-je m'empêcher d'éprouver une certaine émotion en citant le fait suivant.

En 1820, il existait parmi les officiers de paix en fonctions un petit homme au corps replet, à l'œil vif, au teint coloré, d'une figure assez agréable, de manières distinguées, ayant un langage des plus choisis et une conversation tellement attachante qu'on aurait pu la prendre pour de l'éloquence, enfin une tenue irréprochable, invariablement composée d'un habit et d'un pantalon noirs ainsi que d'une cravate blanche. Tel était au physique le portrait de M. D***, qui devait sa position aux services exceptionnels qu'il avait rendus à la police dans les circonstances que je vais raconter.

D*** avait été dans sa jeunesse l'obligé de la famille Labédoyère, obligé au premier degré, car il avait été reçu fort jeune et en quelque sorte élevé dans la maison. Plus d'une fois, la mère de M. Labédoyère avait fermé les yeux sur certaines actions que, dans sa bonté d'âme, elle taxait d'enfantillages et d'espiègleries, mais qui auraient pu recevoir une qualification plus sérieuse. Enfin, après une faute des plus répréhensibles, D*** s'enfuit de la maison qui l'avait recueilli et passa en Espagne, d'où il ne revint qu'en 1814, à la suite de l'armée française. Arrivé à Paris, il demanda et obtint son admission à la police en qualité d'inspecteur.

La première restauration eut lieu, puis le retour de l'île d'Elbe, les Cent jours, et enfin la rentrée de Louis XVIII. Cette seconde restauration amena de nombreuses listes de proscription, et parmi ceux, qui pendant les Cent jours, s'étaient rapprochés de Napoléon, un grand nombre payèrent de leur sang ou de l'exil le crime d'avoir été fidèles à leurs convictions.

Le colonel Labédoyère fut au nombre de ces malheureuses victimes. Profondément attaché à l'empereur, il s'était empressé de se joindre à lui lors de son passage à Grenoble, au retour de l'île d'Elbe. Or, un tel acte ne pouvait que le rendre odieux au parti royaliste ; aussi, après les Cent jours, Labédoyère se vit-il forcé de prendre la fuite. Pendant quelque temps, il se cacha en province, mais on se lasse de tout, même de la prudence, et, quittant la retraite sûre où il aurait pu attendre de meilleurs jours, ou tout au moins trouver les moyens de passer à l'étranger, il revint à Paris malgré les conseils de ses amis et y fut arrêté dans une maison du faubourg Poissonnière. Conduit à la Conciergerie et incarcéré avec les nombreuses victimes de cette époque néfaste, Labédoyère se trouva privé de toute communication au dehors ; mais des cœurs dévoués, des amis sincères veillaient sur lui et formèrent le projet de le faire évader. L'âme de ce projet était une digne et respectable femme toute dévouée à la famille de cet infortuné, et disposée à acheter de sa vie, s'il le fallait, la délivrance de son cher protégé. Elle avait préparé et arrangé tous les ressorts de cette affaire ; un employé de la prison était gagné moyennant la somme de 10,000 francs ; un seul point restait encore à résoudre : Il fallait trouver le moyen de faire sortir de Paris le colonel aussitôt après son évasion. Jugeant les autres d'après son propre cœur, cette brave femme alla trouver D*** ; elle lui confia sous le sceau du secret, les moyens de salut préparés par elle et ses amis pour assurer la fuite de Labédoyère, et lui fit part de l'embarras dans lequel elle se trouvait pour mener à bonne fin cette œuvre de délivrance. Puis lui rappelant tout ce qu'il devait au colonel et à sa famille, énumérant les bienfaits qu'on lui avait prodigués, les services qu'on lui avait rendus, elle le conjura de se joindre à elle dans cet acte de dévouement, en l'aidant à faire sortir Labédoyère de la capitale.

D***, feignant l'attendrissement, promit qu'à l'aide de sa carte d'inspecteur de police il préserverait le colonel de toute fâcheuse rencontre et lui faciliterait son passage à la barrière. A la suite de cet entretien, il courut à la préfecture dénoncer non seulement le projet de fuite, mais encore tous ceux qui devaient y concourir.

Peu de temps après, Labédoyère était fusillé ! D***, en récompense de son infâme trahison, fut nommé officier de paix et reçut à titre de gratification une somme de dix mille francs.

Voilà comment cet homme acheta sa position au prix du sang ! Mais la Providence ne permit pas qu'il en jouît longtemps ; sa mauvaise action donnait la mesure du peu de confiance que l'on pouvait avoir en lui, et, lors de l'avènement du ministère Villèle en 1821, D*** perdit sa place d'officier de paix. Redoutant alors d'être démasqué, il s'expatria. Il alla à Moscou fonder un établissement commercial qui prospéra, grâce à l'aptitude de sa femme ; mais du moment où il devint veuf, la fortune cessa de lui être favorable, et vers 1840 il se décida à rentrer en France. Arrivé à Paris, il acheta un hôtel meublé. Peu de temps après, le garçon d'hôtel fut un matin tout étonné de ne pas le voir descendre de sa chambre. Il se figura d'abord que son nouveau maître dormait, puis il alla frapper à sa porte et, n'obtenant pas de reponse, il s'imagina qu'il était sorti de très bonne heure, sans prévenir de son absence ; mais la journée se passa et la nuit vint sans que D*** reparût. Le lendemain, le garçon communiqua ses craintes aux voisins ; on alla chercher le commissaire de police, un serrurier ouvrit la porte et l'on trouva D*** pendu dans sa chambre.

Le souvenir perpétuel de son infâme conduite, la honte, le remords peut-être, avaient fatalement conduit cet homme à choisir le genre de mort qu'autrefois on infligeait aux espions et aux traîtres.

V

LES AGENTS PROVOCATEURS

Il y a quelque temps, j'étais assis dans le jardin des Tuileries, et mes souvenirs se reportaient vers l'époque où j'avais vu ce palais pour la première fois. Tout à coup, je fus distrait de mes réflexions par une voix enfantine qui paraissait très courroucée ; c'était celle d'une petite fille de huit ou neuf ans, fraîche, pimpante, frisée, ayant la peau blanche, des cheveux soyeux et cendrés, et de grands yeux bleus. La charmante créature faisait à son petit frère, bambin de trois ans, une mercuriale des plus sévères. Puis, après avoir jeté un coup d'œil autour d'elle et voyant qu'elle n'était pas remarquée, elle brisa le joujou que le malheureux enfant avait à la main et se mit à le frapper de toutes ses forces. Aux cris du petit garçon, la bonne qui était en train de causer *philosophie* avec un tambour d'un de nos régiments de ligne, accourut; mais, à son arrivée, la petite fille lui dit de l'accent le plus naturel : C'est très désagréable, ça ! tu n'es jamais là et il faut toujours que je garde mon petit frère qui casse tout ce qu'il a ! Je le dirai à maman, moi !

Je fus indigné de cette perfide méchanceté et de cette hypocrisie dans un âge aussi tendre. C'était à mes yeux un déplorable présage pour l'âge mûr. Le cours de mes réflexions m'amena à me représenter les conséquences qu'acceptent ces natures perverses quand elles appliquent leurs mauvais instincts, leur duplicité aux questions politiques. Mes pensées se trouvèrent naturellement apportées à l'époque de la Restauration, où j'eus occasion de voir de près les machinations enfantées par une aveugle réaction, ayant pour aide la cupidité et la bassesse de satellites toujours prêts, dans tous les temps, à servir toutes les rancunes.

A Dieu ne plaise que je prétende que tous les personnages d'alors aient été animés du même esprit; mais les caractères honorables et élevés, éprouvés par l'adversité et dignes du respect général, ne furent malheureusement pas en majorité; et comme il est notoire qu'à forces égales même, les honnêtes gens ont toujours le dessous avec les mauvaises passions, il en résulta que la domination fut le partage des *ultras*, qui prétendaient être plus royalistes que le roi, et regardaient la France comme un pays conquis ou comme un territoire dont les habitants n'étaient que d'anciens vassaux rebelles et vaincus.

Sous l'influence de cet esprit réactionnaire, la police fut plus que jamais détournée de son but naturel, et fut presque uniquement consacrée à satisfaire les ressentiments ou à servir les calculs de la coterie qui perdit les Bourbons.

La provocation, cette arme perfide et ignoble qui engendre de légitimes colères en faisant des victimes, fut érigée en système permanent, soit pour créer un semblant de légitimité à des lois restrictives qu'il s'agissait d'extorquer à la bonne foi du monarque, soit pour s'enquérir ou se venger des opinions individuelles ou de celles des masses.

On envoya dans le midi deux agents de police : le premier, ancien militaire de l'Empire, le deuxième, ex-forgeron ; ils avaient pour mission de vendre ostensiblement, celui-là des images, celui-ci des bustes en plâtre des membres de la famille royale ; ils possédaient en outre au fond de leur balle de colporteur des gravures et de petites statuettes en plomb représentant l'empereur et offertes en cachette aux amateurs.

Quelque imprudent se laissait-il prendre à cette espèce de contrebande politique, les deux agents qui étaient munis de bons passeports et de lettres de recommandation toutes spéciales, afin que les autorités locales leur prêtassent aide et protection, dénonçaient immédiatement le délinquant. Visite domiciliaire avait lieu et amenait inévitablement la saisie de l'objet prohibé et l'arrestation du détenteur qui passait bien vite devant les tribunaux.

A Paris, la provocation se faisait de différentes manières.

De braves ouvriers, attirés dans les cabarets par

des hommes qui se disaient leurs frères, qui portaient le même habillement et parlaient le même langage qu'eux, se trouvaient excités, le verre à la main, à émettre une idée contraire aux actes du gouvernement ; puis peu à peu la confiance s'établissait ; on s'était d'abord plaint timidement, on finissait par élever la voix, on blâmait ceux qui étaient au pouvoir, on s'en prenait *au roi* lui-même ; de là, on était naturellement conduit à manifester le désir d'un changement radical, et, à l'instigation d'agents astucieux, on se décidait à mettre la dernière main à un complot illusoire, qui ne devait jamais voir le jour. Alors, sous l'influence de l'ivresse, on signait un pacte élaboré au milieu des bouteilles ; puis une fois que l'acte était signé, il était déposé à la préfecture par l'agent provocateur qui disparaissait, et un beau matin les malheureuses dupes de cette fourberie se réveillaient dans les cachots.

C'est ainsi qu'on s'y prit même avec un ancien officier supérieur nommé Millard, qui professait des opinions bonapartistes très exaltées et ne s'en cachait nullement. Après la chute de l'Empire, il avait fait partie des Français qui se réfugièrent au champ d'asile du Texas. Il était ensuite revenu à Paris où il ne tarda pas à se lier avec deux soi-disant capitaines, qui se donnaient les noms de Duverneuil et Sinard et qui n'étaient autres que Vauv et Chiyn, agents de police. Ceux-ci, pour attirer Millard dans leur piège, se firent passer pour bonapartistes effrénés et excitèrent le mécontentement du colonel contre le gouvernement. Un soir, entre la poire et le fromage, ils l'amenèrent à apposer sa signature sur un prétendu pacte dont voici la copie textuelle :

« Nous jurons, Jean-Baptiste Millard, baron de Sully, lieutenant-colonel du 9e hussards, Nicolas-Auguste Duverneuil et Jacques-Jean Sinard, tous deux capitaines de cavalerie, de mourir pour la vraie liberté sans royauté, à moins que ce ne soit pour Napoléon second.

Fait à Paris, le 20 mars 1820.

« *Signé :* Millard, Duverneuil, Sinard. »

Les deux agents allèrent en toute hâte remettre cet écrit à la préfecture de police ; Millard fut arrêté et condamné à dix ans de bannissement.

VI

1820-1830

LE GÉNÉRAL BERTON ET LE COLONEL CARON

Tout le monde connaît les conspirations de Saumur et de Colmar; mais la part que la police y a prise est encore un mystère que je vais raconter en quelques mots.

Conspiration de Saumur.

A cette époque, la police ne voyait que des conspirateurs dans tous les militaires; généraux, officiers et soldats étaient coupables à ses yeux et n'aspiraient qu'au renversement du gouvernement des Bourbons.

La police savait que le général Berton était un bonapartiste des plus ardents et qu'il demeurait rue de la Tour-d'Auvergne; le préfet de police avait appris, par lettres enlevées et décachetées au cabinet noir, que Berton était à la tête d'une conspiration dont le siège était à Saumur. Un mandat d'arrêt fut décerné contre lui. Mais au moment où les agents et les gendarmes de Paris arrivèrent pour l'arrêter, il les aperçut, de sa fenêtre, se consultant dans la rue; cet appareil de force lui fit penser que c'était à sa personne qu'on en voulait; il prit aussitôt la fuite par une porte qui donnait dans le jardin; un agent qui avait escaladé les murs essaya de lui barrer le passage; mais le général, qui était armé d'un pistolet, fit feu pour l'effrayer. L'agent, saisi de peur, se sauva le plus lestement possible.

Le préfet, mécontent de cet insuccès, fit partir pour Saumur l'agent secret Déga..., qui était un ancien capitaine décoré de la croix de la Légion d'honneur. En arrivant dans cette ville, il apprit que le général Berton était à Thouars où il avait arboré le drapeau tricolore; Déga... se mit à sa poursuite et le rencontra à Montreuil, se dirigeant avec ses partisans sur Brion, où, dans la crainte d'une surprise, chacun se sauva de son côté. Le général et Wolfen, maréchal des logis de carabiniers, l'un des conspirateurs, allèrent se réfugier chez M. Delalande à Saint-Florent; l'agent, qui avait suivi le général dans sa marche, faisait rapport sur rapport, annonçant la retraite de Berton et de son complice, et demandant des instructions pour faire opérer leur arrestation.

Déga... qui ignorait que Wolfen ne s'était affilié à la conspiration et ne s'était attaché à la personne du général que par ordre, ne pouvait comprendre pourquoi on tardait tant à lui répondre. Mais son impatience fut bientôt satisfaite, car le 17 juin le général partit à la chasse avec son compagnon, et à son retour il fut arrêté à la grande stupéfaction de l'agent.

Berton fut guillotiné à Poitiers le 5 octobre 1822; Wolfen fut nommé officier, et Déga... reçut trois billets de mille francs.

Conspiration de Colmar.

Le lieutenant-colonel Caron ne cachait nullement ses opinions bonapartistes; au contraire, il les manifestait en tous lieux et à toute occasion. La police, qui le surveillait depuis longtemps, crut pouvoir s'en débarrasser en le comprenant dans la conspiration militaire du 19 août 1820; mais la cour des pairs l'acquitta, faute de charges suffisantes. Aussitôt sa mise en liberté, il se rendit à Colmar, où il espérait vivre tranquillement auprès de sa femme et de son fils. Malheureusement il avait compté sans la police, qui tenait à ressaisir la proie qui lui avait échappé; elle envoya à Colmar l'agent secret Duclos, le plus astucieux et le plus coquin que j'aie connu de ma vie. Il se présenta au colonel comme étant un ancien officier, tracassé par la police à cause de ses opinions politiques. Caron était franc, loyal et communicatif, mais il avait l'âme ulcérée par l'injuste détention qu'on lui avait fait subir et par les vexations de la police envers les anciens officiers de l'empire.

Caron reçut Duclos avec cordialité. Et celui-ci ne tarda pas à capter la confiance du colonel et à connaître ses plus secrètes pensées ; il informa le préfet de police des desseins de Caron ; deux agents vinrent se mettre à sa disposition et lui apportèrent l'ordre d'encourager le colonel dans son projet, et, au besoin, de lui prêter un actif concours, sans toutefois qu'il s'occupât en quoi que ce soit des moyens d'arrestation. Toutes les dispositions étant prises, le colonel donna aux conjurés rendez-vous à Rouffack ; lorsque tous furent réunis, il endossa son uniforme aux cris de : Vive l'empereur.

Alors les conspirateurs qui étaient des officiers, sous-officiers et soldats déguisés en bourgeois par ordre, l'entourèrent et l'arrêtèrent.

Le malheureux avait donné tête baissée dans tous les pièges qu'on lui avait tendus. Il fut condamné à mort sur le témoignage de cette nouvelle espèce de provocateurs qui obtinrent de l'avancement pour récompense.

Duclos reçut six mille francs et les deux autres deux mille francs chacun.

Deux agents dupes l'un de l'autre.

Deux agents secrets, les nommés Van... et Bla..., qui ne se connaissaient pas du tout, se rencontrèrent un soir à la même table, au café Lambin, au Palais-Royal. Le premier appartenait à la direction de la police et le second à la police militaire. Van..., qui lisait le *Moniteur*, s'exclama tout à coup en disant : quand donc tout cela finira-t-il ? Et en même temps il passait le journal à Bla..., en lui indiquant l'ordonnance qui rétablissait la censure. Celui-ci répondit en soupirant : Il faut espérer que ça aura une fin ! La conversation continua sur le même ton ; ils sortirent ensemble et allèrent se promener dans le jardin pour causer, et là, de confidence en confidence, Van... arriva à insinuer à Bla... que le gouvernement ne tarderait pas à changer.

Nos deux agents, qui s'étaient dits mutuellement officiers de l'empire à la demi-solde, se quittèrent ayant l'air très satisfaits l'un de l'autre et en se donnant rendez-vous pour le lendemain dans le jardin des Tuileries. A l'heure dite, ils étaient, ainsi qu'il avait été convenu, sur la terrasse du bord de l'eau, où ils parlèrent d'abord de choses indifférentes. Mais lorsque Louis XVIII vint à passer en calèche sur le quai, Van... dit à son interlocuteur, en adoucissant sa voix :

— En votre qualité d'ancien officier de l'empire, vous devez être attaché à Napoléon ?

— Si j'y suis attaché ! reprit Bla.... je donnerais mon sang, ma vie, pour mon empereur !

— Eh bien, s'il en est ainsi, trouvez-vous demain à midi chez le marchand de vin qui fait le coin de la rue du Temple et du boulevard de ce nom ; vous demanderez M. Duval (c'était son nom de guerre) ; là, je vous présenterai à quelques anciens militaires de mes amis qui voient et qui pensent comme nous.

Bla... étant arrivé au rendez-vous, fut introduit, dans une salle au premier, où se trouvait le prétendu Duval, attablé avec cinq individus qui buvaient le Du blanc; le nouveau venu fut présenté par Van... à ses amis, comme étant un bon et vrai bonapartiste. Cette déclaration le fit accueillir avec le plus grand empressement par les convives, et bientôt l'un d'eux lui annonça qu'un complot qui avait des ramifications dans toutes les classes de la société était sur le point d'éclater pour renverser le gouvernement des Bourbons et proclamer Napoléon II. J'espère, ajouta-t-il, qu'on pourra compter sur vous pour mettre ce projet à exécution?

Bla..., qui tenait à connaître toutes les particularités de cette conspiration, répondit qu'avant de promettre son concours, il désirait être informé sur les hommes et sur les choses. Tous approuvèrent cette preuve de circonspection et lui promirent de le mettre au courant, en lui communiquant la liste des conjurés. On se quitta en se donnant rendez-vous pour le lendemain à la même heure et au même endroit.

Les deux agents allèrent chacun de leur côté rendre compte à leurs chefs, le premier en annonçant que tout allait pour le mieux et qu'il avait gagné un nouveau prosélyte; le second en faisant connaître le complot qu'il croyait avoir découvert et auquel il était, disait-il, initié. Celui-ci fut autorisé à suivre cette affaire dans tous ses détails.

La seconde réunion fut beaucoup plus nombreuse que la première. Bla... se montra plus coulant. Aussi la confiance ne tarda pas à s'établir, et après de copieuses libations, il demanda qu'on lui fît voir le plan adopté pour assurer le succès de l'entreprise ; on lui communiqua une liste qui contenait les noms de plusieurs généraux de l'empire et d'officiers supérieurs qui n'attendaient que le moment d'agir pour déployer le drapeau tricolore et s'emparer des Tuileries, où l'on avait des intelligences.

Avant de se séparer, Van... fit observer que, pour ne point éveiller les soupçons de la police et du marchand de vin, il était urgent de choisir un autre endroit pour se réunir. On convint alors que quelques membres seulement de la société se trouveraient le lendemain à la Courtille, au cabaret ayant pour enseigne : *Au grand Vainqueur*. Lorsque l'on y fut réuni, Van... annonça qu'une réunion nombreuse de grands personnages avait eu lieu la veille chez le général Pajol, où il avait été décidé d'une voix unanime qu'il était temps d'agir ; puis il ajouta en forme de péroraison que si un homme était assez lâche pour vendre ses frères, il se payerait à l'instant de sa vie ! Van... avait fortement appuyé sur les derniers mots ; tous en étendant la main en manière de serment, approuvèrent cette résolution.

On se dispersa en se donnant rendez-vous pour le lendemain. Van... et Bla... allèrent de nouveau informer leurs chefs de toutes ces circonstances ; le dernier reçut une somme de cent francs, avec ordre de suivre toutes les phases du complot.

La police, pensant qu'il était temps de mettre fin à cette conspiration, fit arrêter à la pointe du jour Bla... ainsi que tous les membres de la société, à l'exception de ses agents. Bla... fut conduit au dépôt de la préfecture de police, et, après huit jours de secret, il fut transféré à la Force où il retrouva une partie des individus qu'il avait vus dans les différentes réunions.

A son premier interrogatoire, il avait déclaré qu'il était agent de la police militaire et qu'il avait rendu compte du complot; mais on n'avait eu aucun égard à sa déclaration. Alors il écrivit à ses chefs pour leur apprendre son arrestation et réclamer sa mise en liberté. Ceux-ci intervinrent près de la police pour leur agent, en donnant connaissance des rapports qu'il leur avait faits. Cette circonstance, qui venait démasquer toutes les roueries employées par la police pour arriver à fabriquer une conspiration, la rendit furieuse, et, pour se venger de Bla..., qui était l'auteur de cette mésaventure, on le laissa un mois en prison, nonobstant les réclamations de l'autorité militaire.

Cette affaire avait fait quelque bruit, et la police, ne pouvant faire traduire les prévenus devant les tribunaux, dans la crainte de scandale, fut obligée de les faire relaxer. Tout cela se passa sous silence, à l'ombre de la censure; mais dans certaine sphère, on rit beaucoup des deux agents qui, dupes l'un de l'autre, s'étaient dénoncés réciproquement.

VII

MATHÉO ET LA DANSEUSE

Vers la fin de 1820, M. Dabasse, mon officier de paix, me fit appeler et me dit :

— Dans la maison située rue le Peletier, vis-à-vis la salle que l'on construit en ce moment pour le théâtre royal de l'Opéra, demeure une dame avec ses deux filles, fort jolies personnes d'une vingtaine d'années. Tous les soirs un homme va les voir et passe la soirée avec elles. M. Anglès, préfet de police, désire savoir quel est cet individu ; mais si celui-ci s'aperçoit qu'il est suivi et qu'on exerce sur lui une surveillance quelconque, c'en est fait de votre place. A bon entendeur, salut !

J'étais, je l'avouerai, fort embarrassé : suivre un homme que l'on ne connaît aucunement, et le suivre sans qu'il s'en doute le moins du monde ; savoir qui il est, ce qu'il fait, où il demeure, la chose me paraissait fort difficile, et surtout la nuit. Mais comme j'ai pour principe que rien n'est impossible ici-bas, et que je n'avais d'autres ressources que les émoluments de mon emploi, je me mis courageusement à l'œuvre.

En quittant M. Dabasse, je me rendis rue le Peletier, afin de connaître les approches de la place. La maison était belle, grande, d'une apparence aristocratique. J'entrai chez le concierge qui exerçait la profession de cordonnier.

— Monsieur, lui dis-je après l'avoir salué avec civilité, je désirerais causer avec vous en particulier; pourriez-vous m'accorder quelques minutes d'attention?

Le cerbère releva ses lunettes, me regarda un instant; puis, après cet examen qui, pour avoir été rapide, n'en avait pas moins été complet, il me répondit avec l'accent des gens du Nord : — Eh bien! sortons!

On le voit, ce haut fonctionnaire n'était rien moins que complaisant; mais je connaissais la meilleure manière de l'apprivoiser, et aussitôt qu'il fut dans l'allée, je lui dis : — Mon Dieu, monsieur, ce que j'ai à vous communiquer est tellement important qu'il me serait impossible de parler avec vous dans cet endroit où il passe continuellement du monde; si vous vouliez me faire le plaisir d'accepter un verre de vin dans le cabinet du marchand d'à côté, je crois que nous serions beaucoup plus convenablement qu'ici.

— Alors, passez devant : je suis à vous dans un instant; et il rentra dans sa loge pour y déposer le tablier de cuir traditionnel.

Lorsque nous fûmes assis face à face et qu'une bouteille de bordeaux eut été débouchée, avec une seconde en perspective, j'entamai ainsi la conversation :

— J'ai cru m'apercevoir que vous étiez du Nord, car vous avez l'accent flamand.

— Effectivement, je suis de Saint-Omer, c'est-à-dire du faubourg du Haut-Pont.

(Dans ce faubourg, on parle flamand, tandis que le français est le langage des habitants des villes.)

— Tiens, lui dis-je, cela est surprenant, nous sommes du même pays ! Et, comme preuve, je lui nommai une foule de personnes de Saint-Omer, qu'il connaissait très bien, et, tout en causant, je le fis boire coup sur coup. Je dois humblement avouer que j'eus peu de chose à faire pour lui donner goût au vin : le brave homme ne demandait qu'à vider son verre. Lorsque nous eûmes ingurgité trois bouteilles (j'aurais presque pu dire lorsqu'il eut), je crus m'apercevoir que sa langue s'épaississait sensiblement et que c'était le moment favorable pour amener la conversation sur la dame aux deux demoiselles. Alors feignant de lui faire une confidence, je lui dis : — Mon maître, M. le marquis de Grandmaison, jeune, archimillionnaire, dont j'ai l'honneur d'être le valet de chambre, ou plutôt le confident, rencontra, il y a environ un mois, sur le boulevard, une dame accompagnée de deux demoiselles qui demeurent au troisième étage de votre maison. Inflammable comme tous les jeunes gens, il devint éperdument amoureux de la plus jeune. Immédiatement il la suivit pour savoir où elle demeurait, et c'est ains qu'il sut que la mère était votre locataire. D'abord, la raison prenant le dessus, lui conseilla d'abandonner cette aventure ; mais, l'amour reprenant enfin ses droits, il a résolu de savoir quelle est celle qui, en captivant son cœur, lui a enlevé tout le repos dont il jouissait auparavant. J'ai donc pris le parti de venir près de vous, afin de savoir quelles sont ces dames. Soyez persuadé que si vous vous décidez à servir les amours de mon maître, vous serez magnifiquement récompensé, car il est encore plus généreux qu'amoureux.

Le brave homme donna admirablement dans le panneau, et, prenant un air bonasse, il me répondit :

— Ma foi, je ne demande pas mieux que d'être agréable à monsieur votre maître, et pour vous le prouver, je vais vous dire tout ce que je sais, cela ne sera pas long. La maman qui se fait appeler Mme de Saint-Amour, se dit veuve d'un officier supérieur ; mais, à vous dire vrai, je n'en crois pas un mot. Je me figure que la mère et les filles sont tout bonnement des intrigantes ; elles n'ont aucune espèce de relations dans la maison, et ne reçoivent qu'un monsieur qui, je crois bien, est leur providence ; tous les soirs il vient à dix heures, et ne se retire qu'à une heure du matin.

— Mais quel est ce monsieur ?

— Oh! pour cela, je l'ignore ; je ne sais ni son nom, ni sa qualité ; ce que je sais parfaitement, c'est que ce monsieur commence à me lasser. Cela dure depuis qu'elles sont ici, c'est-à-dire depuis six mois, et vous ne croiriez pas que, bien que je sois forcé de veiller pour lui une heure plus tard tous les soirs, je n'ai pas encore vu la couleur de sa monnaie.

— Diable! M. le marquis sera enchanté de connaître toutes ces particularités et saura vous en tenir bon compte. Mais de laquelle des filles croyez-vous que ce monsieur soit l'amant?

M'ayant entendu dire que mon prétendu maître idolâtrait la plus jeune, le vieux cerbère me répondit avec un aplomb imperturbable :

— De la plus grande! j'en suis sûr, j'en mettrais ma main au feu!

— C'est égal, ajoutai-je, il sera bon de savoir quel est cet individu.

— Certainement, mais comment voulez-vous vous y prendre?

— Ma foi, je ne vois qu'un seul moyen : cette nuit je me mettrai en faction sur les marches de l'Opéra, et j'attendrai que notre homme sorte; quand il descendra l'escalier, vous sortirez de votre loge, vous le reconduirez jusqu'à la porte de la rue, où vous me le désignerez en ôtant votre casquette; le reste est mon affaire. Puis regardant à ma montre : il est tard, ajoutai-je, je vous quitte, merci, à ce soir; je cours communiquer à M. le marquis ces bonnes nouvelles.

Au premier coup de minuit, j'étais installé sur les marches de l'Opéra, attendant à sa sortie le mystérieux visiteur pour le suivre jusqu'à son domicile. A une heure un quart, je vis le concierge paraître à la porte avec un monsieur très bien mis, et faire le signal convenu. Mon inconnu se dirigea vers le boulevard, où il tourna à gauche et prit la direction de la porte Saint-Denis. Il gelait à pierre fendre, aussi se mit-il à courir de toutes ses forces. Je le suivis, mais à peine eut-il entendu le bruit que faisaient mes bottes en frappant le sol, qu'il s'arrêta court pour voir si on le suivait. Nous étions presque en face de la rue du Sentier, je n'hésitai pas un instant, et, continuant ma course, je traversai la chaussée pour me jeter dans cette rue, où je me blottis dans une porte cochère; puis l'entendant repartir, je retirai mes bottes, les pris à la main et me mis à le suivre de nouveau. Il me conduisit ainsi jusqu'à la porte Saint-Martin, frappa à la maison qui touche le théâtre et disparut en fermant la porte derrière lui.

Je savais où il couchait, mais il me fallait encore son nom. C'était la chose la plus difficile, car si, à pareille heure, je demandais des renseignements au concierge, celui-ci, surpris, ne manquerait pas de le dire le lendemain à son locataire. Les moments étaient précieux, le temps pressait, et renfilant mes bottes, je pris un moyen aventureux : cassant la glace d'un ruisseau, j'y trempai mon portefeuille, puis, à mon tour, je frappai à la porte par laquelle mon individu était entré. On ouvrit; pour comble de bonheur le concierge était encore levé.

— Monsieur, dis-je en lui présentant mon portefeuille tout mouillé, je viens de trouver ceci dans le ruisseau en face de votre maison; i m'a semblé avoir vu entrer un monsieur il n'y a qu'un instant et peut-être ce portefeuille est-il à lui.

En disant ces mots je fouillai dans les poches de ma prétendue trouvaille comme pour y chercher quelque indice sur son propriétaire, et je demandai en même temps le nom de la personne qui venait de rentrer.

Le portier m'apprit que c'était M. Mathéo, riche financier, qui, à la vérité, ne demeurait pas dans la maison, mais qui y venait fort souvent passser la nuit chez une actrice du théâtre de la Porte-Saint-Martin, mademoiselle B***, qu'il entretenait richement, et dont tout Paris s'empressait d'aller admirer les formes gracieuses dans *la Chaste Suzanne*.

Je savais tout ce que je voulais savoir, et, saisissant une adresse que j'avais préparée à tout hasard :

— Monsieur, lui dis-je, je suis bien fâché de vous avoir dérangé mal à propos ; mais je viens d'apercevoir une lettre à l'adresse du propriétaire de ce portefeuille, M. David, boulevard Poissonnière, 27, et demain matin je me ferai un plaisir de lui porter contenant et contenu ; encore une fois, monsieur, pardon !...

Je rendis compte de mes démarches à mon officier de paix ; il me félicita et transmit au préfet mon rapport textuel.

Deux jours après, M. Anglès me faisait complimenter par M. Foudras, inspecteur général.

Voilà la première affaire que je fis à la police, et il m'en souviendra toujours, car j'y gagnai des engelures qui, chaque année encore, me font horriblement souffrir.

Peu de temps après mon excursion nocturne, Mathéo, caissier du Trésor, prenait la fuite, laissant dans sa caisse un déficit de 1,800,000 francs. A la suite de cette disparition, j'assistai à une perquisition que la police avait cru nécessaire d'opérer au domicile de mademoiselle B***, dans l'espérance d'y trouver quelques indices qui pussent la mettre sur les traces du fugitif; malheureusement nous n'y trouvâmes pas ce que nous cherchions.

Vingt ans plus tard, la police française envoyait les agents Balestrino et Flechmann chercher à Carlsruhe, où il était détenu pour une affaire de billets de commerce, l'ex-caissier Mathéo, et le faisait transférer au bagne pour y subir sa condamnation à quinze ans de travaux forcés.

VIII

CONSPIRATION DU 19 AOUT 1820

Le crime de Louvel avait été habilement exploité par le parti *ultra* et la congrégation. La liberté de la presse était pour ainsi dire suspendue, la censure pesait avec une sévérité sans précédent sur tous les journaux d'une couleur tant soit peu libérale. Un pareil état de choses était des plus critiques. On avait pensé faire de l'intimidation, on n'avait réussi qu'à donner plus de force à l'opposition. Le mécontentement était partout et principalement dans l'armée. Malgré les promotions aristocratiques, le corps des officiers était encore, à cette époque, composé pour la plus grande partie, d'officiers de l'empire que les ultras détestaient sincèrement, mais qu'on avait bien été obligé de conserver faute de mieux. Les vieilles têtes, les moustaches grises qui avaient suivi l'Empereur dans la plupart de ses batailles, et qui, après avoir échappé à tant de dangers, ne demandaient qu'à sacrifier leur vie pour leur idole, tous les rudes grognards, dis-je, trouvant à blâmer les actes du gouvernement, se communiquaient leurs souvenirs, leurs regrets, leurs désirs; une conspiration fut résolue; ce fut la seule conspiration militaire qui eut lieu à Paris sous la Restauration; mais on va voir, par son organisation savante, qu'elle possédait des chances de succès.

Des officiers des légions du Nord, de la Meurthe, des Côtes-du-Nord, de la légion de la Seine, alors à Cambrai, des colonels, des chefs de bataillon et autres officiers supérieurs en demi-solde, étaient affiliés au complot, dont le but était de s'emparer des officiers qui n'étaient pas de leur opinion et qui auraient pu leur faire opposition, puis de prendre possession des Tuileries, de l'Hôtel de ville, de Vincennes, et de proclamer Napoléon II.

Cette affaire avait été conduite de longue main, des émissaires avaient été envoyés dans les départements pour disposer les esprits, et faire des prosélytes parmi les anciens soldats de l'empire. Enfin les ramifications s'en étendaient jusqu'à la cour de Vienne, où le roi de Rome devait être enlevé pour venir prendre possession du trône de son père.

Un chef avait été désigné dans chaque régiment pour transmettre les instructions du comité aux officiers qui faisaient partie des conjurés. Le capitaine Dequevauvilliers présidait à légion du Nord; Nantil à celle de la Meurthe; Delamotte à celle de la Seine; Laverderie et Trogof avaient leur commandement, tandis qu'en dehors de l'armée, des chefs avaient été également choisis, et parmi ces derniers je nommerai seulement M. Saussaye, ancien colonel, alors à la demi-solde et qui avait ouvert, rue Cadet, un bazar qui facilitait, sans donner l'éveil, la réunion dans ses appartements des principaux conspirateurs, qui venaient là s'entendre sur la mise à exécution de leur projet.

Mais cette circonstance fut connue, car un jour, Gayetti, Baillet et moi, nous fûmes chargés de surveiller tout particulièrement cet établissement, afin de nous assurer quelles étaient les personnes aux allures militaires qui venaient rendre visite au colonel Saussaye. A cet effet, placés à l'extérieur du bazar, nous remarquions avec soin ceux qui y entraient; puis, lorsque par sa tournure un individu nous paraissait appartenir ou avoir appartenu à l'armée, l'un de nous le suivait à l'intérieur pour s'assurer si c'était un curieux ou s'il venait voir le colonel, et, dans ce dernier cas, Baillet le suivait à sa sortie et ne le quittait que lorsqu'il s'était procuré son nom et son adresse.

Cette surveillance dura plus de quinze jours; le grand nombre de visiteurs qui se rendaient *incognito* chez l'ancien colonel nous donna bientôt la conviction qu'il s'agissait d'un complot dont le gouvernement tenait tous les fils.

Le matin, vers neuf ou dix heures, je me rendais chez mon officier de paix, M. Dabasse, que je trouvais constamment couché et qui me faisait lire à haute voix le rapport de la veille. Dans les derniers jours, je m'aperçus que chaque fois que je parlais du capitaine X.***, M. Debasse me coupait la parole, et il finit même par me dire :

« C'est bon, c'est bon! passez! celui-là, nous le « connaissons! nous savons parfaitement ce qu'il « fait. »

Dès lors il devint évident pour moi que X*** était le traître qui avait fait connaître le complot, et qu'en ce moment il jouait le rôle d'agent provocateur.

J'appréciai alors dans son sens exact la remarque que j'avais faite mentalement sur le capitaine X***, qui, chaque fois qu'il venait au bazar, nous regardait tout particulièrement et d'une façon qui, pour moi, semblait vouloir dire : « Je sais que vous êtes là, je sais pourquoi vous y venez, mais je m'en moque, je n'ai rien à craindre, au contraire. »

Du reste, à la préfecture, on commençait à se dire à l'oreille qu'une conspiration militaire était sur le point d'éclater et que des agents secrets étaient en relation directe avec l'un des chefs du complot.

Enfin, le 19 août, à 9 heures, des mandats d'amener furent mis à exécution contre quelques-uns des officiers incriminés dans cette affaire, et la légion de la Meurthe, casernée à la Nouvelle-France, faubourg Poissonnière, reçut un ordre de départ immédiat.

Cette nuit-là, toute la police fut sur pied; on craignait que cet ordre de départ ne brusquât les choses et ne fît éclater la mine. En conséquence, les agents allèrent se poster aux abords de la caserne, afin de surveiller toute espèce de mouvement et d'arrêter immédiatement les délinquants, mais ce soin fut inutile. Plusieurs des principaux conjurés, voyant que la partie était perdue, prirent la fuite, les autres se tinrent prudemment tranquilles, dans l'espérance de prendre plus tard leur revanche! d'ailleurs, quoi qu'ils eussent fait, les mesures de prudence avaient été trop bien prises pour laisser au complot la moindre chance de réussite.

Quant au capitaine X***, il disparut aussi, mais ce fut à l'aide d'un passe port que l'autorité lui avait fourni en y ajoutant un portefeuille bien garni.

IX

UN BARIL DE POUDRE DANS LE CHATEAU DES TUILERIES

L'assassinat du duc de Berry avait vivement affecté tous les honnêtes gens, à quelque opinion qu'ils appartinssent; mais, comme les passions politiques sont rarement guidées par un esprit d'équité, la réprobation qu'inspirait un pareil forfait avait servi de texte aux récriminations des partis. Les royalistes accusaient de ce crime les libéraux, qui, de leur côté, renvoyaient cette accusation aux jésuites. M. Martinville, dans le journal *le Drapeau blanc*, avait hautement attaqué le ministre Decazes, favori de Louis XVIII, en l'accusant d'une sorte de complicité dans l'attentat de Louvel. En outre, M. Clausel de Coussergues avait prononcé à la tribune de la Chambre des députés ces mots significatifs qui faisaient allusion à la prétendue complicité morale du ministre : *Le pied lui a glissé dans le sang !*

Le roi remplaça le ministre Decazes par un cabinet semi-libéral (Siméon, ancien ministre du roi Jérôme en Westphalie); mais celui-ci fit trop ou trop peu pour concilier tous les esprits, et tandis que les libéraux prétendaient qu'il entravait la marche du progrès, il s'aliénait les ultras par des concessions insignifiantes. Ces derniers mirent alors tout en œuvre pour obtenir du roi le changement du ministère Siméon et son remplacement par des hommes bien connus pour leur royalisme et leur dévouement aux jésuites ; mais toutes les intrigues ourdies pour circonvenir le souverain n'aboutissant à aucun résultat, les meneurs résolurent de tenter un grand coup pour vaincre ce qu'ils appelaient l'obstination du roi, et, comme pour réussir en politique l'exaltation ne recule devant aucun moyen, ils imaginèrent un expédient infernal. On choisit pour le mettre à exécution un nommé N***, homme sans considération, sans honneur, ayant perdu toute sa fortune au jeu, appartenant corps et âme à la compagnie de Jésus. Des pétards firent explosion, l'un près du café de la Régence, l'un à la place du Carrousel, et un troisième au Trésor.

Le lendemain 29 janvier 1821, un petit baril contenant trois ou quatre livres de poudre fut placé sur le troisième palier de repos de l'escalier intérieur desservant l'appartement de madame la duchesse d'Angoulême. Le baril se trouvait dissimulé au moyen d'un panier à sécher le linge et possédait une mèche soufrée, à laquelle N*** mit le feu vers quatre heures trois quarts du soir, puis il descendit lestement l'escalier et sortit plus précipitamment encore des Tuileries. Quelques secondes après, l'explosion eut lieu, et avec une telle violence, que les vitres de l'appartement de la duchesse d'Angoulême et celles du cabinet du roi volèrent en éclats, et la détonation fut si forte qu'on l'entendit aux Champs-Élysées.

M. le procureur général Bellard, le procureur du roi Jacquinot de Pampelune, le substitut Bourguignon et le préfet de police Anglès, se rendirent au château pour commencer une enquête et recueillir les premiers renseignements, avec le concours du commissaire de police, d'officiers de paix et d'inspecteurs.

Comme on le pense bien, les nobles instigateurs de cet affreux attentat ne furent pas les derniers à se rendre auprès des magistrats chargés de diriger l'enquête, et toutes les manœuvres tendirent à faire tomber l'odieux de la chose et la preuve de la culpabilité sur *les ennemis du trône et de l'autel, sur les libéraux*. Je m'étais rendu aux Tuileries avec l'officier de paix Dabasse et je suivis cette affaire dans ses détails.

On arrêta et on conduisit à la préfecture de police, malgré leurs dénégations les plus formelles, malgré leurs pleurs et leurs supplications, deux malheureux petits savoyards, qui, la veille, avaient ramoné une cheminée voisine de l'appartement du roi, et qui, à peine âgés chacun d'une dizaine d'années, furent interrogés sur les tous points, de toutes les manières, sans qu'ils répondissent jamais autre chose que ces mots : Nous ne savions rien, nous n'avons pas vu de baril, nous ne savons pas ce que vous voulez nous dire.

En les incarcérant à la préfecture, on les avait mis chacun dans des chambres à part, avec les agents Froment et Delpêche, chargés de les *moutonner*, c'est-à-dire de les faire parler et d'obtenir d'eux l'aveu de la participation qu'on leur imputait dans ce crime.

On prétendait que ces pauvres enfants, soudoyés par quelque ennemi acharné des Bourbons et gagnés par la promesse de quelque argent, avaient consenti à transporter le petit baril dans l'intérieur du château, sans comprendre l'importance du fait. L'agent Froment qui, disons-le, n'était rien moins que patient, et se trouvait enfermé avec le plus âgé, s'ennuya de cette existence, et demanda une permission de quelques heures; on obtempéra à sa demande et on le fit sortir sous prétexte de l'envoyer devant le juge d'instruction. Froment avait promis de revenir avant la fin de la journée, mais on l'attendit vainement. On craignit alors qu'ayant arraché le secret des petits ramoneurs, il ne fût allé avertir les auteurs du complot, afin d'en obtenir une récompense pécuniaire proportionnée à la grandeur du danger qui existait pour eux dans les révélations qu'il aurait pu faire. M. Anglès lança aussitôt un mandat contre Froment qu'on ne trouva que le troisième jour, et qui, réintégré dans sa cellule, y resta une semaine entière. A ce moment, les jeunes Savoyards furent relâchés ainsi que leur *mouton;* la justice avait mis la main sur le vrai coupable; N*** était arrêté.

Cette arrestation ne laissait pas que de contrarier singulièrement certaines personnes, qui auraient pu être compromises si cet homme avait parlé ; mais un événement bien extraordinaire vint les tirer d'embarras. L'officier de paix et les deux agents qui avaient arrêté le coupable le conduisaient devant le juge d'instruction, lorsqu'en passant dans le couloir qui précède le cabinet du juge, N*** se coupa la gorge avec un rasoir en présence de ses trois gardiens.

A la suite de cet étrange suicide, des bruits plus ou moins ridicules, plus ou moins absurdes, mais plus ou moins vrais, furent répandus et circulèrent de bouche en bouche dans la capitale. Tout le monde fut incriminé, excepté peut-être les vrais coupables ; mais, dans ce cas, comme dans bien d'autres, ils devaient passer inaperçus, leur position et leur puissance leur assurant l'impunité quand même.

X

LE COUP DU PERROQUET

Le régime absolu qui existait en Espagne avait porté le mécontentement dans l'esprit d'une partie de la population, et les idés de libéralisme qui germaient dans certaines têtes, trouvèrent bientôt de nombreux adhérents parmi les militaires. En 1820, les colonels Quiroga et Riégo entraînèrent les troupes réunies à l'île de Léon, dans un mouvement d'insurrection en faveur de la liberté, et par leur attitude, en se plaçant à la tête du soulèvement, ils amenèrent Sa Majesté très catholique à jurer une Constitution. Les libéraux de France encourageaient de leurs vœux, secondaient de leur influence le parti libéral espagnol, tandis que le gouvernement français ne cherchait aucunement à cacher son antipathie et sa répulsion pour les constitutionnels, dont il avait vu l'insurrection avec déplaisir, insurrection que plus tard il devait réduire, ou pour mieux dire, anéantir. Du reste, à cette époque de fermentation politique, l'exemple était trop pernicieux à ses intérêts et infiniment trop contagieux pour qu'il ne cherchât pas à le détruire.

Les libéraux péninsulaires envoyerent à Paris, pour s'entendre avec leurs adhérents politiques, un des personnages les plus importants de cette insurrection, le comte X..., qui vint demeurer rue Caumartin.

Bientôt, la police fut informée de l'arrivée et des menées de l'envoyé espagnol. Elle sut qu'il fréquentait assidûment les libéraux les plus avancés de la capitale, que chez le noble comte se tenaient des conciliabules où s'agitaient des questions politiques opposées au système suivi par le gouvernement français, et finalement elle signifia au comte d'avoir à quitter la capitale dans les vingt-quatre heures. Pour s'assurer que l'Espagnol avait réellement abandonné Paris, on établit une surveillance à sa porte. Mais ce moyen, qui semblait infaillible, fut cause au contraire qu'on ignora s'il était parti ou non, et voici comment : Vers minuit, les voisins voyant deux hommes, cachés dans l'ombre d'une porte cochère et faisant en sorte d'éviter les regards des passants, les prirent pour des voleurs et se mirent à les poursuivre jusqu'au boulevard. Les agents, qui peut-être n'étaient pas fâchés de cet incident, profitèrent de la circonstance et allèrent se coucher.

Le lendemain, ils rendirent compte à la préfecture de la manière imprévue dont leur surveillance avait été interrompue, et dès lors on abandonna toute observation. Mais pendant plusieurs jours des agents allèrent s'informer près du concierge, des locataires et du propriétaire, si l'Espagnol était parti :

tous ignoraient ce qu'il était devenu, et son domestique répondait imperturbablement à toutes les questions : « M. le comte est à Londres ; je ne suis ici que pour faire les malles, et sous peu de jours j'irai le rejoindre. »

Le préfet était désespéré.

M. Dabasse, mon officier de paix, voyant que l'affaire n'avançait aucunement, dit un jour à M. l'inspecteur général Foudras :

— Je crois que nous en viendrons difficilement à bout. Cependant, il me vient une idée : vous vous rappelez la surveillance de la rue Le Peletier et la manière dont Canler s'en est tiré ; parlez-lui vous-même et chargez-le de s'assurer d'une manière positive de l'état des choses. Je pense qu'il réussira.

M. Foudras me fit appeler et me dit ce qu'il attendait de moi.

Je m'arrêtai, pour mon entreprise, au moyen suivant :

J'allai trouver un de mes anciens camarades de régiment qui était valet de pied chez une vieille douairière du faubourg Saint-Germain ; je lui expliquai le service que j'attendais de sa complaisance. Il alla aussitôt endosser sa livrée ; nous nous dirigeâmes alors vers la rue Caumartin où il prit sa course à toutes jambes et pénétra dans la maison où demeurait mon invisible.

—Eh! l'ami! que demandez-vous? cria le concierge.

Mais il n'eut garde de répondre, il monta à grandes enjambées les escaliers. Arrivé à la porte du noble Espagnol, il sonna de main de maître et lorsque le domestique vint ouvrir, il se précipita dans l'appartement en feignant d'être très essoufflé et en marmottant des paroles inintelligibles, ou pour mieux dire inarticulées, puis sans donner au valet le temps de revenir de sa surprise, il traversa hardiment antichambre, salon, chambre à coucher et enfin, dans une bibliothèque attenante à cette dernière pièce, il aperçoit, nonchalamment étendu dans un fauteuil et en train de lire son journal en fumant un panatellas, celui qui depuis si longtemps déjouait les ruses de la police. Sans avoir l'air de le remarquer, il s'élance à la croisée qui donne sur un jardin, et l'ouvrant précipitamment, il se penche à droite, à gauche, en appelant : Fifi ! Fifi ! Fifi ! Et aux questions réitérées du domestique qui l'a suivi, il se répand en lamentations, il explique qu'il a laissé envoler le perroquet de sa maîtresse, la duchesse de X ***, et qu'il croyait l'avoir vu se poser sur cette fenêtre, puis dans l'arbre qui est en face ; mais enfin, ajouta-t-il, puisqu'il n'y est pas, je me retire... et au milieu de chaque phrase, il jeta ces mots : Ah ! mon Dieu ! je suis perdu ! Madame la duchesse en sera malade ! et moi, je serai chassé !... Pendant cette scène, qui avait duré cinq grandes minutes, le comte n'avait pas bougé de son fauteuil ; mon ami se retira en se confondant en excuses auprès du domestique et en feignant toujours de ne pas avoir aperçu le maître.

Je rendis compte du succès de ma ruse, et le lendemain l'envoyé espagnol était poliment accompagné jusqu'à la frontière.

Je crois devoir, en terminant ce chapitre, citer une particularité de cette époque où deux partis divisaient la France.

Presque en même temps que l'insurrection de l'île de Léon changeait le système de gouvernement de l'Espagne, la Bolivie était à la tête des indépendants, et le général Morillo commandait les Espagnols, s'était révolté contre la mère patrie le général Bolivar.

Les libéraux français qui désiraient le triomphe de Bolivar, saisirent cette occasion pour adopter dans leur costume un signe distinctif de leur opinion; ils choisirent pour coiffure un chapeau à bords plats et larges, qu'on nomma « bolivar » et portèrent un manteau long dont le devant était garni de velours cramoisi; cette partie était jetée sur l'épaule gauche de manière à laisser voir le velours : on donna à ce vêtement le nom de Quiroga, l'un des chefs de l'insurrection de l'armée espagnole à l'île de Léon.

Les royalistes, de leur côté, adoptèrent, pour se distinguer, un chapeau très cintré, dont les bords, sur le côté, étaient presque roulés, tandis que sur le devant et le derrière, ils retombaient en forme de bec; on appela cette coiffure du du nom, général espagnol, « morillo »; leurs manteaux étaient semblables à ceux des libéraux,' seulement le velours en était noir.

XI

UN FLAGRANT DÉLIT

En juin 1821, M. Foudras, inspecteur général, me fit appeler dans son cabinet et me parla en ces termes :

M. le préfet est intimement lié avec madame la comtesse de B***, qui appartient à l'une des plus nobles famille d'un royaume voisin ; sa fille unique est mariée à M. le comte de D***, son compatriote. Or, depuis quelque temps, madame la comtesse de D*** sort seule et à pied de son hôtel, rue Saint-Lazare, tous les jeudis vers midi, et ne rentre jamais avant trois ou quatre heures du soir. Où va-t-elle? on l'ignore ; mais sa mère s'inquiète singulièrement de ces absences prolongées, car, depuis la même époque, la jeune comtesse a fait connaissance d'un réfugié napolitain, jeune homme du plus grand nom et de la plus agréable figure. Madame la comtesse de B***, dans sa sollicitude maternelle, craint que sa fille n'entretienne des relations avec ce jeune Italien, relations qui tôt ou tard finiraient par être connues du mari, homme jaloux et violent, qui se porterait peut-être à quelque déplorable extrémité.

Voilà donc, quant à présent, ce que vous aurez à faire : vous surveillerez la jeune comtesse, le jeudi, lorsqu'elle sortira ; vous aurez soin de vous assurer où elle se rend, et vous ferez en sorte de savoir si elle va rejoindre ce jeune réfugié. Mais rappelez-vous bien que la mission dont M. le préfet vous charge nécessite la plus grande circonspection ; observez avec soin et n'allez pas plus loin ; surtout soyez prudent.

Je quittai M. Foudras pour me rendre rue Saint-Lazare, afin d'explorer les abords de la place et de dresser autant que possible mes batteries. Nous étions au mercredi ; j'avais donc le temps nécessaire pour prendre mes mesures. Le premier point était de connaître à l'avance la jeune comtesse, afin de me graver ses traits dans la mémoire pour la suivre le lendemain.

Feignant d'avoir affaire chez le comte, je me présentai au concierge de l'hôtel, qui me répondit que son locataire occupait l'appartement du second étage, au fond de la cour. Je me dirigeai vers le corps de bâtiment indiqué, et, franchissant le seuil du péristyle, je montai l'escalier et le redescendis un moment après, comme si j'avais pénétré chez le personnage. Je savais à quoi m'en tenir sur les fenêtres de l'appartement, mais il me restait à y faire apparaître la jeune comtesse. Arrivé dans la rue, je réfléchissais à la ruse que je pourrais employer, quand j'avisai un de ces petits Italiens porteurs d'un singe qu'ils font danser pour obtenir une aumône des passants ou des locataires des maisons dans les cours desquelles ils pénètrent fort souvent. L'idée me vint tout de suite que je pourrais arriver à mon but grâce à ce petit mendiant. Je l'abordai, et, lui mettant deux francs dans la main, je lui donnai l'ordre d'entrer dans la cour que je venais de quitter, et là, de pincer et d'agacer son singe de manière à le faire crier le plus fort possible afin d'attirer l'attention des locataires. Le jeune Italien, ravi de ma générosité, s'empressa de m'obéir. Je le suivis à distance, et pénétrai de nouveau dans la cour au moment où l'animal, furieux des tracasseries de son maître, poussait des cris si aigus que toutes les fenêtres étaient alors garnies des locataires étonnés d'entendre un tel vacarme. Ce que j'avais prévu arriva : la jeune comtesse parut avec son mari à l'une de ses fenêtres, et je pus l'examiner tout à mon aise. Je savais dès lors à qui j'avais affaire.

Le lendemain, à dix heures, j'étais placé de manière à voir parfaitement quiconque entrait ou sortait de l'hôtel. A midi moins quelques minutes, je vis la jeune comtesse sortir de chez elle, fraîche et parée comme l'est toute femme qui va voir celui qu'elle aime ; mais là aussi commença la partie la plus difficile de ma mission. Une femme, lorsqu'elle a un nom, une position, une réputation à conserver, n'est pas sans quelque inquiétude quand elle commet une faute ; sa conscience, quelque égarée qu'elle soit, se révolte et éprouve un tressaillement douloureux à la pensée qu'on peut la découvrir.

Je dus donc prendre les plus grandes précautions pour ne point éveiller les soupçons de la comtesse, et, la suivant néanmoins comme son ombre, je la vis prendre la rue de Clichy et gagner la barrière où le jeune Italien l'attendait dans un fiacre aux stores baissés.

La voiture partit d'abord au trot, mais bientôt les chevaux prirent le pas et suivirent lentement le chemin de ronde jusqu'à la barrière du Trône. Là, le véhicule rétrograda et suivit, pour revenir, le même chemin qu'il avait parcouru. Un peu avant la barrière des Martyrs, la comtesse descendit et regagna son domicile, tandis que le Napolitain se faisait reconduire chez lui, rue des Martyrs.

Trois jeudis de suite je les surveillai, et trois fois les mêmes circonstances se reproduisirent. Il n'y avait plus à douter; en conséquence je rendis compte de mes surveillances à M. Foudras, qui communiqua mon rapport au préfet.

Quelques jours après, l'inspecteur général me fit appeler de nouveau dans son cabinet et me dit que la mère de la comtesse, instruite de ce qui se passait, désirait que je surprisse les amants de manière qu'ils ne pussent pas nier leur intimité, et que, le cas échéant, je montasse moi-même dans le fiacre en donnant l'ordre au cocher de nous conduire au cabinet du préfet.

Seulement, ajouta M. Foudras, vous comprenez la

difficulté et la délicatesse d'une pareille mission ; n'agissez qu'à coup sûr, et en toutes choses soyez extrêmement prudent : une fausse manœuvre non-seulement gâterait l'affaire, mais encore vous ferait perdre à tout jamais ma confiance. Réfléchissez mûrement.

Et en effet, je réfléchis. Jamais jusqu'alors on ne m'avait confié de tâche aussi scabreuse, aussi difficile à remplir.

Le jeudi suivant, j'allai attendre la jeune femme et la suivis pendant les deux heures que dura son excursion en fiacre. Vingt fois, dans cette promenade forcée que j'avais faite le long des murs des barrières, je m'étais approché de cette caisse roulante où se passait un mystère que je devinais, mais que je ne pouvais surprendre, et vingt fois je m'étais précipitamment éloigné, craignant de commettre quelque maladresse.

Je me voyais donc obligé de prendre une détermination qui me donnât les moyens d'accomplir ma délicate mission, et je me creusai inutilement la tête sans rien trouver. La nuit, dit-on, porte conseil ; jamais je ne reconnus cette vérité d'une manière aussi irrécusable qu'en cette circonstance. Je m'étais couché désespéré, je me levai tranquille et sain d'esprit; j'avais trouvé, sinon la réussite de mon entreprise, du moins la possibilité d'arriver à bonne fin. Le jeudi suivant, je m'habillai avec soin, et au lieu d'aller rue Saint-Lazare, à l'hôtel de la comtesse, je me rendis directement à la barrière de Clichy. Il était midi moins un quart, un seul fiacre stationnait sur la place. Je m'approchai du cocher et lui frappant sur l'épaule : Mon brave, lui dis-je, il y a un louis à gagner ! Et en disant ces mots, je faisais miroiter entre mes doigts une belle pièce d'or, tout fraîchement frappée.

Le digne cocher tourna vers moi sa trogne avinée et me regarda un instant d'un air hébété.

— Et que faut-il faire pour cela, mon bourgeois ? se décida-t-il à répondre.

— La chose du monde la plus simple. Vous allez rester sur place; moi je vais me poster près de la grille ; vous refuserez les demandes qui vous seront faites pour charger, mon intention étant que vous puissiez être à la disposition d'un monsieur qui ne doit pas tarder à arriver, je vous ferai signe; vous lui offrirez votre voiture, il y montera et vous laissera stationner jusqu'à ce qu'une dame vienne le rejoindre ; alors il vous donnera l'ordre de suivre au pas le chemin de ronde.

Voici à quel moment et comment vous pourrez gagner votre louis : vous vous arrangerez de manière à voir, sans être remarqué, ce qui se passera dans l'intérieur de votre voiture ; vous n'avez rien à craindre, ce sont deux amoureux plus occupés d'eux que de vous, et à un certain moment vous m'avertirez par un geste; je suivrai votre voiture pas à pas.

— Pardieu, bourgeois, vous pouvez être certain que votre pièce est gagnée.

A midi un quart, l'Italien arriva ; bientôt la jeune

comtesse parut au rendez-vous, et le couple amoureux partit,

> . . . . . plus ou moins cahoté,
> Sur les nobles coussins d'un char numéroté

Entre la barrière du Combat et celle de la Chopinette, le cocher se retourna et me fit un geste énergique pour m'annoncer que le moment était propice.

Je me précipitai sur la portière que j'ouvris brusquement, et je trouvai mes deux amants en conversation criminelle, comme disent nos voisins d'outre-Manche.

Ils restèrent tous deux stupéfaits et ne bougèrent pas plus que s'ils eussent été pétrifiés ; mais comme après tout, en sortant de ce moment de surprise, le jeune Italien pouvait chercher à faire résistance, je me tournai vers des agents qui n'existaient que dans mon imagination, mais qui pour mes deux tourtereaux, pouvaient être parfaitement cachés derrière la voiture :

— Messieurs, dis-je à haute voix, remontez dans votre fiacre et suivez-nous à la préfecture de police.

Puis je m'élançai moi-même dans le fiacre. Le cocher, qui avait compris, fouetta ses haridelles, et bientôt je pus les conduire au cabinet de M. Foudras, qui lui-même les conduisit chez le préfet.

Je m'attendais à des récriminations de la part du Napolitain, à des pleurs de la femme ; mais ni l'un ni l'autre ne bougèrent tant qu'ils furent en fiacre, et, rejetés chacun dans leur coin, la tête et les yeux baissés, ils ne donnèrent en quelque sorte aucun signe de vie.

Le lendemain, le jeune Italien eut un passe port avec ordre de quitter la France dans les vingt-quatre heures, et la jeune comtesse, comme le corbeau de la Fontaine, le cœur...

. . . . . honteux, confus,
Jura, mais un peu tard, qu'on ne l'y prendrait plus.

XII

UN VOL CHEZ L'AMBASSADEUR DE NAPLES.

Un vol de bijoux ayant été commis dans le cabinet de l'ambassadeur de Naples. M. Henri, chef de la deuxième division, et Vidocq, chef de la brigade de sûreté, se transportèrent, par ordre du préfet, à l'hôtel de l'ambassade, pour se livrer à une enquête minutieuse. Après avoir interrogé le personnel, examiné les localités et reconnu qu'il n'existait aucune trace d'effraction, ils déclarèrent que leur opinion était que la porte du cabinet avait été mal fermée ou laissée ouverte par oubli, et qu'un adroit voleur au bonjour avait profité de cette circonstance pour effectuer la soustraction. Vidocq ajouta qu'avant peu il mettrait la main sur le coupable; un mois s'était écoulé, et le voleur n'était pas arrêté.

A cette époque, comme je l'ai déjà dit, les officiers de paix étaient chargés, dans leur arrondissement respectif, de la police municipale et de la police de sûreté; Vidocq, de son côté, exerçait la police de sûreté dans toute la capitale. Cette rivalité de fonctions avait produit entre les officiers de paix et le chef de la brigade de sûreté non seulement la jalousie, mais la haine.

M. Dabasse, mon officier de paix, qui était l'un de ceux qui haïssaient le plus Vidocq, se mit en tête de parvenir à découvrir l'auteur de ce vol afin d'abaisser la morgue dont Vidocq se targuait. A cet effet il me fit appeler et me dit : Le chef de la brigade de sûreté n'a pas encore pu trouver le voleur des bijoux soustraits à l'ambassade de Naples ; j'ai compté sur vous pour découvrir le larron et voici comment : J'ai connu en Espagne un domestique nommé Arman, qui a été mon obligé ; il est actuellement au service de l'ambassadeur de Naples ; je vais vous remettre une lettre pour lui, et peut-être que les renseignements qu'il vous donnera pourront vous mettre sur la trace du coupable ; une fois ce résultat obtenu, votre perspicacité et votre intelligence policière feront le reste.

Arman se mit tout à fait à ma disposition, il me conduisit dans les différentes parties de l'hôtel. Arrivé dans la pièce où le vol avait eu lieu, je remarquai qu'une serrure neuve avait été placée sur la porte ; j'en fis l'observation à mon cicérone en lui disant que je désirais examiner l'ancienne serrure ; il alla la chercher. Je dévissai la plaque intérieure et j'aperçus que dans la partie où tourne la clef pour ouvrir ou fermer la porte, il existait de petites éraflures qui n'avaient pu être produites que par une fausse clef mal ajustée. Je pensai alors que le larcin n'était pas l'œuvre d'un voleur de profession, mais le fait d'une personne appartenant à l'hôtel et qui, pendant la nuit, s'était introduite dans le cabinet à l'aide d'une mauvaise clef ou d'un rossignol.

Je demandai à mon interlocuteur pourquoi je n'avais pas rencontré un seul domestique en parcourant l'hôtel?

Ils sont tous, me dit-il, à déjeuner à l'office. Cette réponse me donna l'idée que la présence inopinée d'un étranger parmi cette réunion de domestiques, produirait peut-être sur celui d'entre eux qui était le coupable une certaine émotion qui me permettrait de le deviner, soit par sa contenance, soit par ses regards. Du reste, je savais par expérience qu'un voleur néophyte se laisse toujours prendre à cet examen. Je priai donc Arman de m'introduire près de ses camarades, comme étant un de ses amis. Mon entrée produisit l'effet que j'en attendais : tous d'abord me regardèrent, puis continuèrent leur repas. Mais bientôt un jeune homme d'une vingtaine d'années releva sur moi, à plusieurs reprises, des yeux scrutateurs et inquiets, qui me semblaient dire : Qui es-tu? et que viens-tu faire ici?...

Quand nous fûmes sortis de l'office, je demandai à mon compagnon quelques renseignements sur ce garçon. Il possède, me répondit-il, la confiance de l'ambassadeur; mais je crois que c'est bien à tort, car je me suis aperçu plusieurs fois qu'il était astucieux et hypocrite. Cette appréciation ne me laissait déjà aucun doute sur sa culpabilité. Je rendis compte de ces particularités et demandai en même temps que l'inspecteur Gayetti fût mis à ma disposition pour exercer une surveillance sur cet individu.

Trois jours se passèrent sans que nous l'aperçûmes ; mais le quatrième, aussitôt le déjeuner de l'ambassadeur servi, nous le vîmes sortir de l'hôtel et se diriger vers le Gros-Caillou en se retournant à chaque instant pour s'assurer s'il n'était pas suivi. Cette circonstance vint me fixer sur l'auteur du vol : il était devant moi ! Arrivé au milieu de l'Esplanade des Invalides, il se retourna brusquement et marcha droit à moi ; je fis alors semblant de ne pas l'apercevoir, en me promettant de prendre dorénavant mes précautions. Je fis endosser à Gayetti une blouse et le coiffai d'une casquette pour suivre notre voleur avec succès ; de mon côté, je suivais mon camarade qui, à chaque coin de rue, traçait avec de la craie sur le mur, un signe pour m'indiquer qu'il continuait à suivre la rue, ou qu'il avait pris celle de droite ou de gauche.

Nous arrivâmes ainsi dans le jardin du Luxembourg, où notre Napolitain rejoignit un individu qui l'attendait ; ils se promenèrent ensemble pendant plus d'une heure. Mon collègue passa près d'eux pour saisir au vol quelques mots de leur conversation : ils parlaient napolitain, et quoique Gayetti fût lui-même Italien, il ne put néanmoins rien comprendre.

Enfin, ils se séparèrent en prenant l'un à droite et l'autre à gauche. Je laissai Gayetti surveiller le domestique, et je m'attachai à l'inconnu qui me conduisit rue de Tournon, 14, où j'appris qu'il était Napolitain, et qu'une seule personne, son cousin, domestique à l'ambassade de Naples, venait le visiter.

Plus de doute! me dis-je, celui-ci est le receleur des bijoux volés! Nous continuâmes à les surveiller pendant quatre jours sans aucun résultat, mais le cinquième j'étais à mon poste depuis six heures du matin, attendant la sortie de mon quidam, lorsque vers deux heures je vis entrer le jeune Napolitain dans la maison de son cousin, et en ressortir bientôt avec lui pour se rendre au jardin du Luxembourg, où, assis sur un banc, ils eurent à voix basse un entretien très animé. Mon collègue qui était venu me rejoindre passa derrière eux, mais il ne put entendre prononcer que le mot : passeport.

En quittant le jardin, ils allèrent rue Dauphine acheter une grande valise que le cousin emporta chez lui, et le domestique rentra à l'ambassade. Le lendemain à dix heures, mon inconnu se rendait au bureau du commissaire de police de son quartier pour demander un passeport pour son pays. D'un autre côté, Arman, avec lequel j'avais conservé des relations, m'apprit que le jeune domestique avait demandé à l'ambassadeur un passeport pour se rendre près de sa mère qui était, disait-il, dangereusement malade.

Cette coïncidence de demandes de passeport ne pouvait laisser aucun doute sur l'intention qu'avaient les deux cousins de se soustraire aux recherches de la police, en emportant les objets volés. Je fis à mon officier de paix un rapport de toutes ces circonstances, et quoique l'ambassadeur se fût formellement refusé à porter une plainte régulière, le préfet n'en crut pas moins devoir décerner un mandat. La perquisition faite au domicile de la rue de Tournon amena la saisie des bijoux soustraits; les deux Napolitains furent remis entre les mains de l'ambassadeur, qui les fit partir incontinent pour Naples.

Le préfet avait donné connaissance de mes rapports à l'ambassadeur, qui me fit remettre, à titre de gratification, une somme de 500 fr. que je partageai avec Gayetti.

XIII

ÉVASION DE SAINTE-PÉLAGIE ET DE LA MAISON DE SANTÉ

A la suite des troubles occasionnés au mois de juin 1820 par la loi du double vote, le chef d'escadron Duvergier, dont le bonapartisme était bien connu, et qui, en 1815, avait organisé les corps francs et les fédérés du Calvados, fut arrêté sous la double inculpation : 1° d'avoir été à la tête d'un attroupement de plus de vingt personnes armées; 2° d'avoir résisté à la force publique et d'avoir excité les citoyens à la haine des uns contre les autres et à la guerre civile.

Ces deux chefs d'accusation lui valurent une condamnation à cinq années de prison.

Duvergier était détenu à Sainte-Pélagie, mais des amis dévoués dressaient pour lui un plan d'évasion, et leurs mesures furent si intelligemment prises, que sa fuite fût instantanée. Une fois hors des verrous, le plus difficile était d'échapper aux recherches de la police et de gagner l'étranger.

Aussitôt l'évasion connue, la police s'était mise en

campagne, et, ne sachant de quel côté diriger ses investigations, elle avait circonscrit et surveillé activement tous les amis, toutes les connaissances du chef d'escadron. Ceux-ci imaginèrent un moyen des plus simples et qui, par sa simplicité même, échappa à la perspicacité de ceux qui étaient chargés de rechercher le fugitif. Ils allèrent trouver un sieur X***, médecin, tenant une maison de santé et bien connu par son dévouement aux Bourbons et son exaltation politique.

— Monsieur, lui dirent-ils, nous venons vous confier, sous la garde de votre honneur, une affaire excessivement délicate. Le chef d'escadron Duvergier, notre ami, condamné, comme vous le savez, pour les troubles du mois de juin, est parvenu à s'échapper de prison; malheureusement pour lui, aussitôt après son évasion, il est tombé dangereusement malade, et, dans ce moment, il est dans un état à ne pouvoir pas quitter Paris avant quelque temps. Le faire soigner à domicile, ce serait l'exposer à être découvert; aussi avons-nous pensé à votre loyauté bien connue, et, quoique étant d'une opinion différente de la vôtre, nous venons vous dire : Laisserez-vous un galant homme mourir faute de soins, ou, nous promettant de nous garder le secret, voulez-vous le recevoir dans votre maison et le rappeler à la santé?

M. X*** promit de garder le silence le plus absolu sur cette affaire, d'accueillir et de soigner le malade par esprit de charité.

Les amis de Duvergier partirent en riant du succès qu'avait obtenu leur supercherie, et, comme ils l'avaient pensé, voici ce qui arriva : le médecin ne fut pas plus tôt débarrassé de ses visiteurs qu'il courut à la préfecture avertir la police que le jour même le chef d'escadron Duvergier, gravement malade, serait amené à sa maison de santé par ceux qui avaient favorisé son évasion. Le préfet, certain de le prendre dans cette espèce de souricière, donna mission à l'officier de paix D*** de prendre les mesures nécessaires pour arrêter le fugitif et ceux qui l'accompagneraient.

Delpèche, Gayetti et moi, fûmes placés en observation dans un terrain situé près d'une masure faisant face à l'établissement du médecin.

Le choix qu'on avait fait de nous pour une telle affaire était loin de nous plaire, car tous trois, réprouvant les moyens déloyaux qu'enfantent les passions politiques, nous eûmes instinctivement la même pensée. Dès que nous fûmes seuls, nous prîmes la résolution de faire tout ce qui nous serait possible pour ne pas réussir dans notre mission ; à cet effet, nous nous plaçâmes de telle sorte que Duvergier, en arrivant, ne pouvait pas faire autrement que de nous apercevoir, et tout naturellement devait alors rebrousser chemin.

Mais la peine que nous prîmes pour nous faire reconnaître fut tout à fait inutile, car le prisonnier évadé ne parut point. Nous étions à notre poste depuis quatre jours, lorsque l'officier de paix D*** vint nous donner l'ordre de lever la surveillance le soir à dix heures, si nous n'avions rien de nouveau. Nous reçûmes cet ordre avec d'autant plus de plaisir qu'on était au mois de janvier, que le temps était très rigoureux, et que, campés dans une espèce de chantier de construction, livrés à toutes les intempéries de la saison, nous nous morfondions d'impatience et de froid.

Quant au chef d'escadron Duvergier, grâce à la ruse que ses amis avaient employée, il sortit tranquillement de France pendant qu'on attendait avec impatience qu'il vînt se livrer lui-même à la police.

XIV

LA CONGRÉGATION A LA PRÉFECTURE DE POLICE

Le roi Louis XVIII, doué d'un jugement supérieur, avait su, dans les soucis de l'exil, apprécier combien était grande la transformation qui s'était opérée dans la société française depuis 89 ; aussi, en montant sur le trône, avait-il fermement l'intention de tenir compte des idées nouvelles, enfantées par toutes les phases qu'avait traversées la France ; malheureusement, la haute raison qui le dirigeait n'était pas comprise par tout son entourage. Beaucoup d'émigrés étaient rentrés avec la prétention de reconquérir leurs anciens privilèges au moyen de l'absolutisme d'une royauté de droit divin, et l'esprit qui les inspirait avait pris corps dans la société de Jésus. Cette célèbre compagnie exploita en eux les haines du passé, et, pour battre en brèche les sages intentions du roi, organisa la redoutable faction de *la congrégation*, qui ne tarda pas à former un gouvernement occulte en relation avec toutes les cours de l'Europe.

Lors du congrès d'Aix-la-Chapelle, la congrégation envoya dans cette ville un de ses membres les plus dévoués, le marquis de M*** ; le préfet de police y expédia l'officier de paix Burger et deux agents pour surveiller l'ambassabeur français et circonvenir les domestiques des hauts personnages faisant partie du congrès. Un des agents était frère de l'officier de paix, et l'autre, nommé Louis, son beau-frère; ils faillirent mettre à nu l'intrigue dont ils étaient les instruments, car ils furent un jour surpris en flagrant délit de tentative d'espionnage; mais Burger eut assez d'adresse pour les tirer de ce mauvais pas, sans compromettre le secret de leur mission.

Quant au marquis, il fut bientôt en relations avec les ministres des puissances étrangères; homme très affable, mais aussi d'une tenacité inflexible dans ses projets, il possédait ce don de persuasion si pernicieux aux intérêts contraires dans les affaires diplomatiques, et il avait pour mission de faire contre-partie au duc de Richelieu, chargé par le roi d'obtenir l'évacuation immédiate de la France par les armées alliées.

Le marquis manœuvra de telle sorte que, gagnant les ministres à son opinion, il leur prouva que, dès que les troupes étrangères seraient retirées, la France retomberait sous le joug des bonapartistes, qui n'attendaient que cette circonstance pour se soulever; mais le duc de Richelieu, honoré de la bienveillance toute particulière de l'empereur de Russie, ne se tint pas pour battu, et s'adressa directement à Alexandre, alors tout-puissant sur les alliés. Il lui représenta l'état réel de la France, et obtint de ce souverain l'évacuation du territoire français par les troupes étrangères.

Le gouvernement occulte fomentait conspiration sur conspiration pour effrayer le roi et l'amener à penser que le système représentatif était trop faible pour réprimer les passions révolutionnaires; il espérait par ce moyen décider Louis XVIII à anéantir la Charte et à rétablir le régime absolu.

A cette époque, le cabinet noir, dont on a tant parlé et dont l'existence a été tant niée par les intéressés, fonctionnait sans relâche. Un sieur Lenoir, d'une adresse et d'une dextérité peu communes, était chargé de décacheter la correspondance, les dépêches des ambassadeurs et des ministres, ainsi que les lettres adressées aux personnages suspects de libéralisme. Après en avoir pris la copie, il rétablissait la pièce dans son état primitif, sans laisser la moindre trace de l'effraction commise et sans qu'on pût supposer que le cachet eût été rompu. Pour les lettres des simples particuliers, on les enlevait à la poste; mais pour les correspondances des ministres français et des ambassadeurs près la cour des Tuileries, il fallait plus de précautions et il était plus difficile de les intercepter. Cependant on en trouva le moyen.

Un agent de police, ancien valet de pied du comte Daru, sachant, sous une enveloppe commune et une figure bonasse, cacher l'homme le plus adroit, le plus fin, le plus rusé, le plus astucieux que j'aie connu de ma vie, avait mission de corrompre à prix d'or la fidélité des domestiques chargés, par les hauts personnages, du transport des dépêches.

Une fois ce premier succès obtenu, l'agent assignait au serviteur infidèle un rendez-vous où celui-ci apportait la pièce qui lui avait été confiée. Notre rusé compère allait aussitôt remettre le pli au cabinet en question. Lenoir, avec une adresse extraordinaire, enlevait immédiatement les cachets. Un scribe habile prenait copie de la dépêche qui était prestement remise dans son enveloppe, sur laquelle les cachets étaient réappliqués avec une précision qui défiait les yeux les plus clairvoyants.

Deux choses étaient à remarquer en cela : 1° l'habileté avec laquelle le secret de la lettre était violé ; 2° la célérité qu'on apportait dans les diverses opérations que cette violation nécessitait.

Le travail terminé, l'agent reportait la pièce au rendez-vous où il l'avait reçue, et le domestique infidèle, après avoir ainsi vendu le secret de son maître, faisait parvenir le message à qui de droit.

Le parti libéral, qui était très nombreux, convaincu que l'article du Code pénal sur la violation du secret des lettres n'était qu'un vain mot pour certaines autorités, se décida à s'abstenir de traiter de politique dans sa correspondance.

Le règne des jésuites fut un moment entravé sous le ministère Decazes; mais il reparut plus puissant que jamais à partir de l'avènement de MM. de Villèle, de Corbière et Peyronnet. Ces nouveaux ministres confièrent la direction de la police générale à M. Franchet, chef de bureau à la poste aux lettres ; et M. Delavau, conseiller à la Cour royale, fut nommé préfet de police. Celui-ci avait présidé les assises qui condamnèrent à la peine de mort Gravier et Bouton, dans l'affaire du pétard des Tuileries.

Le nouveau préfet, en prenant les rênes de la police, révoqua ou mit à la retraite presque tous les hauts fonctionnaires de son administration qui n'étaient pas affiliés à la congrégation d'une manière ou d'une autre, et ceux-ci furent remplacés par des hommes bien pensants, c'est-à-dire entièrement dévoués à la congrégation.

Un des marguilliers de l'église de Saint-Sulpice, grand et passionné joueur à la loterie, M. B***, fut installé comme chef du personnel ; ce choix était caractéristique. Le comte de Pins, ancien maire d'une petite ville de Gascogne, devint chef du cabinet du préfet. Un simple employé de la poste aux lettres du nom de Bonneau, obtint la direction des prisons. Un sieur Gauthier, camarade d'enfance de M. Delavau, fut appelé de la Bretagne pour occuper la place de chef de la troisième division, et un jeune homme d'une vingtaine d'années, nommé Duplessis, entra au cabinet du préfet en qualité de secrétaire particulier. Tous ces nouveaux élus, indépendamment de leurs fonctions, dirigeaient chacun une police occulte, composée de nombreux agents. Malgré ce luxe d'agents, le nouveau préfet organisa secrètement une police en dehors de la préfecture.

Un député fanatique, M. S***, parent du préfet, en accepta gratuitement la direction, avec le concours actif d'un de ses amis intimes, le chevalier de X***, aussi désintéressé et aussi fanatique que lui-même. Les agents de cette police furent divisés en sept sections, dont chacune avait un chef et un local pour ses réunions ; mais tous étaient placés sous les ordres du chevalier de X***, dont le bureau central était situé rue du Dragon. Les six autres étaient rues Poupée, de l'Hirondelle, des Rosiers, de la Barillerie, Grenelle-Saint-Germain et place Baudoyer. On peut comprendre comment, avec de tels rouages, la préfecture ne tarda pas à devenir un foyer d'intrigues, de cabales, de haines, de passions, où s'élaboraient les provocations et les vengeances de la congrégation contre les prétendus ennemis de l'autel et du trône.

Toutes les pensées de l'administration étant concentrées sur la politique, il en résulta que la police proprement dite fut reléguée au dernier plan et totalement négligée. Les fonds alloués pour le service municipal et celui de sûreté furent, en grande partie, employés aux dépenses nécessitées par le nombreux personnel des agents de la politique.

M. Delavau avait amené à sa suite une foule d'individus tous recommandés par les royalistes ultra ou par des jésuites. Comme il fallait des places pour tous ces hommes bien pensants, voici le système que l'on employa pour leur en procurer :

On établit près des chefs de bureau, des commissaires de police et des officiers de paix, de nouveaux employés avec mission de surveiller attentivement leurs chefs, d'espionner toutes leurs actions et d'en rendre compte au préfet, enfin, de recueillir avec soin les moindres faits, les plus légères apparences ayant trait à la politique ou à la religion et d'en faire leur rapport. Je me bornerai à en citer un exemple.

A cette époque, M. Auvernay était commissaire de police du quartier du Temple; il avait pour secrétaire M. Clouet, ancien adjudant sous l'Empire, lequel, à raison de cette qualité même, fut immédiatement révoqué et remplacé par un sieur X**, mulâtre, sur qui le préfet de police croyait pouvoir compter. Mais huit jours ne s'étaient pas écoulés depuis l'installation du nouveau secrétaire, que celui-ci déposa entre les mains du commissaire de police, sa démission motivée sur ce qu'il lui était impossible de remplir les obligations qu'on voulait lui imposer : ce brave et digne homme préférait perdre sa place plutôt que d'espionner son chef ! On accepta sa démission et M. Auvernay, dont on venait d'éveiller la méfiance, fut appelé à faire valoir ses droits à la retraite.

Voilà quel fut l'esprit qui dirigea la police de 1821 à 1828, et, à l'appui de ces observations, j'ajouterai quelques exemples qui les rendront encore plus frappantes.

En 1824, j'étais inspecteur chargé de la police du marché du Temple et des brocanteurs. J'avais, pendant le cours de l'année, mis sous la main de la justice un nombre considérable de voleurs que j'avais pris en flagrant délit, et M. Gronfier père, alors commissaire du quartier du Temple, qui, à chaque arrestation, avait été appelé à en dresser procès-verbal, fit, à la fin de l'année, un rapport au préfet, et lui demanda pour moi une gratification en récompense des bons et nombreux services que j'avais rendus à l'administration et à la société. Le 26 décembre, l'ex-marguillier B*** me fit appeler à son cabinet. Le chef du personnel était un petit homme maigre, pâle, au teint bilieux, aux joues caves et au regard sournois. Sa parole, un peu lente, affectait un air doux et paternel. Il était d'une politesse obséquieuse avec tout le monde ; un habit noir, un gilet, une culotte courte et des bas de soie, le tout de même couleur que l'habit, et le tout un peu râpé, des souliers garnis de larges boucles en argent, tel était le costume de l'homme de confiance de M. Delavau. Le garçon de bureau m'annonça. M. B*** se leva, vint au-devant de moi avec empressement, me fit asseoir auprès de lui et me dit :

— Mon bon ami, M. Gronfier a fait une demande à M. le préfet afin qu'il vous accorde une gratification en récompense de vos bons services. D'après la nature de mes fonctions, je suis appelé, mon enfant, à faire cette proposition au préfet ; mais, avant de la faire, j'ai voulu vous voir pour vous dire que j'ai pris sur vous les renseignements les plus exacts à la police centrale, et que j'ai appris avec peine, avec douleur, que vous ne remplissez aucunement vos devoirs religieux, que vous n'allez jamais à l'église, et enfin que vous professez des opinions subversives. Vous comprenez bien qu'on ne peut pas récompenser ses ennemis! Cependant, mon cher ami, pour vous prouver le cas que je fais de la recommandation de M. Gronfier qui est un bon et loyal royaliste, je demanderai pour vous une gratification de 150 francs, mais à la condition que vous m'apporterez avant la fin du mois un billet de confession et qu'à l'avenir vous remplirez convenablement vos devoirs de religion.

M. B***, ayant terminé cette petite exhortation, croisa dévotement ses mains sur sa poitrine et leva les yeux au ciel d'un air béat, attendant vraisemblablement une adhésion de ma part.

Mais, rouge d'indignation, je venais de me lever, et gardant avec peine mon sang-froid, je lui répondis :

— Monsieur, je suis né enfant de troupe; j'ai été élevé dans les camps et les casernes, et non dans un séminaire; je crois en Dieu; je suis honnête homme et je fais mon devoir consciencieusement, et, pour ce qui est de ma gratification, vous ferez ce que bon vous semblera, car je ne m'abaisserai jamais à jouer le rôle d'hypocrite!

Et je le quittai.

Malgré ma réponse un peu verte et ma brusque sortie, je ne sais quelles considérations vinrent plaider en ma faveur, car quelques jours après je fus appelé à la caisse, où l'on me remit 150 francs à titre d'indemnité.

Parmi les inspecteurs de police, il existait un nommé S***, qui, chargé d'une nombreuse famille, pouvait à peine subsister avec les modiques ressources que lui procurait son emploi. L'ordre, l'économie sont beaucoup dans un ménage; mais, comme dit l'adage, la roue du moulin ne tourne pas sans eau, et l'argent est, quoiqu'on en dise, le ressort le plus actif de la société.

A cette époque, l'hypocrisie était louée, vantée, fêtée et surtout récompensée; la richesse, les emplois, les honneurs étaient alors le partage du clergé ou de ses protégés, et c'est surtout à ce moment que 'on pouvait :

> Couler des jours heureux à l'ombre des autels...

S*** savait tout cela ; aussi, ce fut de ce côté qu'il dirigea ses batteries : une fois son plan bien arrêté, il alla tous les matins à la messe, se plaçant de manière à ce que le prêtre ne pût pas faire autrement que de le voir en allant officier et en retournant à la sacristie.

Puis, comme cela ne suffisait pas, il s'informa des jours où cet ecclésiastique confessait, et on le vit se rendre une fois par semaine au tribunal de la pénitence et le dimanche matin s'asseoir à la sainte table.

Mais si S*** voulait jouer cette comédie, il voulait du moins qu'elle lui rapportât quelque chose; en conséquence, après avoir fait ce manège pendant un certain temps, il résolut de faire servir le pasteur à ses intérêts, sans que, cependant, ce dernier en fût aucunement sollicité.

Un jour qu'il était commandé pour un service spécial, S*** alla directement à l'église, se confessa et s'arrangea de manière à être en retard d'une demi-heure pour se rendre à son poste. L'officier de paix sous les ordres duquel il se trouvait placé, fit son rapport, et une mise à pied (retenue) enseigna à notre inspecteur à faire plus exactement son service.

C'était tout justement ce que S*** demandait. Le lendemain, il courut à l'église expliquer à son confesseur et la position nécessiteuse dans laquelle il se trouvait et la punition qu'on lui avait infligée par suite du retard dans lequel sa confession l'avait jeté.

Le prêtre offrit immédiatement son crédit à l'inspecteur de police, et proposa d'écrire à la préfecture en faveur de son pénitent, pour faire lever la punition dont il était frappé.

S*** indiqua M. B***.

Quelques jours après, le chef du personnel faisait appeler le rusé compère dans son cabinet. Que se passa-t-il alors entre eux? je l'ignore; mais bientôt il fut prouvé aux yeux de tous que S*** était l'heureux protégé de M. B***.

Une ordonnance de police créa des inspecteurs pour les places de stationnement des fiacres; les cochers reçurent un uniforme, furent soumis à des règles fixes et payèrent un droit invariable par voiture, afin de subvenir aux appointements des inspecteurs nouvellement créés. On conçoit facilement que les emplois furent plus ou moins lucratifs en raison de l'importance du service.

Il y en eut de 600 à 3,000 francs.

S*** alla trouver M. B***, et celui-ci, voulant récompenser une piété si sincère et si éclairée, fit donner à son protégé une place de 3,000 francs.

Mais si l'esprit de la congrégation a dominé l'administration de M. Delavau au point de lui faire considérer comme licites, en politique, les manœuvres les plus machiavéliques, pourvu qu'elles fussent profitables au système dont ses patrons désiraient le triomphe, je dois, d'un autre côté, dire à la louange du préfet congréganiste, que, pendant les six années qu'il a dirigé la police de Paris, aucun des employés ou fonctionnaires placés sous ses ordres n'a jamais pu commettre un acte de concussion, de prévarication, d'attentat aux bonnes mœurs ou de liaisons répréhensibles, sans qu'aussitôt sa révocation fût prononcée, et, à l'appui de mon assertion, je citerai les faits suivants :

Un chef de service se faisait donner une haute paye journalière d'une vingtaine de francs, par maison de prostitution dont il avait fait accorder l'ouverture.

Un officier de paix avait reçu, d'un propriétaire, une somme de 500 francs pour faire supprimer une maison de tolérance.

Un autre officier de paix avait reçu une somme d'argent d'un mari, pour l'aider à arriver à une rupture avec sa femme.

Un chef de bureau avait pour maîtresse une fille publique.

Un commissaire de police avait été surpris la nuit avec une fille dite pierreuse, dans un endroit écarté sur la voie publique.

Un officier de paix avait reçu de l'argent pour fermer les yeux sur certains marchands qui se trouvaient en contravention.

Un autre officier de paix trafiquait sur les billets du théâtre où il faisait le service.

Tous ces individus et bien d'autres furent révoqués, quoique appartenant au parti dominant et protégés par de puissants personnages.

Cette juste sévérité pour des actes coupables n'a malheureusement pas été mise en pratique par tous les successeurs de M. Delavau. L'indulgence impardonnable de quelques-uns a assuré l'impunité à bien des fonctionnaires ou employés qui, entrés dans l'administration, les uns sans un sou vaillant, les autres avec des dettes, sont arrivés, après six ou sept ans passés dans leur emploi, à posséder des fortunes de 400 et même 600,000 francs.

XV

LE MARCHÉ DU TEMPLE.

Le marché du Temple fut inauguré en 1811. Un seul préposé était chargé de maintenir le bon ordre sous les abris ; mais il ne s'occupait point de la police des voleurs, qui avaient trouvé dans ce bazar un asile assuré pour l'écoulement du produit de leurs méfaits. D'un autre côté, des marchands stationnaient dans les environs du Temple pour arrêter au passage les personnes qui allaient y porter des objets à vendre. Les traficants fermaient les yeux sur l'individu pour ne voir que la marchandise qu'il offrait à vil prix.

Si c'était un honnête ouvrier, qui, pressé par la misère, portait dans ce marché sa couverture de laine ou son dernier vêtement, l'affaire ne se concluait pas, car généralement ce n'était qu'un objet de peu de valeur, qu'il voulait vendre le plus cher possible ; mais si c'était un voleur, le marché était bientôt passé à l'ombre d'une allée ou dans le cabinet d'un cabaret borgne.

Pour mettre un terme à cet état de choses, le préfet de police rendit, vers la fin de 1821, une ordonnance qui interdissait le stationnement et le raccolage sur la voie publique. Un inspecteur fut chargé de surveiller les trafics illicites, et cet inspecteur ce fut moi.

Je commençai alors une chasse incessante aux voleurs et aux receleurs.

En 1831, le chef de la police municipale ayant été informé des nombreuses arrestations de malfaiteurs que j'avais opérées, se décida à créer une brigade d'agents spécialement chargés du marché et placés sous mes ordres. Je pus alors porter au delà du marché mes investigations sur ceux qui venaient au Temple proposer des marchandises et qui me paraissaient suspects. Ce système procura d'excellentes captures, comme dans l'occasion suivante :

Une bande de malfaiteurs infestait la banlieue, dévalisant les maisons habitées ou non, car dans le premier cas, ils savaient choisir adroitement le moment où les propriétaires étaient absents. Vidocq, qui venait d'être réintégré en qualité de chef de la brigade de sûreté, n'avait pu mettre la main sur ces hardis voleurs. J'avais connaissance de ces particularités, aussi avais-je pris mes dispositions dans la prévoyance d'une démarche qui ne tarda pas à se réaliser.

Depuis quelques jours, j'avais établi une surveillance permanente pour arrêter, s'il se présentait au marché du Temple, un individu qui avait vendu des effets provenant d'un vol qui avait été commis à Charonne, à l'aide d'effraction. Son signalement m'avait été donné si exactement qu'un soir, vers quatre heures, en voyant arriver un jeune homme mis avec recherche, je l'avais reconnu au premier coup d'œil pour être le voleur que je recherchais. Je le suivis jusqu'à la boutique du sieur Renault, marchand de literies, auquel il offrit de vendre un mobilier complet ; celui-ci refusa en disant que sa femme était absente et que sans elle il ne pouvait rien conclure. Alors, répliqua le jeune homme, je repasserai un autre jour, mais en attendant, voici mon nom. En même temps il lui remettait une carte sur laquelle était gravé le nom de Ramet, sans indication de demeure. Pendant ce temps, je m'étais tenu à une certaine distance, mais pas assez éloigné pour que je n'entendisse pas la proposition faite au marchand et le refus de ce dernier ; seulement la remise de la carte m'avait échappé. Avant de l'arrêter, je voulais avoir son adresse pour y opérer une perquisition, aussi continuai-je à le suivre. En quittant le Temple, il prit par la rue et le faubourg du Temple jusqu'à Belleville où il entra dans une maison à côté du passage du Renard. Je me plaçai en observation, mais au bout de deux heures, ne le voyant pas ressortir, je pensai que c'était bien là qu'il demeurait, et pour m'en assurer j'allai m'informer près du concierge qui me déclara ne pas connaître la personne dont je lui donnais le signalement ; tout en causant, je m'aperçus qu'il existait dans la maison une double issue; je compris alors que j'avais affaire à un rusé compère qui était entré par une porte et sorti par l'autre pour dépister les agents dans le cas où ils auraient été à sa suite. Je cherchai mon voleur de tous côtés, mais sans succès.

Le lendemain, Renault m'ayant remis la carte en question, je me rendis avec trois de mes inspecteurs à Belleville où nous allâmes deux à deux de maison en maison demander si l'on connaissait l'individu dont nous donnions le nom et le signalement, nous parcourûmes ainsi toute la commune, sans pouvoir obtenir le moindre indice. Je cherchai alors quel moyen je pourrais mettre en œuvre pour arriver à bonne fin, il me vint à l'idée que le nom de Ramet, ne devait pas être celui du recherché et que si je pouvais découvrir où avait été imprimée cette carte, je pourrais arriver à mettre la main sur mon quidam. Je pris dans l'almanach des adresses, les noms et les demeures des imprimeurs lithographes, puis j'allai chez chacun d'eux, la carte à la main; leur demandant : Est-ce vous qui avez imprimé cette carte de visite : Le soir même, un lithographe de la place Royale me déclara que la carte que je lui présentais sortait de ses ateliers, il consulta son registre où il trouva le nom de Ramet, Route de Romainville, n° 9. J'allai avec l'inspecteur Fraudin à cette adresse : Ramet était allé à Paris, nous nous mîmes en surveillance pour attendre son retour. A une heure du matin, nous le vîmes arriver en compagnie d'une femme, nous les laissâmes rentrer sans bouger de notre embuscade. A la pointe du jour, nous montâmes avec le concierge qui frappa à la porte de la chambre de Ramet, en disant : Ouvrez-moi, j'ai besoin de vous parler. Confiant dans cette voix, il vint, à moitié endormi, ouvrir la porte ; au même instant, Fraudin sauta sur lui et lui lia les mains avec ses ligottes (petite corde.) Sa concubine était nantie de fausses clefs qu'elle avait eu l'adresse de cacher dans son sein, espérant que nous n'irions pas les chercher là. Après avoir fermé la porte de la chambre à double tour et mis la clef dans ma poche, je conduisis les deux prisonniers à la préfecture de police où Ramet fut reconnu pour un nommé Millon.

Puis, avec le concours des agents Julian, Boursault et Bayard, je ne tardai pas à mettre la main sur leurs complices et à saisir une quantité considérable de linge, de literie, de meubles, pendules, etc., ainsi que la voiture et le cheval qui les suivaient dans leurs expéditions ; car, à mesure qu'ils dévalisaient une maison, les objets étaient rangés dans cette voiture qui les transportait chez le receleur. Ces malfaiteurs, au nombre de dix, passèrent en jugement et furent condamnés aux travaux forcés. Ils appartenaient à la catégorie des *vauterniers*, c'est-à-dire à ceux qui, la nuit, s'introduisent dans les maisons par les fenêtres.

Les arrestations de malfaiteurs se succédèrent ainsi et sans relâche jusqu'à mon entrée à la police de sûreté.

Je crois devoir raconter ici un déplorable épisode

de cette époque qui, commencée au marché du Temple, alla se terminer dans la Seine.

Le 22 mars, le choléra éclata tout à coup à Paris et bientôt chaque jour les habitants mouraient par milliers ; l'analogie des symptômes qui existaient entre cette maladie et l'empoisonnement firent circuler des fables qui, quoique ridicules, n'en acquirent pas moins une importance regrettable.

Le préfet de police voulant mettre un terme aux actes de violence et aux meurtres qui se commettaient journellement sur des personnes inoffensives, adressa aux commissaires de police la circulaire suivante :

Paris, le 2 avril 1832.

« L'apparition du choléra-morbus dans la capitale, source de vives inquiétudes et d'une douleur réelle pour tous les bons citoyens, a fourni aux éternels ennemis de l'ordre une nouvelle occasion de répandre parmi la population d'infâmes calomnies contre le gouvernement ; ils ont osé dire que le choléra n'était autre que l'empoisonnement effectué par les agents de l'autorité, pour diminuer la population et détourner l'attention générale des questions politiques.

« Je suis informé que, pour accréditer ces atroces suppositions, des misérables ont conçu le projet de parcourir les cabarets et les étaux de boucherie avec des fioles et paquets de poison, soit pour en jeter dans les fontaines ou les brocs, et sur la viande, soit même simplement pour en faire le simulacre et se faire arrêter en flagrant délit par des complices qui, après les avoir signalés comme attachés à la police, favoriseraient leur évasion et mettraient ensuite tout en œuvre pour démontrer la réalité de l'odieuse accusation portée contre l'autorité.

« Il me suffira, monsieur, de vous signaler de pareils desseins pour vous faire sentir la nécessité de redoubler de surveillance sur les établissements de marchands de liquides et les boutiques de bouchers, et vous engager à prémunir ces débitants contre des attentats qu'ils ont personnellement un puissant intérêt à prévenir. Si des tentatives aussi audacieuses venaient à se réaliser, je n'ai pas besoin de vous dire combien il importerait de saisir les coupables et de les mettre sous la main de la justice : c'est une tâche dans laquelle vous serez secondés par tous les amis de l'ordre et tous les honnêtes gens. »

Au même moment et dans un but semblable, le préfet faisait placarder, sur les murs de la capitale, une proclamation qui enjoignait aux débitants de liquides et autres de couvrir avec soin leurs marchandises pour déjouer les ennemis de l'ordre public. Cette proclamation ne produisit malheureusement d'autre effet que de convaincre ceux qui n'avaient encore que des doutes, et de ce nombre était un sieur Benoit, cordonnier au marché du Temple et quelque peu amateur du jus de la treille : Le 6 avril il alla, comme d'habitude, à la barrière Ménilmontant où il but peut-être quelques verres de vin de trop, mais en définitive, soit par suite d'intempérance, soit que son heure fût arrivée, en rentrant chez lui, il s'affaissa tout à coup, pâlit, sa figure devint progressivement bleuâtre, et quelques heures après, il avait cessé de vivre : il était mort du choléra !

Le lendemain, après avoir conduit Benoit à sa dernière demeure, son frère vint au Temple, dans un état d'exaspération extrême. Je cherchai, mais vainement, à le calmer : c'était de la folie, c'était de la rage qui l'animait. Il jura, tempêta, hurla des plaintes, des récriminations contre le gouvernement qui laissait, disait-il, empoisonner ainsi le peuple, contre les détaillants qui ne prenaient pas assez soin de surveiller leurs marchandises, enfin, il vociféra des imprécations et des menaces de mort les plus furibondes contre les soi-disant empoisonneurs. Après avoir exhalé sa bile, il quitta le marché, en se dirigeant vers la Seine pour se rendre dans le faubourg Saint-Marceau. Le choléra était dans sa plus grande intensité, et, à défaut de cercueils et de corbillards, on se contentait d'envelopper les corps dans des serpillières pour les jeter dans des tapissières, des fourgons de déménagements et des fiacres disposés à cet effet.

Lorsque notre homme arriva dans l'étroite rue du Mouton, située à l'entrée de la Grève, il se trouva arrêté par un groupe d'individus qui barraient la rue et qui, l'œil abattu, le front contracté, les yeux injectés de sang, se tenaient dans une attitude morne et cependant menaçante, devant une maison dans laquelle, depuis la veille, dix-sept personnes avaient été victimes du fléau dévastateur. Parmi ces dix-sept personnes, on comptait dans une seule famille, le père, la mère et quatre enfants, décédés du jour au lendemain. — Lorsque la tapissière sépulcrale, corbillard de nouvelle espèce, était passée dans la rue pour conduire ces malheureux à leur dernière demeure, il n'était pas resté, dans la maison, un seul vivant pour les descendre. La consternation était à son comble, personne ne criait, personne ne proférait encore de menaces, d'imprécations, mais on entendait comme une sourde rumeur, indice certain et précurseur de la tempête.

Le frère du malheureux Benoit s'approcha, s'enquit de ce qui était arrivé ; en apprenant ce dont il s'agissait, sa douleur mal éteinte se ralluma tout à coup ; il raconta la mort de son frère et recommença ses jérémiades contre les empoisonneurs. Lorsqu'il eut prononcé ce mot funeste, un long murmure circula dans la foule, l'idée incertaine du peuple s'était arrêtée à ce fatal soupçon. Malheureusement pour l'orateur, il avait eu la mauvaise pensée d'acheter rue du Temple une bouteille cachetée de Cognac, pour en faire cadeau à la personne chez laquelle il se rendait ; dans le feu de la péroraison, la bouteille s'échappa de sa poche, tomba sur le pavé et se brisa. Au son de ce verre cassé, à la vue de ce liquide jaunâtre, répandu par terre, un vaste cercle se forma instantanément autour de l'orateur

et l'un des spectateurs le saisit par le bras en lui disant : « Mais c'est vous qui êtes un empoisonneur ! »
A ces mots, le malheureux Benoit reste saisi d'étonnement et de peur, il ne sait que répondre ; ce silence paraît à la foule un signe certain de sa culpabilité, on se rapproche, le plus près ramasse un débris de la bouteille cassée et lui en porte un violent coup dans la figure ; le sang coule et à cette vue, la colère augmente ; bientôt l'infortuné ne présente plus figure humaine. Cependant il lui reste encore quelques forces, il veut fuir, mais il trébuche et en tombant il est de nouveau entouré, frappé, massacré par la populace : on marche sur lui, on trépigne, on lui brise la tête à coups de talons de bottes, quand on entend au dehors du cercle une voix sauvage criant : « Plache ! Plache ! » C'est un charbonnier que suit un énorme bouledogue. Les rangs s'ouvrent, et l'Auvergnat lance son chien sur la malheureuse victime, dont la figure est bientôt dévorée, aux applaudissements de la foule. Puis, ce malheureux, ce reste de chairs palpitantes est jeté à la Seine, au pont d'Arcole, quoique offrant encore quelques signes de vie !

Puisse le récit de cette scène épouvantable de barbarie être un salutaire enseignement, et préserver les imaginations d'aussi déplorables erreurs !

Quelques jours après ce tragique épisode, un nommé Passot, cordonnier, demeurant grande rue de Vaugirard, à Vaugirard, se présentait au sieur Verduron, fripier au marché du Temple, pour lui vendre deux couverts d'argent qui, disait-il, provenaient de l'héritage de son père ; Verduron m'ayant fait prévenir, je fis amener le vendeur à mon bureau où je l'interrogeai ; ses réponses m'ayant paru suspectes, je résolus de le conduire à son domicile pour vérifier ses allégations, avec l'assistance de l'inspecteur Fraudin. Nous nous mîmes donc en route et en entrant dans Vaugirard, nous remarquâmes sur le bas côté de la chaussée deux individus qui causaient avec un invalide ; lorsque nous eûmes acquis, chez notre quidam, la certitude que nous tenions en lui un voleur, nous repartîmes ensemble pour le mettre en état d'arrestation, mais avant d'arriver à la barrière, nous aperçûmes un fort rassemblement qui entourait les deux interlocuteurs de l'invalide. De tous côtés partaient les cris : ce sont des empoisonneurs! Une foule d'hommes et de femmes les injuriait, les tirait et les maltraitait ; ces malheureux étaient plus pâles que la mort. Nous nous approchâmes, l'un des spectateurs, plus calme que les autres, nous apprit qu'au moment où l'invalide avait quitté ces deux hommes, l'un d'eux lui avait dit : prenez garde aux empoisonneurs ! et que ce mot, alors très suspect, avait été entendu par quelques passants qui les désignèrent comme étant des empoisonneurs. La foule, ignorante et remplie de terreur, voulait les immoler sans autre examen ; au fur et à mesure que le rassemblement grossissait, les menaces de mort recommençaient avec plus de force et on allait indubitablement les mettre à exécution. Fraudin et moi pensâmes qu'il n'y avait pas un moment à perdre ; aussi, abandonnant notre voleur que nous étions certains de pouvoir retrouver, nous nous interposâmes entre la foule et ces deux infortunés. Notre intervention donna le temps au commissaire de police et à la garde d'arriver et de s'emparer de ces deux malheureux dont l'un, nommé Clarignon, fut conduit au poste de la barrière de Sèvres, et l'autre, nommé Gauthier, au bureau du commissaire de police. Nous nous retirâmes alors, pensant avoir assuré la sécurité de deux de nos semblables et nous nous mîmes à la recherche de notre voleur, mais pendant ce temps, la foule s'étant divisée, s'était portée devant le bureau du commissaire de police et le corps de garde, et demandait simultanément à grands cris qu'on lui livrât ses victimes ; de tous côtés on criait : à mort les empoisonneurs ! Enfin les plus audacieux, se précipitèrent chez le commissaire de police et dans le poste, et, comme une horde de sauvages, ils entraînèrent les deux prisonniers et les massacrèrent impitoyablement dans la rue.

XVI

LES POSES MYTHOLOGIQUES

Le chef du service des mœurs est, par la nature de ses fonctions, chaque jour en relation avec les maîtresses de maison de tolérance, sur lesquelles il exerce un pouvoir pour ainsi dire sans limites, et la prospérité ou la perte de leurs établissements dépend souvent de son plus ou moins de bon vouloir, ou de son plus ou moins de sévérité. La plus grande partie des matrones qui dirigent ces maisons, qu'elles ont achetées 60, 80 ou 100,000 francs, ont un immense intérêt à acquérir sa bienveillance, et, pour l'obtenir, il n'est point de sacrifices qu'elles ne fassent : aussi lorsqu'apparaît un nouveau chef, elles s'enquièrent aussitôt des passions qui peuvent le dominer ; si c'est la concupiscence, elles lui offrent, avec tous les ménagements de langage possibles, de belles et fraîches adolescentes ; si c'est la cupidité, elles cherchent à le capter par de riches cadeaux faits avec la plus grande discrétion ; s'il est inaccessible à tous ces moyens, elles cherchent alors à le faire circonvenir par un tiers, qu'elles payent fort généreusement. On le voit, la place de chef du service des mœurs est très glissante : il faudrait avoir la chasteté de Joseph, la continence de Scipion et le désintéressement d'Aristide, pour résister complètement à ces tentations, et comme malheureusement notre pauvre espèce humaine est loin de posséder toutes ces vertus, plus d'un s'est laissé prendre à ces pièges et a payé l'oubli de son devoir par une déchéance prématurée [1]. Lorsque M. X*** était chef de ce service, Mlle S***, maîtresse de maison de tolérance, avait le privilège de recevoir ces malheureuses jeunes filles prédestinées au service de Vénus.

La maison de cette protégée était parfaitement connue des amateurs de juvénilité, aussi gagnait-elle beaucoup d'argent, mais sa dépravation ne lui permit jamais de faire des économies. J'étais inspecteur au marché du Temple lorsqu'elle entretenait un nommé R***, dont la femme était revendeuse dans ce marché ; un jour que cette dernière avait bien innocemment acheté un lot d'effets qui provenaient de mauvaise source, j'allai chercher son mari chez Mlle S*** qui me dit : R*** est absent et ne rentrera que dans un quart d'heure ; puis elle ajouta avec son laisser-aller habituel et son visage épanoui : Si vous

---

[1]. J'ai toujours pensé que l'administration éviterait, du moins en partie, ces tentatives de corruption, et préviendrait leurs fâcheux résultats, en ne plaçant à la tête de ce service que de vieux employés, d'une probité éprouvée, et dont les années seraient en quelque sorte une garantie contre les passions de l'âge viril.

voulez, en attendant son retour, je vais vous faire
voir un spectacle que vous n'avez peut-être jamais
vu ? Sur ma réponse d'adhésion, elle me fit signe de
la suivre ; elle ouvrit une petite porte et me dit à
voix basse : entrez tout doucement, ne faites aucun
bruit ! J'entrai dans un cabinet où régnait la plus
profonde obscurité ; cette espèce de mystère et les
ténèbres qui m'entouraient avaient excité ma curiosité ; S*** me prit par le bras et tira en même temps
un rideau qui dissimulait une fissure qu'on avait
pratiquée artistement dans une boiserie, et, quoiqu'elle fût imperceptible, elle n'en laissait pas moins
voir tout ce qui se passait dans le salon de réception.
Lorsque ma conductrice m'eût laissé seul, j'appliquai
un œil à cette ouverture en retenant, autant que je
le pouvais, ma respiration : sur un piédestal rond,
recouvert d'un tapis vert, était placée une statue de
femme de grandeur naturelle, le poli du corps était
blanc rosé ; un vieillard, un septuagénaire, affublé
d'une écharpe verte, un maillet et un ciseau de sculp-
teur à la main, était en extase au pied de la statue.
Après un moment d'examen, il toucha le piédestal
qui tourna lentement sur lui-même ; je pus alors et
tout à mon aise admirer les formes gracieuses et bien
proportionnées de cette statue, qui semblait figurer
une des houris promises aux élus de Mahomet. Le
vieux barbon arrêta le piédestal, baisa la statue des
pieds à la tête, puis se jeta à ses genoux en marmottant quelques mots inintelligibles et d'une voix sin-
gulière. Il joignit ensuite les mains en les levant au-

dessus de sa tête, et après cette espèce d'invocation, il posa sa main sur la hanche de la statue qui, un moment après, s'anima insensiblement en ouvrant les yeux. Ses bras et ses jambes s'agitèrent comme si un ressort les avait fait mouvoir; alors le vieillard se débarrassa de son écharpe, du maillet et du ciseau, et, à ma grande surprise, il disparut comme une ombre. R*** qui était de retour vint me chercher, nous partîmes, et chemin faisant il me raconta que ce vieillard était le comte de B*** qui, chaque fois qu'il venait jouer le rôle de Pygmalion avec sa statue, donnait cent francs.

Le spectacle que je venais de voir avait d'autant plus d'imprévu pour moi, qu'à cette époque les tableaux vivants n'étaient pas encore connus à Paris, j'exprimai à R*** la surprise que m'avait fait éprouver la folie érotique du vieux comte de B***. Si vous le voulez, me répondit-il, je vous ferai assister à une autre séance? J'acceptai son offre, et il fut convenu qu'il me préviendrait la veille. Huit jours après, je recevais un billet de R*** qui m'invitait à me rendre le lendemain à midi chez sa maîtresse, où j'arrivai avant l'heure indiquée. J'attendais avec impatience le moment d'être introduit dans l'obscure cachette; la porte s'ouvrit et j'entrai, comme la première fois, avec toutes les précautions possibles pour ne pas trahir ma présence; j'appliquai mon œil à l'ouverture en question et, à ma grande surprise, je vis le salon tout resplendissant de lumière; les volets et les rideaux avaient été hermétiquement fermés, sur un piédestal recouvert d'un riche tapis, étaient placées trois statues, debout en face l'une de l'autre de manière à former cercle ; deux étaient grandes, leur poli était d'un blanc mat comme le duvet du cygne ; la troisième... était celle que j'avais vue dans la scène de Pygmalion, et, quoiqu'elles différassent toutes trois de taille et de grosseur, elles n'en avaient pas moins les formes aussi gracieuses que bien proportionnées. J'étais à les considérer depuis quelques secondes, comme ferait un peintre réaliste, lorsque je vis entrer un vieillard tout décrépit, enveloppé dans une houppelande et coiffé d'un énorme chapeau rabattu sur les yeux ; il se débarrassa de sa houppelande et de son chapeau, je le pris alors pour un émigré de Coblentz. Il fit plusieurs fois le tour des statues en les touchant avec une sorte de frénésie, puis il fit tourner le piédestal par le moyen que j'ai déjà indiqué, et après vingt minutes de rotation, un bruit semblable à celui que produit le ressort d'une pendule qu'on remonte grinça jusqu'à moi. Alors les statues firent volte face en tournant sur elles-mêmes ; cette nouvelle position électrisa le vieillard à un tel point que, les yeux enflammés, il se jeta à genoux, dans un état de surexcitation difficile à décrire. Après quelques minutes, il se releva ; cette scène, qui n'avait pas duré moins de trois quarts d'heure, avait épuisé ses forces, il tomba anéanti dans un fauteuil. Il prit un moment de repos, se releva, endossa sa houppelande, se coiffa de son chapeau et plaça aux pieds des deux premières statues, trois pièces de 20 francs et cinq à la troisième, puis en déposa dix autres sur la cheminée pour la maîtresse de la maison, après quoi il disparut. J'étais resté à mon poste l'œil à la fissure, lorsque je me sentis tirer par le bras, c'était Mlle S*** qui venait me dire, que tout était fini. Je la suivis en la priant de me donner l'explication de cette pantomime : Les trois statues, me dit-elle représentent Junon, Minerve et Vénus. Mais repris-je, c'est donc comme symbole de la pomme que le vieillard a donné cent francs à Vénus ? Alors quel est donc ce nouveau Paris ? Mon interlocutrice me répondit en mettant l'index de la main droite sur ses lèvres : Ceci est un mystère, ce personnage appartient à la cour, et pour tout au monde je ne dirais pas son nom ! Ce ne fut qu'après la révolution de 1830 que l'amant de S*** me le révéla. En ce temps-là, la mode était à l'hypocrisie parmi les hommes du gouvernement, pour la plupart.

S'il m'était donné de flétrir utilement le vice dans toutes ses aberrations, de le pouvoir mettre à nu, sans blesser, scandaliser l'honnêteté publique, que ne pourrais-je révéler de véritablement infâme ? quelle diversité dans la corruption n'offre pas une grande ville comme Paris ! Et pourtant, quand je me reporte à l'époque du Directoire dont l'histoire secrète m'a été révélée par les archives de la préfecture de police, lorsque je compare le temps de la Restauration à celui-ci, je dois à la vérité de reconnaître, à l'encontre des hommes de mon âge qui manquent d'expérience et qui aiment à préconiser le passé, je dois reconnaître dis-je, que nos mœurs, si dépravées qu'elles paraissent, le sont bien moins qu'à la fin du dernier siècle et sous la Restauration, malgré l'affectation religieuse de 1815 à 1830.

Les Sardanapales du Directoire n'étaient pas plus nombreux que ceux d'aujourd'hui peut-être, mais ils étaient plus ostensiblement éhontés que ceux de notre temps, et ce n'est pas à notre époque qu'il serait possible de tolérer ce qui se passait par exemple, rue de l'Ancienne-Comédie et en certains autres cercles. Il faudrait un Pétrone ou un Suétone pour écrire l'histoire de cette période avec une impassibilité que n'émeut ni la vertu ni le crime.

UN VOL AU POIVRIER

Au temps où la police de sûreté fonctionnait vaille que vaille, vu sa déplorable organisation, c'est-à-dire sous l'administration du préfet Delavau, il arrivait fort souvent qu'après minuit des ivrognes s'endormaient sur les bancs ou sur le sol du boulevard du Temple, et lorsqu'ils se réveillaient, ils se trouvaient complètement dévalisés. Les plaintes pleuvaient à la préfecture de police ; chaque jour en amenait de nouvelles.

L'audace des malfaiteurs était si grande, les victimes devenaient si nombreuses, que l'autorité s'émut et pensa qu'il était urgent de mettre un terme à cet état de choses. Le chef de la brigade de sûreté fut appelé ; on lui enjoignit de veiller plus efficacement à la sécurité publique. Vidocq, pour se conformer à cet ordre, fit établir sur les boulevards une surveillance, mais qui n'eut aucun résultat satisfaisant.

Un jour, en causant avec M. Gronfier, commissaire de police du quartier du Temple, de l'espèce d'impunité dans laquelle vivaient les voleurs *au poivrier* (à l'ivrogne), il me dit tout à coup :

— Il y a positivement incurie ou connivence de la part des agents de la brigade de sûreté; ils auraient besoin d'une leçon et vous devriez la leur donner en arrêtant vous-même un de ces voleurs en flagrant délit.

— Mon Dieu, je ne demande pas mieux ; mais il faut tout d'abord que je m'assure une embuscade et que vous mettiez à ma disposition votre inspecteur Guérinot.

— Mon inspecteur sera à votre disposition toutes les nuits.

Je quittai le commissaire et me rendis chez un de mes amis occupant une boutique boulevard du Temple. Je lui fis part du projet que j'avais formé et non seulement il consentit à me prêter sa boutique, mais il me promit de me tenir compagnie ainsi qu'un sieur Dubiez, acteur au théâtre de l'Ambigu-Comique, notre ami commun. Rendez-vous fut pris pour minuit.

A l'heure dite j'arrivai avec Guérinot. Mes deux amis, qui m'attendaient, s'étaient pourvus de cigares et de rafraîchissements pour passer plus agréablement la nuit. Nous nous installâmes tranquillement dans la boutique, j'attachai au pied de mon camarade le bout d'une ficelle dont je conservai l'autre extrémité entre mes mains, puis j'envoyai mon collègue s'étendre sur le sol du boulevard avec ordre de feindre un profond sommeil et d'agiter le pied aussitôt qu'un amateur s'aviserait de les fouiller ; nous étions en plein d'été, la mission n'était pas trop dure. Nous passâmes ainsi la nuit sans recevoir le moindre signal.

Aux premières lueurs du crépuscule, nous sortîmes de notre cachette et nous nous dirigeâmes vers Guérinot qui, philosophiquement étendu de tout son long, dormait comme sur le meilleur lit de plumes. En se sentant tiraillé et appelé par son nom, il s'éveilla en sursaut : je l'engageai alors à aller continuer dans son lit les ronflements sonores que je venais d'interrompre.

Il se leva sur son séant, en disant : Quelle heure est-il donc? et porta en même temps la main à son gousset. Mais, ô surprise! sa montre avait disparu! Un adroit filou la lui avait enlevée pendant son sommeil. Il resta d'abord stupéfait, puis, après avoir juré et tempêté, il demanda à reprendre promptement sa revanche ; nous recommençâmes le soir même.

Inutile de dire que cette fois Guérinot ne dormit pas ; pendant cinq nuits nous en fûmes pour nos veilles ; on aurait dit que les voleurs devinaient le piège que nous leur tendions. Enfin, la sixième nuit, c'était celle du dimanche au lundi, notre pipeur était à son poste depuis une heure, quand la ficelle m'invita à sortir.

Les rôles avaient été distribués à l'avance : Dubiez devait soutenir la gauche, mon ami le boutiquier formait la droite, je restais au milieu pour m'emparer de l'individu, pendant que mes deux compagnons empêcheraient sa fuite.

Nous ouvrîmes la porte sans bruit et nous nous précipitâmes sur le boulevard.

En nous voyant paraître, le voleur qui ignorait que ce fût à lui que nous avions affaire, fit semblant de trébucher sur ses jambes et se laissa glisser à côté de Guérinot, qui continuait à simuler un ronflement des plus forts; mais lorsque nous nous emparâmes du malfaiteur, il voulut essayer le rôle d'homme ivre; il se laissa aller dans nos bras en exclamant d'une manière larmoyante :

— Est-y Dieu pos... sible ! on pince un brave pochard... parce qu'il voulait réveiller un ami... qu'est dans sa situation !

Mais la farce était jouée, Guérinot se relevant lui dit.

— Ça te chiffonne, mon vieux ! c'est dommage ! Et ce qu'il y a de fichant pour toi c'est que ma bourse est dans ta poche...

Se voyant *servi marron* (pris en flagrant délit), le pochard nous suivit au poste sans difficulté. Guérinot qui fermait la marche lui montrait le poing de temps en temps en lui disant :

— C'est peut-être toi qui m'as volé ma montre !... Si j'en était sûr !!!...

Le voleur interrogé par le commissaire de police déclara qu'il était auxiliaire à la brigade de Vidocq, qu'il tenait des jeux de hasard sur le boulevard de Bondy, et qu'il était aussi l'auteur des vols précédents commis sur le boulevard du Temple; il finit enfin par avouer que par ses relations avec la brigade de sûreté, il était informé jour par jour, des nuits où les surveillances devaient être faites et qu'il avait cru, grâce à ces avertissements, pouvoir commettre ces vols avec impunité.

XVIII

AVENEMENT DE CHARLES X. — LES FUSILLADES DE LA RUE SAINT-DENIS

Charles X, en montant sur le trône, avait rendu une ordonnance qui rapportait celle du 15 août 1824, par laquelle son prédécesseur avait remis en vigueur les lois sur la censure, et, le 30 septembre de la même année, le nouveau roi allait au Champ de Mars passer une revue de la garde nationale et de la garnison de Paris. Lorsqu'il arriva sur l'esplanade des Invalides, la foule compacte qui l'attendait se porta en masse vers sa personne ; des lanciers, qui faisaient partie de son escorte, repoussèrent du bois de leurs lances ceux qui s'avançaient trop près du roi. Charles X, s'en étant aperçu, fit signe aux lanciers de laisser approcher la foule, en leur disant : *Point de hallebardes!* Ces paroles furent suivies des cris mille fois répétés de *Vive le roi!*

Le lendemain, la presse et le public faisaient le plus grand éloge du souverain ; tout le monde comptait que ce règne apporterait une ère de sage liberté ;

malheureusement il n'en fut point ainsi : les intentions bienveillantes du roi furent considérées comme dangereuses par la congrégation qui alors était encore dans sa toute-puissance. Tous les ultras se liguèrent pour détourner le monarque des velléités de libéralisme qu'il avait manifestées ; ils firent jouer tant de ressorts qu'ils parvinrent à circonvenir Charles X, d'un caractère trop débonnaire et trop faible pour pouvoir résister à son entourage. Aussi, le gouvernement marcha-t-il d'échec en échec : malgré la loi électorale de 1820, malgré les menées des députés ministériels, malgré les machinations bien autrement puissantes de la congrégation, ou peut-être même à cause de tout cela, la position gagna chaque jour de nouveaux adeptes, et trois années s'étaient à peine écoulées qu'un acte plus éclatant, plus décisif, vint annoncer que l'époque d'une catastrophe approchait.

Le 17 novembre 1827, des élections générales avaient lieu ; le soir, on se disait tout bas que le ministère de M. de Villèle touchait à sa fin, que cette fois le parti libéral obtiendrait une immense majorité. Le 18 au matin, on commença à recevoir partiellement les nouvelles du résultat des élections ; les listes arrivèrent, incomplètes à la vérité ; mais comme tout faisait présager un succès formidable, les habitants des quartiers Saint-Martin et Saint-Denis s'empressèrent, à la chute du jour, de garnir leurs croisées de lumières ; des flots de clarté célébrèrent le triomphe qui paraissait assuré.

Le 19, les journaux de la capitale annoncèrent aux provinces que, la veille, les rues de Paris avaient été spontanément illuminées, et que le soir les illuminations recommenceraient.

Il est à remarquer que, lorsque Paris s'est mis en train d'illuminer, jamais il ne s'est contenté d'une soirée, et que, dans cette circonstance, on se plut à justifier l'adage : il n'est pas de bonne fête sans lendemain.

La préfecture de police, informée que les habitants de la capitale, et notamment des quartiers limitrophes des halles, devaient, pendant la soirée, célébrer par une illumination générale le succès des élections, avait envoyé des agents sur tous les points de la capitale, principalement dans les quartiers Saint-Denis et Saint-Martin. Quant à moi, on m'envoya en observation dans la rue Saint-Denis, et, mêlé à la foule qui circulait avec peine, je pus saisir à droite et à gauche bien des lambeaux de conversation, mais pas une seule, je l'avouerai, n'était à la louange du gouvernement.

Tout Paris semblait s'être porté dans ces deux rues; ceux qui avaient vu la veille voulaient revoir; ceux qui n'avaient pas vu voulaient voir pour la première et dernière fois; enfin, les bourgeois venaient sur la chaussée pour juger de l'effet que produisaient leurs fenêtres illuminées. Ce qu'il y avait de plus curieux à voir, c'était la rue Guérin-Boisseau et autres ruelles de ce genre, où les deux rangs de maisons, présentant peu d'écartement, paraissaient ne s'être séparées que pour donner passage à un fleuve de feu. Pendant ce temps, les enfants se promenaient par bandes, demandant des lampions et brûlant, avec les pétards et les fusées dont ils étaient porteurs, la figure et les vêtements des passants.

Vers huit heures du soir, je me trouvais non loin du passage du Grand-Cerf, lorsque je vis apparaître dans la rue Saint-Denis, en venant du côté de la place du Châtelet une troupe d'hommes en guenilles, commandés par un individu armé d'un bâton ; ils se mirent à crier à tue-tête : *Des lampions! des lampions!* Il y en avait partout, que pouvaient-ils désirer de plus? Ils continuèrent leur route, et bientôt l'homme au bâton leur désigna une maison dont plusieurs fenêtres n'étaient pas illuminées. A ce signal s'élevèrent des cris forcenés de *mort aux villélistes! mort aux jésuites! mort aux bigots!* avec l'accompagnement obligé *des lampions!* qui, cette fois, était répété en fausset par les gamins.

Le gamin de Paris est essentiellement imitateur : il avait entendu crier, il cria ; puis, comme à un autre signal de leur chef les mêmes hommes se trouvèrent les mains pleines de pierres et se mirent en devoir de casser les carreaux de cette maison, le gamin fut bientôt armé des mêmes projectiles et il aida efficacement ses professeurs ; au bout de quelques secondes, un grand nombre de vitres furent cassées. Les habitants, craignant une invasion de la populace, s'empressèrent d'illuminer les fenêtres, au milieu des huées et des sifflets des spectateurs.

L'homme au bâton et sa troupe remontèrent encore la rue, mais toutes les croisées étaient garnies de lumières, et celles qui en manquaient, ou dont les lampions s'étaient éteints, étaient immédiatement éclairées ; cela ne faisait pas l'affaire de cette bande de braillards.

Ils redescendirent vers la Seine ; arrivés près du passage du Grand-Cerf, ils s'arrêtèrent devant une maison en construction, et l'homme au bâton s'écria : *Aux barricades !* A ces mots, tous ses acolytes se jetèrent sur le bâtiment, enlevèrent matériaux, échafaudages, et en un instant, aidés d'une vingtaine de commis de boutique, ils eurent bientôt édifié une barricade formidable qui fut suivie d'une seconde. L'élan était donné, et le public circulait tant bien que mal au milieu de ce tumulte, riant des différentes scènes qui se produisaient à chaque pas. Je m'approchai alors de l'homme au bâton que je reconnus avec surprise pour être un ancien forçat attaché comme auxiliaire à la brigade de sûreté commandée par Coco Lacour ; un autre de la bande était un forçat en rupture de ban, que j'avais moi-même arrêté quelque temps auparavant en flagrant délit de vol au Temple. Cette troupe n'était formée que d'individus on ne peut plus mal famés, tenant sur la voie publique, et sous la protection de la brigade de sûreté, des jeux de hasard.

Pendant que tout ceci se passait, j'avais rencontré plusieurs commissaires de police, entre autres MM. Roche, Boniface, Galton et Foubert ; et, chose étrange, bien que la préfecture fût à deux pas et qu'un piquet de gendarmerie stationnât sur la place du Châtelet, aucun de ces messieurs n'avait cherché à faire arrêter ces misérables provocateurs! Ce ne fut qu'à dix heures du soir, lorsque la barricade était entièrement terminée et occupée, qu'un détachement de troupe de ligne, commandé par M. B***, capitaine d'état-major de la place, se montra rue Saint-Denis, à la hauteur de la rue Grenétat; à son approche, les agents provocateurs et leurs dupes s'empressèrent de prendre la fuite; malgré cette retraite précipitée, le commandant n'en crut pas moins devoir ordonner à ses soldats de faire feu; plusieurs des fuyards et des imprudents furent tués ou blessés.

Plus loin, des charges de cavalerie furent exécutées le sabre à la main par la gendarmerie; l'infanterie de la même arme s'avança également en faisant le coup de feu.

Je fis à M. Barré, mon officier de paix, un rapport détaillé de ce que j'avais vu et des individus que j'avais remarqués; je le lui remis pour qu'il en rendît compte à qui de droit.

Dans la soirée du 20, les mêmes scènes recommencèrent et cette fois le feu, commandé par le colonel F***, fut non seulement dirigé sur les barricades, mais encore sur les fenêtres des maisons environnantes; aussi quelques-unes des victimes furent-elles atteintes dans leur domicile.

Cette seconde fusillade mit fin à cette échauffourée regrettable.

Le lendemain 21, comme j'étais fort étonné de ne point avoir entendu parler de mon rapport, je profitai de la visite que je faisais à M. Barré, chaque jour, à deux heures de l'après-midi, pour lui en demander des nouvelles.

— Votre rapport? me dit-il, il y a longtemps qu'il est déchiré, et même je vous conseille dans votre intérêt de ne jamais ouvrir la bouche à qui que ce soit de ce que vous avez vu.

La prétendue insurrection de la rue Saint-Denis était tout simplement une provocation de la police. La congrégation, qui sentait le pouvoir lui échapper, avait espéré, par une collision entre le peuple et l'armée, amener le roi à prendre des mesures de rigueur et à dissoudre la chambre nouvelle. Les individus qui avaient parcouru les rues en appelant *leurs frères* aux armes étaient des agents occultes que j'avais parfaitement reconnus ; seulement, on avait retiré à tous ces émissaires leurs cartes d'agents, afin que, s'ils étaient arrêtés, ils ne pussent pas compromettre la police.

On a vu comment tout cela avait fini : par du sang ! Dans la nuit du 20 novembre, à deux heures du matin, des cadavres furent relevés sur la chaussée Saint-Denis et dans le passage du Grand-Cerf; on les mit dans des fiacres qui les transportèrent à la Morgue. Parmi eux se trouvait l'homme au bâton, l'ex-forçat B***, qui avait eu l'épine dorsale brisée par une balle, en cherchant sans doute à s'esquiver après avoir accompli son exécrable mission. Agent provocateur, ayant fait un criminel trafic de la vie des citoyens, il devait tomber lui-même pendant le combat, parmi les victimes de sa provocation, et cela sans avoir eu le temps de recevoir le prix du sang qu'il avait fait répandre.

La justice de Dieu avait pris la place de la justice humaine!

XIX

M. DE BELLEYME, PRÉFET DE POLICE.

Les élections de 1827 eurent pour résultat l'avènement d'un ministère royaliste constitutionnel (Martignac), qui, le 6 janvier 1828, appela M. de Belleyme, procureur du roi et ancien juge d'instruction, à remplacer, en qualité de préfet de police, M. Delavau, dont l'administration avait été loin d'être dirigée vers le but dont la police ne doit jamais s'écarter, c'est-à-dire la sécurité publique et l'intérêt général. Le premier acte de M. de Belleyme fut d'éliminer les principaux chefs de service qui étaient inféodés à la congrégation.

Tout le monde connaît la sage et trop courte administration de ce préfet, qui, le premier depuis longtemps, s'occupa sérieusement de ses devoirs, chercha à réformer les abus, modifia certains services, donna de l'extension à d'autres et perfectionna singulièrement les rouages de cette utile machine que l'on appelle la police.

Platon la définit : « la vie, le règlement et la loi par excellence qui maintient la cité. »

Aristote la nomme aussi : « le bon ordre, le gouvernement de la ville, le soutien de la vie du peuple, le premier et le plus grand de tous les biens. »

M. de Belleyme disait, avec grande raison, que la police était encore une magistrature.

Et en effet, cette institution, quand elle n'est pas détournée de son vrai but, bien loin de mériter le mépris dont elle est souvent l'objet, doit obtenir la reconnaissance de tous les honnêtes gens, car sa véritable mission est de veiller à la sécurité des personnes et des propriétés, d'assurer la victoire du bien sur le mal, en livrant les criminels à la justice. Que deviendrait la société sans cette garantie? Où en serions-nous, si, dans ce monde, chacun était obligé de se défendre par lui-même contre les pièges qui peuvent être tendus à sa bourse, à son honneur ou a sa vie? Que deviendrions-nous si chacun avait à déjouer les ruses de ces gens pour lesquels le bien d'autrui est un continuel appât et le vol une étude incessante? On ne peut donc que déplorer amèrement les époques où la police dévie de la route qui lui est naturellement tracée pour se faire l'instrument d'un parti, au lieu de rester la protectrice de tous.

La police centrale prit le nom de police municipale, et fut organisée sur un nouveau pied. Avant M. de Belleyme, aucun des agents désignés généralement sous le nom d'inspecteurs de police ne portait de signe extérieur qui pût le faire reconnaître. Le nouveau préfet pensa avec raison que son administration acquerrait plus de force pour l'exécution des lois et des ordonnances de police en employant des agents dont le caractère fût ostensible; il espéra aussi que par ce moyen le service gagnerait considérablement sous le rapport de l'exactitude et de la bonne conduite de ces mêmes agents, qu'enfin on pourrait peut-être arriver à détruire dans le public cette épithète flétrissante de *mouchards*, dont on avait l'habitude de gratifier tous les agents de police indistinctement. Par suite de ces justes réflexions, cent inspecteurs furent immédiatement habillés, équipés et prirent le nom de *sergents de ville*.

Parmi les utiles réformes effectuées par M. de Belleyme, je crois devoir faire remarquer la suppression de l'impôt immoral que l'on prélevait avant lui sur les filles publiques. Chacune de ces malheureuses payait à la préfecture un droit fixe de trois francs par mois, et elles achetaient ainsi, par cette somme prélevée sur le prix de la prostitution, une protection dont elles mésusaient facilement, parce que la police s'occupait trop de recevoir son argent et ne s'occupait pas assez de les surveiller; aussi en résultait-il que le domicile de ces créatures servait souvent de refuge aux voleurs, forçats libérés, repris de justice et autres individus non moins dangereux.

En abolissant cette contribution, M. de Belleyme revisa entièrement les règlements et les ordonnances de la police des mœurs; les filles publiques furent soumises à des règles sévères, dont la moindre infraction entraînait des corrections administratives qui permirent enfin de reléguer dans ses bouges cette écume de la société.

Puisque je parle des réformes qui eurent lieu sous cette administration, je rappellerai aussi que ce fut à cette époque que les omnibus furent créés et les chiffonniers organisés et médaillés.

XX

M. MANGIN, PRÉFET DE POLICE

A l'avénement du ministère Polignac, M. de Belleyme donna sa démission, et fut remplacé par M. Mangin le 13 août 1829.

Ancien membre du barreau, M. Mangin, en qualité de procureur général près la cour royale de Poitiers, avait en 1822, dans le procès de la conspiration bonapartiste de Saumur, demandé et obtenu les têtes du général Berton, du chirurgien Caffé, de Sénéchault, de Sangé, propriétaires, et de Jaglin, ancien militaire; il avait en outre formulé cette fameuse menace de mettre en accusation tous les députés de la gauche.

La capitale reçut la nouvelle de la nomination de M. Mangin aux fonctions de préfet de police avec une froideur que celui-ci sut, par son administration tracassière, changer en haine.

Les sergents de ville furent réduits des deux tiers, et reprirent avec leur costume bourgeois leur ancienne qualité d'inspecteurs de police; l'autre tiers fut maintenu par le préfet, qui craignait qu'une mesure trop radicale ne lui aliénât complètement les esprits.

En effet, le commerce s'était admirablement bien trouvé de cette innovation; ces fonctionnaires publics, vêtus d'un uniforme, présentaient plus de sécurité aux négociants, qui étaient alors certains de s'adresser à des agents de la force publique, tandis que quelquefois d'adroits filous, usurpant le titre d'inspecteurs de police, se présentaient dans une maison où l'un de leurs complices avait été pris en flagrant délit, et, au moyen de cette imposture, facilitaient sa fuite.

A peine M. Mangin fut-il à la préfecture, qu'il créa les *petites rondes*.

On appelait ainsi les tournées que les agents faisaient tous les soirs; à la préfecture, et de là partaient quatre par quatre, se dispersant dans les diverses parties de la ville, avec mission de constater le plus de contraventions possibles.

Ceci demande explication.

Les commissaires de police avaient l'ordre de donner un reçu à chaque agent qui se présenterait pour dresser un procès-verbal de contravention; or tous ces reçus étaient remis par les inspecteurs à leurs officiers de paix, qui les déposaient au cabinet du préfet. Le lendemain, les commissaires de police envoyaient également au cabinet leurs procès-verbaux qui étaient collationnés avec les bulletins des agents, et alors malheur à celui des commissaires qui n'avait pas verbalisé sur la déclaration d'un inspecteur, quelque injuste et quelque absurde qu'elle pût être.

D'un autre côté, M. de Belleyme avait créé des commissaires de seconde classe. Ces commissaires étaient tout simplement des officiers de paix qui, sans changer de fonctions et sans recevoir aucune augmentation d'appointements, avaient obtenu la prérogative de dresser les procès-verbaux sans recourir aux commissaires de police des quartiers.

M. Mangin supprima ces commissaires, qui reprirent le titre d'officiers de paix, et bientôt on les vit, ainsi que leurs inspecteurs, parcourir les rues et accabler de contraventions les malheureux boutiquiers dont la devanture, ou pour mieux dire l'étalage, dépassait la saillie fixée par les ordonnances de police.

Il y eut plus ; on vit les employés de la préfecture aller de rue en rue, un pied de roi à la main, vérifier les étalages et faire des procès-verbaux aux détaillants qui par malheur avaient placé une casserole, un chou, une misère, en saillie de quelques centimètres de plus que la largeur voulue. Tous les jours, de pacifiques négociants, de paisibles boutiquiers, faisaient queue chez le commissaire de leur quartier, réclamant justice à grands cris contre la tyrannie d'un régime qui leur faisait perdre en contraventions le fruit de leur commerce, de leurs travaux. Le commissaire auquel ces plaintes étaient adressées, répondait :

— Messieurs, vos raisons peuvent être très bonnes, mais ce n'est pas à moi qu'il faut vous adresser ; que voulez-vous que j'y fasse ? Que la contravention dont vous vous plaignez soit juste ou qu'elle soit injuste, cela est exactement la même chose pour moi, car je suis obligé d'en dresser procès-verbal, et si je ne le faisais pas, on viendrait demain me demander de la part du préfet comment et pourquoi j'ai manqué à mon devoir. Prenez-vous en à qui vous pourrez ; quant à moi, je n'y puis rien.

Tel était malheureusement le système suivi par l'administration de M. Mangin, système qui contribua jusqu'à un certain point à faire accueillir par la population parisienne les journées de juillet comme un commencement d'ère de justice et de réparation.

XXI

ENTRÉE A PARIS DES DUCS D'ORLÉANS ET DE CHARTRES

Quelques jours après la Révolution de 1830, le 5 août, le duc de Chartres, colonel du 1er hussards, arrivait avec son régiment, de Joigny à la barrière du Trône ; son père était allé, à l'improviste, le rejoindre pour faire, avec lui, son entrée dans Paris ; les ouvriers du faubourg Saint-Antoine, qui étaient à leurs travaux, descendirent dans la rue, les uns en manche de chemises, les autres en savates. Au fur et à mesure que le duc d'Orléans passait, ils s'avançaient en masse pour recevoir une poignée de main que le futur roi distribuait à quiconque se trouvait à sa proximité. Lorsque le duc d'Orléans arriva à la hauteur de la rue de Reuilly, la scène changea ; un des chiffonniers de la rue sainte Marguerite s'approcha du prince, une bouteille à la main et un verre rempli de bière, qu'il lui offrit. Le duc le refusa en lui disant : « je n'ai pas soif ». Mais le chiffonnier, qui tenait à son idée, renouvela son offre à plusieurs reprises, sans plus de succès. Ces offres et ces refus tant soit peu burlesques se succédaient depuis quelques minutes, lorsque d'autres chiffonniers contrariés de ne pouvoir recevoir les poignées de main du prince, que leur camarade accaparait à lui seul, le prirent, les uns par les épaules, les autres par les jambes et l'enlevèrent en lui disant : *Pourquoi veux-tu qu'il boive cet homme, s'il n'a pas soif!* Le duc put alors continuer sa marche tranquillement.

XXII

ARRESTATION DE LA DUCHESSE DE BERRY

Au mois de février 1832, Mme la duchesse de Berry traversait incognito la France pour aller soulever la Vendée au nom de la légitimité. A cet appel, des bandes de chouans s'étaient aussitôt organisées dans plusieurs départements de l'Ouest. Le gouvernement de Louis-Philippe pensa que l'arrestation de la princesse mettrait fin à cette nouvelle chouannerie ; on envoya, pour s'emparer de sa personne, les agents les plus fins et les plus adroits de la police politique de Paris, sous la direction de M. Joly, commissaire de police attaché au ministère de l'intérieur.

M. Joly était un ancien officier de bouche au service de la reine Hortense. Après la chute de l'empire, il était entré dans la police où bientôt il avait été nommé officier de paix par la protection de M. Decase, ancien secrétaire des commandements de la reine de Hollande. Le 13 février 1820, M. Joly avait été chargé de veiller à la sûreté du duc de Berry qui assistait à la représentation de l'Opéra avec la duchesse; mais pour un motif ou pour un autre, il n'avait probablement pas pris sa mission au sérieux, car, pendant que Louvel commettait son crime, il était tranquillement attablé dans un café.

En 1822, M. Delavau, qui lui reprochait à tort ou à raison d'avoir, par sa négligence, laissé assassiner le duc de Berry, le révoqua. Mais, en 1830, il fut réintégré dans sa place avec le titre de commissaire de police, puis envoyé, comme je viens de le dire, à la recherche de la duchesse, qui, à l'aide d'amis dévoués et de serviteurs fidèles, avait échappé à toutes les ruses et à tous les pièges qu'on lui avait tendus.

La police était aux abois, et le gouvernement désespérait de pouvoir jamais mettre la main sur la mère du comte de Chambord, lorsqu'un misérable, nommé Deutz, vint offrir de la livrer moyennant une somme de cinq cent mille francs. Deutz était fils du grand rabbin du Consistoire israélite de Paris; il avait abjuré le judaïsme pour la religion catholique, et Mme la duchesse de Berry avait été sa marraine; elle l'avait comblé de bienfaits et avait en lui une confiance sans bornes.

Aussitôt l'infâme marché conclu, le nouveau Judas s'était mis à l'œuvre en livrant d'abord la correspondance qu'il entretenait avec la princesse, à un haut fonctionnaire qui, à cet effet, l'attendait à nuit close, dans une voiture, sur le quai d'Orsay. Enfin, s'étant assuré par lui-même de la maison où sa marraine se cachait, il la fit arrêter le 7 novembre 1832, et reçut la somme promise pour prix de sa trahison.

Lorsque cette monstruosité fut connue de ses parents et de ses amis, tous le repoussèrent avec mépris; son frère, honteux de porter un nom qu'il avait déshonoré, le changea contre celui de D***, sous lequel il a fait une brillante fortune, car aujourd'hui il est millionnaire. Deutz, désespéré et vivant pour ainsi dire en paria dans la capitale, se livra avec une sorte de frénésie au jeu, à la débauche et aux spiritueux; quelques années plus tard, il venait, dans une misère complète, réclamer quelque secours de la préfecture de police.

Ses demandes se renouvelant sans cesse, on lui proposa de s'expatrier dans une île quelconque, nanti d'une somme de trois mille francs; il accepta cette proposition et choisit l'île de Sydney. On le fit alors habiller tout à neuf, et un agent l'accompagna jusqu'au Havre, où il s'embarqua sur un bâtiment qui avait reçu à l'avance le prix de son passage : au moment où le navire mettait à la voile, l'agent lui remettait les trois mille francs qu'on lui avait promis.

La police croyait s'être débarrassée à tout jamais de ce renégat; mais elle était dans l'erreur, car une année à peine s'était écoulée depuis son départ, qu'il revenait à Paris sans un sou et se présentait à la préfecture, qui lui accorda quelques petites sommes d'argent qui ne lui servirent qu'à satisfaire sa passion pour les liqueurs fortes. C'est ainsi que, plongé dans l'abrutissement le plus complet, il mourait bientôt sur un grabat, dans une mansarde de la rue Meslay.

XXIII

LES ASSOMMEURS

Un an s'était à peine écoulé depuis la Révolution de 1830, les esprits étaient à la politique, le plus grand nombre rêvait un vaste système libéral, et les mécontents de tous les partis déçus par l'avènement de Louis Philippe, espérant profiter de ces dispositions, tentèrent d'opérer un bouleversement. Les uns et les autres, coalisés dans cette intention, voulaient soulever les masses; on travaillait le peuple à cet effet, chaque parti ayant l'arrière-pensée de faire triompher sa cause exclusivement.

Le 12 juillet 1831, au sein d'une assemblée tumultueuse, on avait arrêté le programme d'une cérémonie ayant pour but de planter un arbre de liberté le jour anniversaire de la prise de la Bastille. Les préfets de la Seine et de Police, craignant quelque grave désordre, firent placarder dans Paris des proclamations annonçant aux habitants que l'on veillait sur les agitateurs et que toute tentative de trouble serait immédiatement réprimée.

Ces proclamations donnèrent l'idée a quelques

ambitieux obscurs, de profiter de cette circonstance pour obtenir des emplois à la Préfecture de Police ; à cet effet, ils imaginèrent de réunir un certain nombre d'ouvriers et de chiffonniers de la rue Sainte-Marguerite, pour s'opposer à la plantation de l'arbre de la liberté. Ce plan une fois arrêté, les nommés Souchet, Landiou, Brunet, Martrou, etc, décorés de Juillet, se rendirent à la préfecture de police pour demander l'autorisation de mettre leur projet à exécution ; leur proposition fut acceptée et on les remercia en leur disant que le gouvernement verrait avec plaisir les ouvriers manifester leur dévouement à l'ordre.

Souchet, qui tenait une auberge au marché Lenoir, revint chez lui avec un drapeau qu'on lui avait donné à la Préfecture de Police, il s'empressa alors de rassembler dans la cour de son auberge les individus qu'il avait embauchés avec promesse d'une récompense pécuniaire.

Le moment du départ n'étant pas encore arrivé, il fit distribuer à tous ses acolytes, du pain, du fromage, du vin, et remit à chacun un bout de ruban pour se reconnaître. A cette époque, je demeurais au coin du marché Lenoir et, de mes croisées, je voyais tout ce qui se passait chez Souchet, cette circonstance m'avait fait choisir pour observer et rendre compte des démarches et des actions de ces étranges auxiliaires de la police. J'avais remarqué tout d'abord la présence de plusieurs repris de justice parmi les chiffonniers, lorsque le repas des confédérés fut terminé, ils se rendirent en ordre à la place de la Bastille où il n'y avait encore que des curieux attirés par l'appât de la cérémonie. L'arbre de la liberté avait été saisi par la police, pendant son trajet. Vers onze heures, une colonne de jeunes gens déboucha sur le Pont au Change ; tous étaient coiffés de chapeaux gris ornés de cocardes tricolores, tous avaient la boutonnière ornée d'un œillet rouge et se donnaient une apparence d'ordre et d'uniformité qui prouvait clairement que ce n'était point là l'élan spontané d'une partie de la population, mais bien l'œuvre de quelques esprits turbulents.

Des sergents de ville se portèrent au-devant de ce rassemblement, et le dispersèrent en opérant quelques arrestations, mais les jeunes gens, désorientés un moment se réunirent de nouveau et arrivèrent bientôt par la rue Saint-Antoine à la Place de la Bastille, aux cris de Vive la République ! Alors nos blousiers tombèrent à coups de poing sur les chapeaux gris. J'était coiffé d'un de ces chapeaux, aussi je reçus un coup de poing sur la tête qui m'enfonça ma coiffure jusqu'aux oreilles. Quelques-uns des assommés, déconcertés et séparés un instant par les renfoncements qui pleuvaient de tous côtés, se réfugièrent au café Gibé, et tandis que l'un d'eux monté sur une table pérorait avec véhémence en interrompant à chaque instant son discours par le cri : Vive la République ! d'autres, montés au premier étage, haranguaient la foule par les croisées en l'appelant aux armes! mais à ce moment, deux commissaires de Police et deux officiers de Paix, accompagnés de sergents de ville, firent évacuer le café et opérèrent plusieurs arrestations ; les émeutiers, repoussés de la place de la Bastille, refluèrent vers la place de la Concorde où ils se trouvèrent au nombre de 8 à 900. Le maire de l'arrondissement M. Lefort, s'y rendit immédiatement, accompagné de quelques gardes nationaux, et somma les perturbateurs d'avoir à se séparer instantanément. Ces sommations ne produisirent aucun effet, au contraire : le sieur D**, jeune homme connu par son excentricité, dirigea deux pistolets sur la poitrine du Maire, en accompagnant ce geste d'injures et de menaces; alors, les gardes nationaux accoururent défendre le magistrat, et D** tomba atteint de coups de baïonnettes. Plusieurs individus furent arrêtés, la plupart porteurs de pistolets, de poignards et de cartouches ; puis, comme toujours en pareille circonstance, on eut à regretter quelques blessures, quelques contusions, par suite de rixes partielles entre les agitateurs et la force armée. Telle furent les conséquences de ce projet de plantation d'arbre de la liberté.

Le lendemain 15, les journaux. *Le National* et *la Tribune* accusèrent le Ministre de l'Intérieur et le Préfet de Police, d'avoir enrégimenté des repris de justice pour faire assommer, à la Place de la Bastille, des citoyens sans défense.

Le National publiait un article dans lequel il affirmait que toute la journée on avait embrigadé dans le faubourg Saint-Antoine, au vu et au su de tout le monde, de soi disant ouvriers sans travail, auxquels on promettait 3 francs par tête, pour assommer les jeunes gens qui se désigneraient eux mêmes aux coups, en portant la cocarde tricolore au chapeau et des rubans de Juillet à la boutonnière ; de là plainte, en diffamation de M. Vivien contre M. Paulin, gérant du National, et de M. Casimir Périer contre M. Bocaus gérant de la Tribune ; et ordonnance de la chambre du Conseil qui envoie les deux gérants devant la Cour d'Assises.

Voici un abrégé des débats qui eurent lieu du 29 novembre au 1er décembre : M. Paulin était assisté de MM. Odilon Barrot et Charles Ledru, et M. Bocaus de M. Moulin.

Les prévenus soutenaient que l'embrigadement s'était fait chez Souchet, où les ouvriers venaient manger et boire, et recevaient des promesses d'argent, que parmi les hommes embrigadés se trouvaient des malfaiteurs sortis de prison. Plusieurs témoins intéressés à ce que la vérité ne soit pas connue, avaient démenti les faits articulés par les journalistes, mais à l'audience du 1er décembre, M. Bouvattier maire du 8e arrondissement, qui, la veille, avait déclaré ne pas avoir vu Souchet le 14, avoua que sur son invitation celui-ci s'était rendu ce jour là chez lui, puis il ajouta : J'ai dit que Souchet ne m'avait pas déclaré qu'il avait reçu un drapeau de la Préfecture de police, il est vrai que ce jour là il me l'a dit, mais trois jours après il nia le propos.

On pensera, messieurs, ce que l'on croira devoir penser de cette déposition, mais j'avais besoin de me mettre en paix avec ma conscience. En présence d'une semblable déclaration, M. Vivien donna son désistement et c'est ainsi que se termina cette affaire qui avait eu tant de retentissement et au sujet de laquelle les journaux avaient engagé pour et contre une polémique des plus ardente suivant leur couleur. Peu de temps après ce procès, tous les décorés de Juillet qui avaient pris part à la prétendue manifestation ouvrière obtinrent des places de gardiens ou de forts dans les halles et marchés.

Il ne me reste plus à raconter sur cet épisode que la mort tragique de l'un des agents chargés de maintenir l'ordre sur la Place de la Bastille : le sieur Leclerc, sergent de ville, ancien grenadier de la Garde Impériale, chevalier de la Légion d'honneur, avait une conduite exemplaire, mais il ne s'en était pas moins fait remarquer ce jour-là par son emportement et sa brutalité envers les émeutiers. Le soir, à dix heures, il quittait ses camarades pour se rendre le long du canal, afin de satisfaire un besoin, et ne reparaissait plus; qu'était-il arrivé ? je l'ignore, mais le lendemain, son tricorne flottait sur le canal et indiquait l'urgence de recherches qui amenaient la découverte de son cadavre.

XXIV

ÉPISODE DE L'ENTERREMENT DU GÉNÉRAL LAMARQUE

Le ministre Casimir Périer était mort du choléra, et, à l'occasion de ses funérailles, le gouvernement de Louis-Philippe avait déployé une pompe inaccoutumée. Les gardes nationaux avaient été convoqués ; toute la garnison avait dû prendre les armes, et, autant par curiosité que par sympathie, une foule considérable de citoyens, se joignant au convoi, avait encore contribué à rendre cette cérémonie plus imposante.

Peu de temps après, le général Lamarque, chef de l'opposition à la chambre des députés, suivait le ministre dans la tombe. Chéri de son parti, estimé même de ses ennemis, le général était un des orateurs les plus éloquents de son époque. Désigné par l'Empereur comme un des quatre premiers maréchaux à nommer, il pouvait citer comme une des plus belles pages de sa vie militaire la prise, à la tête de 1,200 hommes, de l'île de Caprée, réputée imprenable, vu sa position sur le sommet d'un rocher escarpé, en face de Naples, et défendue par 3,000 hommes commandés par Hudson Lowe, le geôlier de Sainte-Hélène.

Les républicains, alors fort nombreux, et le parti bonapartiste décidèrent que le convoi du général dépasserait celui du ministre, non en magnificence, mais par le concours de peuple qui y assisterait. En conséquence, les gardes nationaux s'y rendirent en uniforme, armés seulement de leur sabre, les corporations d'ouvriers, bannière en tête, suivirent le corbillard, et plus de 30,000 personnes conduisirent à sa dernière demeure l'illustre général. Le char funèbre, ainsi escorté, arriva à la hauteur de la porte Saint-Martin; là, quelques-uns des hommes qui portaient un drapeau rouge se mirent à proférer des cris séditieux; le sergent de ville Delignon, ancien soldat de l'empire, aidé d'un de ses camarades, voulut les arrêter, mais les deux agents de la force publique se virent tout à coup entourés, entraînés, maltraités de la manière la plus grave, et ce ne fut qu'à grand'peine qu'on parvint à les arracher des mains de ces forcenés. Delignon, grièvement blessé, ne put reprendre son service et fut mis à la retraite.

De pareilles scènes se renouvelèrent plusieurs fois sur le parcours du convoi, et tout faisait présager que de l'exaspération des esprits naîtrait une collision entre le peuple, la troupe et la police, chargées de maintenir le bon ordre; bientôt la lutte devint imminente.

J'étais sur la place de la Bastille lorsque le convoi

passa, et quelques instants après on se battait au pont d'Austerlitz. Je me dirigeai alors de ce côté, mais à peine avais-je fait cinquante pas le long du canal qu'un escadron du 6ᵉ dragons, caserné rue du Petit-Musc, et venant en ce moment de la place de l'Arsenal, débouchait sur le boulevard et tournait à droite pour se rendre vers le théâtre de la lutte. Quelques minutes après, le chef de cet escadron, M. Chollet, arrivait à son tour pour se mettre à la tête de ses cavaliers; mais au lieu de tourner à droite, il se dirigea du côté de la Bastille. Il avait fait quelques pas, que déjà il était entouré d'une vingtaine d'individus qui criaient comme des énergumènes : A l'eau! à l'eau! et s'apprêtaient à exécuter leur menace. Le commandant Chollet était un homme d'environ quarante-cinq ans, grand, bien fait, ayant une figure régulière, la lèvre supérieure ombragée d'une épaisse moustache, de grands yeux vifs et brillants, il pouvait passer pour un fort bel homme. En entendant ces clameurs menaçantes, je m'approchai et me mêlai au groupe, dans l'intention de faire ce qu'il me serait possible pour sauver cet officier :

— Comment, à l'eau? m'écriai-je, mais du tout ! ce n'est pas ainsi qu'il faut s'y prendre. Quand il aura fait le plongeon, nous n'en serons pas plus avancés, tandis qu'en le faisant prisonnier, il nous servira d'ôtage.

Dans le rassemblement se trouvait un homme d'une trentaine d'années, que je sus plus tard être Américain et se nommer Fulton; comprenant que ma pensée était d'arracher le commandant à un danger imminent, il se mit à crier : « Oui, faisons-le prisonnier ! »

Quelques autres individus accueillirent également la proposition.

M. Chollet, qui avait également saisi mon intention, leva son bras en l'air en disant : « Mes amis, je suis un soldat d'Eylau et de Wagram... »

Mais à ces mots, une détonation se fit entendre, le commandant s'affaissa sur son cheval, d'où nous nous empressâmes de le descendre ; le sang sortait à flot d'une blessure qu'il venait de recevoir.

Un gamin d'une douzaine d'années, vêtu d'une veste couleur auvergnate, s'était, bon gré mal gré, faufilé au premier rang.

Tout le monde connaît cette race du gamin de Paris, qui dans nos rassemblements a toujours poussé le premier cri séditieux, dans nos émeutes a porté le premier pavé à la première barricade, et qui presque toujours a tiré le premier coup de feu.

Le mauvais garnement avait à la main un pistolet d'arçon presque aussi long que son bras, et, au moment où le commandant Chollet commençait à adresser aux individus qui l'entouraient quelques paroles qui vraisemblablement auraient désarmé leur colère, l'infernal gamin avait pressé la détente de son pistolet et avait disparu aussitôt, avant même qu'on se fût aperçu du déplorable résultat de son action. La balle, qui était entrée au-dessous de la dernière côte du côté droit, était allée se loger au côté gauche entre cuir et chair, au-dessous du bras, et avait ainsi traversé le corps. Tout cela se passait à cent cinquante pas à peine de la place de la Bastille, où se trouvait alors un régiment de troupe légère. J'allai trouver M. Condom, chirurgien-major de ce régiment, je lui expliquai ce qui venait d'arriver, et, après en avoir référé à son colonel, il s'empressa de me suivre pour prodiguer ses soins au malheureux commandant. Aussitôt qu'il eut examiné sa blessure, il pratiqua une incision pour extraire la balle, lava la plaie, la pansa et se retira. Je l'accompagnai en lui demandant quelle était son opinion sur la blessure de M. Chollet.

— Il est perdu, me dit-il, le coup est mortel et il ne tardera pas à succomber.

Je retournai alors près de mon pauvre blessé, qui me serra les mains avec effusion et demanda à être transporté chez lui, rue Saint-Paul, n° 22.

Le poste de la Bastille était de l'autre côté de la rue, à l'entrée du faubourg, en face le restaurateur Chamarante. J'accourus avec l'Américain Fulton chercher un brancard qui me fut délivré par M. Monnier, commissaire de police du quartier ; puis, le propriétaire de la maison dans laquelle le commandant avait été transporté nous ayant prêté un matelas, nous y plaçâmes notre blessé, et quand nous l'eûmes entouré d'une couverture pour qu'il ne fût pas reconnu, Fulton et moi, nous emparant des bretelles du brancard, nous le portâmes le plus doucement possible à son domicile. En arrivant rue de la Cerisaie, nous trouvâmes une barricade formée de tonneaux de porteurs d'eau et gardée par une dizaine d'individus armés de fusils. Un de ceux-ci, en nous voyant approcher, vint au-devant de nous et me demanda : Est-ce un des nôtres? Sur ma réponse affirmative, il retourna auprès de ses compagnons, les fusils furent mis dans un coin et en un instant un large passage était ouvert au milieu de la barricade, qui tout aussitôt se referma derrière nous. Nous traversâmes la rue du Petit-Musc; trois dragons nous accostèrent, et, ayant reconnu leur commandant, voulurent l'accompagner; mais je m'y opposai formellement en leur faisant comprendre que, sans escorte, il y avait chance pour nous d'arriver jusqu'au domicile de M. Chollet sans être inquiétés.

Jusqu'à la rue Saint-Paul, aucune rencontre fâcheuse ne vint entraver notre marche; des jeunes gens qui me parurent être des étudiants nous accompagnèrent et nous aidèrent à monter le blessé dans sa chambre située à l'entresol.

Le lendemain, à dix heures du soir, je me rendis à la rue Saint-Paul, je montai à l'entresol; la porte du petit appartement qu'occupait le commandant était à demi ouverte, j'entrai, et sur le lit je ne trouvai plus qu'un cadavre! Depuis plusieurs heures déjà, l'infortuné Chollet avait rendu le dernier soupir.

J'avais fait un rapport sur les diverses circonstances qui avaient déterminé un si triste résultat, et faute d'indications suffisantes, la police avait dû se résigner à attendre du temps et du hasard la découverte de l'assassin du commandant.

Dix ans après cet événement, je fus appelé dans le cabinet de M. Zangiacomi, juge d'instruction, qui me demanda si je pourrais reconnaître l'individu qui avait tiré sur M. Chollet.

— Mon Dieu, lui dis-je, je ne puis rien promettre; je n'ai vu ce gamin que pendant un instant, et sa coupable action a été si imprévue et si rapide, que c'est bien certainement lui que j'ai le moins remarqué.

Il fit alors entrer un jeune homme d'une vingtaine d'années, boiteux, et auquel je ne trouvai aucune ressemblance avec l'auteur de l'assassinat; d'ailleurs, les dix années écoulées avaient dû produire de trop grands changements dans l'individu recherché pour que je pusse, rien qu'à sa vue, affirmer son identité.

J'ai toujours ignoré pour quelles raisons la justice avait pu supposer que ce boiteux était l'assassin resté jusque-là introuvable.

XXV

LE PONT D'ARCOLE

Le 28 juillet 1832, vers dix heures du soir, une trentaine de jeunes gens qui, en commémoration des journées de Juillet, avaient été visiter au marché des Innocents les tombeaux des victimes de 1830, revenaient le long des quais en chantant en chœur des chansons patriotiques. En arrivant sur la place de l'hôtel de ville, ceux qui étaient en tête s'arrêtèrent pour attendre l'arrivée de leurs camarades et leur proposer d'aller s'établir sur le milieu du pont d'Arcole et d'y continuer leurs chants; la position, disaient-ils, était très favorable, rien ne pouvait gêner la voix, qui, répercutée dans le calme de la nuit, ferait un effet charmant!

A peine installés, ils entonnèrent la *Parisienne* à laquelle succéda la *Marseillaise*, et, entre chaque couplet, certains des chanteurs, plus échauffés, laissaient échapper quelques cris de : Vive la République!

Tout à coup les chants cessèrent. Une terreur panique venait de s'emparer de ces mélomames nocturnes, en s'apercevant qu'ils étaient pris des deux côtés. A une extrémité du pont apparaissaient les buffleteries croisées des gardes municipaux, et, à l'autre, les tricornes des sergents de ville. On voyait de temps en temps comme un éclair briller, rapide et fugitif, du côté des sergents de ville; c'étaient quelques-uns de ceux-ci qui, en entrant sur le pont, avaient mis l'épée à la main. A cette vue, plusieurs des jeunes gens se jetèrent à leurs genoux, en les suppliant de les laisser paisiblement se retirer; mais le sergent de ville P***, repoussant celui qui était à ses pieds, lui passa son épée à travers le corps, puis prenant sa victime qui respirait encore, il la jeta à l'eau avec l'aide de G***, l'un de ses collègues.

Les témoins de cette atrocité n'étaient pas tous restés indifférents : un sergent de ville, nommé L***, actuellement marchand de vins, indigné d'une action aussi barbare, asséna à P*** un si violent coup du pommeau de son épée, qu'il l'envoya rouler à plus de dix pas en s'écriant : Nous sommes des agents de la force publique et non des assassins !

Le lendemain, la scène qui s'était passée la veille entre P*** et L***, se renouvela dans les cours de la préfecture : le premier montrait à ses camarades son épée encore teinte de sang, et se glorifiait de l'atroce action qu'il avait commise. L*** l'apostropha en le traitant de misérable et lui reprochant sa lâcheté, puis il conclut en ajoutant :

— J'aimerais mieux briser mon épée que de rester une heure de plus sergent de ville !

Le jour même, il demanda à passer au service de sûreté, et, peu de temps après, sa demande lui était accordée.

A la suite de cette altercation, L*** et un de ses camarades, nommé C***, allèrent trouver un député très influent et lui racontèrent tout ce qui s'était passé au pont d'Arcole ; mais à ce récit, notre personnage répondit tout simplement : « Que voulez-vous ?... certainement... ce qui s'est passé est affreux... mais je n'y puis rien, moi !... »

Tant il est vrai que l'esprit politique fait souvent taire la voix de l'humanité. Toutefois, si le député s'était montré indifférent à ce malheureux événement, il ne devait pas en être ainsi de tout le monde, car le 29, au matin, les passants s'arrêtaient pour examiner, sur le pont d'Arcole, des traces de sang encore toutes fraîches qu'on n'avait pas eu le soin de faire disparaître.

Les faits furent racontés, augmentés, commentés par les journaux de l'opposition, qui, tous, accusèrent la police d'assassinats suivis de noyades. Le journal *le Corsaire* publia à cette occasion un article véhément avec ce titre : *De la rivière comme moyen de répression.*

Je dois à la vérité de dire qu'en cette circonstance l'autorité supérieure de la préfecture de police avait formellement défendu aux sergents de ville de faire usage de leurs épées, à moins que ce ne fût dans le cas de légitime défense.

La justice de Dieu ne tarda pas à s'appesantir sur

les deux agents qui, dans cette déplorable affaire, s'étaient si indignement conduits : peu de temps après l'événement du pont d'Arcole, le premier mourut dans un état presque complet d'étisie, et le second, quelques mois plus tard, s'échappant de son lit au milieu d'un accès de fièvre chaude, se précipitait par une fenêtre et se brisait la tête sur le pavé.

XXVI

ORIGINE DE LA POLICE DE SURETÉ

Je crois devoir donner ici quelques détails sur l'origine de ce qu'on appelle la police de sûreté. Cette police est une création qui ne remonte qu'à 1817, et, à ce propos, n'est-il pas étonnant qu'un si grand nombre d'années se soit écoulé sans que l'autorité ait pensé à cette combinaison si simple, de réunir en un seul corps une certaine quantité d'individus, uniquement occupés de poursuivre le crime, de déjouer les ruses des voleurs et d'arrêter les criminels?

Cette police de date encore si récente, doit être entièrement indépendante de la police politique, et sa spécialité doit en quelque sorte la rendre immuable au milieu de tous les bouleversements des révolutions, par cela même qu'elle n'est préposée qu'à la sécurité des habitants et des propriétés.

Dirigée dans cet esprit, personne n'en peut contester l'utilité, ni en révoquer en doute la nécessité, et cependant, il faut le reconnaître, un vernis affreux fut longtemps jeté sur les agents de cette police; une répulsion naturelle était le seul sentiment qu'ils inspiraient aux habitants qu'ils avaient mission de protéger.

Quelques mots sur l'origine de cette police, sur les premiers hommes qui l'ont composée, sur le premier chef qui l'a dirigée, donneront la raison de ces sentiments.

En 1810, Vidocq était à la prison de Bicêtre, attendant avec d'autres galériens le départ de la chaîne qui devait le reconduire au bagne d'où il s'était échappé. Chez cet homme, qui était doué d'une imagination vive et d'un esprit ardent, la pensée d'une captivité, d'une séquestration dans un bagne, devait être bien douloureuse, et lui, qui déjà plusieurs fois, avait servi de *cuisinier* (dénonciateur) à la police, trouva dans la bassesse de son cœur un moyen, non de conquérir sa liberté, mais d'adoucir sa position : il fit offrir à M. Henry, chef de la deuxième division, de servir l'administration dans les prisons en qualité de *mouton*, c'est-à-dire d'exploiter la confiance de ses camarades pour obtenir d'eux l'aveu de leurs crimes, et en même temps il lui adressa un rapport sur plusieurs forçats évadés ou en rupture de ban, qui se trouvaient détenus à Bicêtre sous de faux noms; enfin, il donna des renseignements tellement précis sur d'audacieux voleurs qui depuis longtemps exploitaient la capitale, que ceux-ci furent arrêtés.

A cette époque, la police de sûreté n'existait pas, ou pour mieux dire, existait dans des conditions qui la rendaient presqu'inutile, faute d'éléments d'homogénéité : les officiers de paix, entièrement indépendants les uns des autres, exerçaient à leur manière la surveillance municipale et de sûreté dans leur arrondissement respectif, et tel voleur qui se trouvait traqué dans un quartier pouvait impunément exercer sa coupable industrie dans un autre.

Les rapports de Vidocq furent examinés, vérifiés, et les renseignements qu'ils renfermaient ayant été trouvés exacts, M. Henry pensa qu'un tel homme serait précieux comme *mouton*, et Vidocq fut employé de cette manière à Bicêtre et à la Force ; il reçut à ce titre des gratifications qui variaient suivant l'importance des prises qu'il faisait opérer. M. Henry se décida ensuite à le faire mettre en liberté, mais à la condition qu'il continuerait à servir de dénonciateur et qu'il fournirait chaque mois à la préfecture un nombre de malfaiteurs dont le minimum fut fixé, sous peine pour lui d'être reconduit au bagne de Brest ; on lui alloua cent francs d'appointements fixes par mois et une prime pour chaque arrestation qu'il procurait [1].

L'une des premières qu'il fit opérer fut celle d'un mégissier chez lequel il avait reçu asile en sortant de prison, et qu'il accusa, à tort ou à raison, de fabriquer de la fausse monnaie. Le mégissier, arrêté avec un médecin de ses amis, passa en jugement, et tous deux portèrent leur tête sur l'échafaud, en ré-

---

1. Tous ces détails m'ont été confirmés par M. Puteau, directeur en chef du premier bureau de la deuxième division.

compense de l'hospitalité qui avait été accordée au pensionné de la préfecture de police.

La perfidie de Vidocq lui avait trop bien réussi pour qu'il restât oisif; la crainte d'un côté, la cupidité de l'autre, lui donnèrent une activité incroyable, et naturellement, pour ne pas rester au-dessous du chiffre fixé pour sa tolérance à Paris, il prit la résolution d'avoir recours à la provocation, et se servit de cet ignoble moyen avec la plus criminelle adresse jusqu'au retour des Bourbons; alors le forçat policier jugea qu'il lui serait plus lucratif de se mettre à la dévotion du parti politique qui triomphait.

Le 30 mars 1814, les alliés entrèrent à Paris, et, sous leur puissante protection, des Français appartenant à l'ancienne noblesse, et à la tête desquels se trouvait le marquis de Sombreuil, résolurent de faire abattre de la colonne de la place Vendôme la statue du grand capitaine; mais pour cela il fallait des bras, et celui qui fut chargé de les procurer ne pouvait en trouver que chez ses pareils, c'est-à-dire dans les rebuts de la société.

Le lendemain 31, vers trois heures de l'après midi, le forçat Vidocq, armé d'un énorme merlin, monta sur la colonne, et là, après avoir frappé de toutes ses forces sur les tenons assujettissant la statue de Napoléon, il lui attacha une corde autour du cou, puis en lança l'extrémité à ses acolytes rassemblés au pied de la colonne. Cette horde de bandits se pendit à la corde et, la tirant avec accompagnement de hourras, finit, non sans peine, par faire tomber la statue du grand homme, aux applaudissements de M. de Maubreuil et des gentilshommes ses associés, qui faisaient distribuer de l'or aux ignobles instruments de leur fanatique vengeance [1].

Depuis cet exploit, Vidocq ne regarda plus la police de sûreté que comme accessoire, et se livra presque exclusivement à la politique.

Vers 1816, un agent de police nommé Scheltein fomentait des complots dans les cabarets, entre autres chez un marchand de vins faisant le coin de la rue de la Calandre et de la Barillerie et portant pour enseigne : *Au sacrifice d'Abraham.* Scheltein avait rencontré Pleignier, Tolleron, Carbonneau et autres, tous attachés au souvenir de l'Empereur, par conséquent n'aimant pas les Bourbons. Ce misérable les avait encouragés, en leur disant que l'état de choses ne pouvait durer plus longtemps et que le renversement de la monarchie de 1814 était inévitable.

Vidocq et un certain Ricloky, son acolyte, fréquentaient habituellement le cabaret en question. Scheltein les fit passer pour d'anciens officiers de l'Empire, et avec leur coopération, ne tarda pas à former un complot dans lequel Pleignier, Tolleron et Carbonneau, après avoir joué les rôles les plus compromettants, furent arrêtés, et par suite des nom-

---

[1]. Comme témoins de cette scène, je citerai MM. Yvrier, officier de paix, et Bias, inspecteur, qui depuis cette époque ne purent jamais prononcer le nom de Vidocq, ou l'apercevoir, sans éprouver un sentiment d'indignation.

breuses pièces de conviction, telles que proclamations et emblèmes, qui furent trouvés chez eux, ces trois malheureux portèrent leurs têtes sur l'échafaud, victimes de leur imprudence et des infâmes menées de Scheltein, Vidocq et Ricloky.

En 1817, la fermentation politique de 1815 et 1816 s'étant un peu calmée dans les esprits, on donna à Vidocq une dizaine d'agents de sa sorte pour faire la chasse aux malfaiteurs, et ce n'est qu'à partir de cette époque qu'il fut réellement chef de la brigade de sûreté. En 1821, elle fut portée au nombre de vingt-huit hommes par le préfet, M. Delavau, qui mit à la disposition de l'ancien échappé de Brest des fonds secrets dont il n'avait point à rendre compte ou à peu près.

Or, qu'étaient-ce que ces vingt-huit hommes appelés à assurer la tranquillité publique et le respect de la propriété? Qu'était-ce que leur chef, qui, plus que tout autre, devait posséder au dernier point l'horreur du vol et la plus complète répulsion pour tout ce qui pouvait porter atteinte, en quoi que ce soit, aux biens ou à la vie de ses concitoyens?

Le chef, nous le connaissons, nous l'avons vu à l'œuvre, et ses agents étaient d'anciens repris de justice, d'anciens forçats, ayant presque tous subi des peines infamantes pour des faits semblables à ceux qu'ils étaient maintenant appelés à réprimer.

Que devait-on attendre de tels hommes? Quelle estime pouvait-on avoir pour un service ainsi composé? Devait-on s'étonner de voir l'opinion publique assimiler au rang des malfaiteurs ceux qui les arrêtaient, et ce dicton que Vidocq, dans son intérêt, s'était plu à accréditer : « Pour pouvoir découvrir les voleurs, il faut l'avoir été soi-même, » était d'autant plus vrai, du moins en apparence, que Vidocq s'attachait à choisir de préférence pour auxiliaires les praticiens qui lui paraissaient les plus hardis et les plus effrontés.

Un personnel de cette espèce a mis souvent en défaut le propre savoir-faire du chef qui se piquait de pouvoir déjouer toutes les ruses.

Un seul exemple peut faire présumer du reste.

Un inconnu, disant se nommer Jacquin, vient au bureau de Vidocq pour s'offrir comme indicateur.

— Que sais-tu faire? lui dit l'homme de police.

— Dame! bien des choses! répond l'industriel, je sais d'abord acheter très avantageusement. Essayez-moi.

— Ah! Eh bien! prends ces deux pièces de cinq francs, va au marché, et rapporte-moi deux bonnes volailles. Je veux voir comment tu choisiras.

Le nouveau venu promit qu'il serait bientôt de retour.

Au temps fixé, notre homme revient et remet à Vidocq deux poulardes irréprochables, et même aussi les dix francs qu'il avait reçus pour les acheter.

— Fort bien! dit le maître, mais voyons comment tu as opéré?

— Voici, dit Jacquin : j'ai emprunté la veste blanche, le bonnet et la hotte d'un marmiton de mes amis. Ma hotte était garnie de paille, je l'ai chargée de pierres que j'ai couvertes, j'ai acheté pour six sous de légumes que j'ai placés en dessus; j'ai fait plus loin la cour, en galant cuisinier, à une marchande de poulets, j'ai fait prix avec elle pour mes deux volailles, puis je l'ai payée.

Ma hotte était lourde, je l'avais sur le dos. Pour y mettre deux volailles, on ne se décharge pas. J'ai donc prié la petite mère de poser elle-même sa marchandise dans mon pardessus d'osier. On s'aide entre cuisinier et vendeuse de chapons. Je lui faisais face, comme il convient de faire au beau sexe, et je m'étais baissé. Pendant qu'elle plaçait mes deux poulets, elle avait les deux bras occupés au-dessus de ma tête, et mes mains travaillaient dans sa grande poche de devant. — C'est tout de même une drôle d'habitude qu'elles ont comme cela d'encaisser la recette sur leur abdomen. J'ai fouillé là délicatement et j'y ai repris, sans la chatouiller, mes deux pièces de cinq *balles* avec une trentaine de francs en monnaie que voici.

— Travailles-tu souvent comme cela? dit Vidocq.

— On fait ce qu'on peut, dit l'autre.

— Modeste et pas maladroit! C'est bien, je te donnerai de l'emploi à compter de demain. Va-t-en, et ne te laisse pas pincer d'ici-là. — A propos! combien as-tu fait de prison?

— De la prison? Ah! mais non, je ne peux pas dire que je sors d'en prendre. Je n'en ai jamais pris. Autre chose, je ne dis pas.

Vidocq l'avait congédié.

Pendant que Jacquin lui indiquait comment il avait joué le tour à la marchande, il ne s'était pas fait faute de démonstrations et de mouvements. Il s'était baissé, il avait fléchi un genou pour l'intelligence de la scène ; il avait, sans manquer de déférence, touché plusieurs fois son examinateur, qui posait en homme considérable ; mais il avait mis les gestes à profit, car il avait habilement enlevé à Vidocq une fort belle montre d'or et de volumineux accessoires sans que celui-ci s'en aperçût.

Jacquin, en tant qu'il eût donné son vrai nom, ce qui n'est pas probable ne s'avisa point de reparaître.

Vidocq, dont la vanité et la colère étaient surexcitées au-delà de toute expression, mit tout en œuvre pour découvrir l'adroit voleur, mais on ne retrouva jamais ni la montre ni Jacquin, et bien des années après le fait, aucun agent ou indicateur n'aurait osé prononcer devant Vidocq le nom de Jacquin.

En 1827, Vidocq cessa d'être chef de la brigade de sûreté et se retira possesseur d'une fortune qui n'avait pas pour origine les économies qu'il avait pu faire sur ses appointements. Prévoyant bien que tôt ou tard l'administration répugnerait à le conserver, Vidocq avait, vers 1826, fondé à Saint-Mandé une fabrique de papier, et une fois révoqué, il prit personnellement la direction de son établissement ; mais, avec une étiquette comme la sienne, il lui était difficile de s'assurer d'honorables relations commerciales. Aussi, ne pouvant parvenir à prospérer dans son industrie, il abandonna la fabrication du papier et parut vivre dans l'inaction jusqu'au commencement de 1832, époque où les troubles politiques désolaient la capitale. Il trouva alors moyen de faire surgir à la pensée du préfet que ses services pouvaient encore être nécessaires et il obtint l'autorisation de faire, d'une manière occulte, de la police de sûreté. A cet effet, il créa rue Pavée une espèce de bureau, et s'adjoignit pour auxiliaires quelques individus tarés et bien dignes d'un tel patron. Une fois installé, l'ancien forçat n'eût plus qu'une idée fixe : celle de reconquérir la place de chef de la brigade de sûreté, mais pour cela il lui fallait un coup d'éclat. Il jeta les yeux sur l'un de ses nouveaux acolytes nommé L***, et lui fit entrevoir la perspective de devenir son *alter ego* s'ils parvenaient ensemble à machiner une affaire dont ils paraîtraient avoir débrouillé victorieusement tous les fils. Ils s'arrêtèrent à la combinaison suivante :

L*** avait été cuisinier chez un sieur Schmidt, restaurateur à la barrière de Fontainebleau ; il en connaissait tout l'intérieur et toutes les habitudes. Vidocq décida donc qu'on y ferait commettre un vol. L*** s'aboucha avec plusieurs repris de justice ; les nommés Séguin, Lenoir, Desplantes, Cloquemin et Salomon, et sous le prétexte qu'il ne pouvait lui-même paraître dans la maison où il était connu, il leur donna toutes les indications nécessaires pour perpétrer un vol dans la chambre à coucher de son ancien patron, qui y renfermait, disait-il, son argenterie, ses billets de banque, et qui s'absentait de chez lui tous les matins pour aller à la halle faire ses provisions. Le 2 mars 1832, lorsque tout fut bien convenu pour opérer la soustraction, L*** vint en rendre compte à Vidocq ; celui-ci se rendit aussitôt près du maire de Gentilly, et lui déclara qu'il venait d'être informé que le lendemain, à sept heures du matin, des malfaiteurs viendraient commettre un vol à l'aide d'effraction dans la chambre du restaurateur Schmidt, et qu'en prenant des mesures il serait facile d'arrêter les coupables en flagrant délit. Le maire s'empressa de faire placer à l'avance des gendarmes dans une pièce attenante à la chambre à coucher de Schmidt ; à l'heure indiquée par Vidocq, les voleurs dénommés plus haut se présentèrent au restaurant, montèrent au premier étage dans la salle publique où donnait la porte de la chambre en question, et se firent servir du vin. Lorsque le garçon de salle fut descendu, Séguin ouvrit à l'aide d'effraction la porte de la chambre et s'empara de l'argenterie ; mais à ce moment les gendarmes apparurent et arrêtèrent les délinquants, qui furent conduits à la préfecture.

En présence d'une telle capture, qui paraissait être due à l'habile vigilance de Vidocq, et accuser en même temps l'infériorité relative de son successeur en exercice, l'autorité, aveuglée, crut devoir peu après réintégrer Vidocq dans ses anciennes fonctions de chef de la brigade de sûreté.

L'affaire des cinq voleurs suivit son cours ; ils comparurent successivement devant un juge d'instruction, auquel l'un d'eux finit par déclarer que le vol n'avait été commis qu'à l'instigation du nommé L***, qui leur avait fourni tous les indices nécessaires pour arriver à sa perpétration. Cette assertion ayant été confirmée par les autres complices, le juge d'instruction lança un mandat d'amener contre l'individu signalé. Mais cela ne faisait pas le compte de Vidocq, qui craignait que son agent ne fût forcé de faire des aveux ; aussi se garda-t-il bien de mettre L*** en état d'arrestation. Il fit effrontément un rapport annonçant que le nommé L*** était introuvable. Quatre mois s'étaient écoulés depuis la date du mandat, lorsque le juge d'instruction reçut secrètement avis que L*** n'avait point disparu de la capitale, et que Vidocq l'avait incorporé dans sa brigade sous le nom d'Auguste, substitué à son véritable nom. Un nouvel ordre du juge vint alors forcer le chef de la brigade de sûreté à livrer malgré lui son agent.

Le 30 septembre suivant, la cour d'assises condamnait les cinq voleurs aux travaux forcés. L***, convaincu d'avoir excité au vol ses coaccusés, en leur donnant toutes les indications pour le commettre, fut condamné à deux ans de prison.

Vidocq était persuadé que la société entière approuvait sans réplique l'argument qu'il a émis dans ses mémoires, et que je rappellerai ici :

« ...D'ailleurs, dit-il, en matière de vol, je ne

« pense pas qu'il y ait de provocation possible. Un
« homme est honnête ou il ne l'est pas : s'il est
« honnête, aucune considération ne sera assez puis-
« sante pour le déterminer à commettre un crime ;
« s'il ne l'est pas, il ne lui manque que l'occa-
« sion, et n'est-il pas évident qu'elle s'offrira tôt ou
« tard.

Quelle morale ! quelle logique ! quel stoïcien que cet homme ! et comme il prouve bien que si lui, Vidocq, a été au bagne, ce n'est ni l'effet des mauvaises fréquentations, ni le résultat de circonstances fortuites, de nécessités impérieuses, mais bien parce que son âme était gangrenée !

Depuis la rentrée de Vidocq à la police, la justice voyait avec peine que les accusés traduits à sa barre récriminaient contre le témoignage des agents de la brigade de sûreté ; ces récriminations produisaient le plus mauvais effet sur le nombreux public qui assistait à l'audience. En effet, la déposition des agents appelés comme témoins était souvent interrompue par les accusés, qui reprochaient à ceux-là d'être leurs anciens compagnons de bagne ou même d'avoir été complices ou provocateurs dans le vol pour lequel ils étaient appelés en témoignage. Ces débats étaient pénibles pour les magistrats chargés d'appliquer la loi et un sujet de scandale pour le jury et l'auditoire.

Malgré ces résultats et les réclamations qui en étaient la conséquence, cet état de choses n'en continuait pas moins, lorsqu'une circonstance étrangère à ces considérations vint mettre un terme à ce système de police généralement réprouvé.

La révolution de 1830 avait consacré la liberté de la presse, aussi les journaux en usaient largement, à ce point qu'en 1832 certain petit journal, qui faisait paraître des caricatures, mettait souvent en parallèle la figure de Vidocq avec celle d'un haut personnage.

Offensé de ces indignes comparaisons, dont la position officielle de l'ex-forçat était le prétexte, le ministre de l'intérieur donna ordre au préfet de police de dissoudre la brigade de sûreté et de la recomposer sur une base entièrement nouvelle, de telle sorte qu'on n'eût plus rien à reprocher aux agents qui en feraient désormais partie.

Un arrêté préfectoral en date du 15 novembre 1832 dissolvait la brigade de sûreté, et un deuxième arrêté, de même date, prescrivait la recomposition de ce service sur une autre base : l'article 3 portait qu'aucune personne ayant subi une condamnation, même la plus minime, ne pourrait faire partie de ce service qui, au 1er janvier suivant, devait avoir ses bureaux à la préfecture de police.

Jusqu'alors, la brigade, ou pour dire comme certains journaux de l'époque, la bande de Vidocq avait pour quartier général une noire, vieille, basse et sale maison de la petite rue Sainte-Anne ; cette maison ressemblait plutôt à un bouge, asile de voleurs, qu'à des bureaux de police. Aussi, pour éviter tout ce qui pouvait rappeler le souvenir du forçat policier, le préfet voulut qu'en attendant l'époque à laquelle le nouveau service entrerait en possession de ses bureaux à la préfecture, on louât, pour lui servir momentanément d'asile, une maison sise rue de Jérusalem, 5. M. Allard fut nommé chef de ce service et moi inspecteur principal ; on me chargea de recruter des agents parmi les sergents de ville ainsi que parmi des personnes étrangères à l'administration.

Cette mesure était salutaire ; mais en même temps il y avait un fâcheux résultat à craindre ; les agents de Vidocq, se trouvant tout à coup dépourvus de moyens d'existence, pouvaient revenir à leur premier genre de vie, c'est-à-dire au vol, et il fallait à tout prix empêcher ces hommes à demi-convertis de retourner au crime : il fut donc décidé qu'on les conserverait à titre d'indicateurs, qu'ils auraient une chambre en ville pour se réunir, et qu'en sus d'une haute paye de cinquante francs par mois, on leur donnerait une prime par chaque arrestation qu'ils feraient opérer.

Quatorze seulement acceptèrent cet arrangement.

Dans cette nouvelle organisation, la police de sûreté conservait le même nombre d'employés que la brigade de Vidocq, savoir : 1 chef, 1 inspecteur principal, 4 brigadiers, 24 inspecteurs, dont un faisant les fonctions de garçon de bureau, et 1 commis aux écritures. Total 31.

XXVII

LES VOLEURS PAR CATÉGORIES, LES AUXILIAIRES, LA POLICE DE SURETÉ

Il est malheurement trop évident qu'il existe dans les bas-fonds de la population de la capitale un monde de misérables qui vivent constamment en dehors des lois, qui n'ont pour règles que leurs instincts pervers, pour moyens d'existence que le vol et l'assassinat ; aussi la prison ou l'échafaud sont leur inévitable fin ! D'affreux repaires servent de théâtre à leurs débauches, à leurs orgies ; ils se livrent dans ces bouges à des excentricités que la plume se refuse à décrire. Ces malheureux parlent un langage à part qui s'apprend dans les prisons, dans les bagnes. Perpétuellement en guerre avec la société, bien que ces êtres dégradés ne jouent pas tous le même rôle, ils tendent toujours au même but : le vol !

Quoique les journaux judicaires aient fait connaître les moyens mis en œuvre par les malfaiteurs de la capitale pour arriver à la perpétration de certains genres de vol, et que la *Physiologie des voleurs*, publiée en 1837, ait aussi traité ce sujet, mais d'une manière sommaire, je n'en ai pas moins cru, vu l'insuffisance de ces renseignements, devoir consacrer un chapitre au monde des voleurs.

Je vais donc jeter un coup d'œil sur les différents genres de vol, énumérer aussi brièvement que possible les moyens employés par les voleurs, assigner à chacun un rang, un ordre, une catégorie, et cela d'après les caractères mêmes du forfait ou du délit; établir enfin en termes clairs une sorte de dictionnaire, une manière de *vade mecum* dont l'utilité sera incontestable, puisqu'il réunira le double avantage de grouper tous les genres de vol, et de prévenir les honnêtes gens contre les tentatives des fripons.

Pour compléter le tableau, j'ajouterai quelques mots sur les tapis francs, sur les habitudes de ces sortes de repaires, et sur les garnis dits *à voleurs;* il est juste, lorsqu'on veut chasser une bête fauve, de savoir où se trouve sa tanière.

Il existe à Paris douze catégories de voleurs; la première se compose de *la haute pègre*, c'est-à-dire le nec plus ultra du genre : le vol en bottes vernies et en gants jaunes. Le voleur de la haute pègre est un homme jeune, élégant, distingué; vous ne le rencontrerez jamais qu'en coupé ou en tilbury. Au théâtre, il lui faut des avant-scènes ou des premières loges, et il dîne au *Café anglais*. Parlez-lui, sa conversation vous charmera; il sera tour à tour sentimental ou léger, sérieux ou plaisant, savant ou futile, selon votre caractère, mais toujours agréable, spirituel et distingué. Quel que soit l'endroit où il se trouve, quelle que soit la position des personnes qu'il approche, quelque élevée que soit la société dans laquelle il est, il sait tenir sa place avec dignité, élégance et bon goût. Aussi professe-t-il le plus profond mépris pour tous ces petits voleurs qui, dit-il, manquant complètement d'instruction et de génie, sont obligés, dans leur stupidité, de demander à la force brutale ou à une adresse mercenaire des moyens de réussite que l'esprit seul devrait amplement fournir.

Les voleurs de cette catégorie sont peu nombreux ; je n'en ai jamais connu qu'une vingtaine. Du reste, le voleur de la *haute pègre* demeure dans ses meubles et non à l'hôtel garni, où il serait en quelque sorte sous les yeux de la police. Son appartement est situé rue de la Paix ou rue de Rivoli, et le cerbère de la maison ne manque pas, en parlant de lui, de le désigner comme la crème de ses locataires. Cela se comprend, il est généreux.

Deux ou trois fois par an, tout au plus, le voleur de la *haute pègre travaille*, c'est-à-dire vole ; mais ses expéditions sont toujours fructueuses, car il ne marche pas au hasard et il ne s'attaque qu'aux boutiques de joailliers, bijoutiers, changeurs, qu'aux études de notaires, d'avoués, aux appartements de personnes riches. D'une patience à toute épreuve, d'une persévérance qui serait digne d'éloge si elle s'appliquait au bien, il suit une affaire pendant des mois entiers ; il couve, étudie, mûrit son plan d'exécution, puis s'attache à la personne qu'il veut dévaliser. Il ne la quitte pas plus que son ombre, épie ses démarches, remarque ses habitudes, et ce n'est que lorsqu'il est sûr d'être seul et de pouvoir commettre son vol avec sécurité et succès qu'il se décide à le tenter.

On comprend facilement qu'avec de telles précautions avant, pendant et après le vol, les Labitte, les Pernet, les Marck, les Lécuyer, les Lesueur, les Liéquens, les Millard, les Lambel, etc., aient pu, avant d'aller expier leurs forfaits au bagne, mener pendant plusieurs années la vie de jeune gens de famille élégants et fastueux. Un seul a pu échapper au châtiment, c'est Piednoir. Condamné deux fois par coutumace à vingt ans de travaux forcés, 1° dans l'affaire Lesage et Soufflard, et 2° dans l'affaire de la bande dite des *habits noirs*, le 16 janvier 1845, il parvint constamment à déjouer les recherches de la police ; mais ce fait est exceptionnel.

La deuxième catégorie est formée par les *fourlineurs*, plus connus sous la qualification de *voleurs à la tire* : ce sont les successeurs des anciens *tirelaines*.

Le tireur exerce son industrie aux théâtres, dans les églises, aux concerts, aux bals, sur la voie publique, partout enfin où il y a réunion. Il est mis avec recherche pour inspirer confiance aux personnes qu'il approche ; il ne porte jamais ni canne, ni parapluie, ni gants ; ces objets l'embarrassent pour *travailler* (voler). En revanche, il est toujours pourvu d'une petite et forte paire de ciseaux qu'il appelle *faucheurs*, et qui lui sert à couper les chaînes d'or qu'il ne peut enlever d'une autre manière. Lorsqu'il veut soustraire une montre ou une bourse placée dans la poche d'un gilet, il y plonge avec dextérité les deux premiers doigts de l'une ou de l'autre main, suivant la position où il se trouve et en retire prestement l'objet de sa convoitise ; c'est ce qu'il appelle *voler à la fourchette*. Mais, crainte de surprise, il a presque toujours un complice à sa portée. Si quelquefois il est seul dans une foule, il met ses mains derrière le dos, et, se plaçant ainsi devant une personne qu'il a l'air de ne pas vouloir précéder, il trouve encore de cette façon le moyen d'*exercer*.

Les plus habiles et les plus audacieux fourlineurs se livrent au vol dit *à la rencontre :* mais, pour ce genre de soustraction, il faut être deux. Le premier se promène sur les boulevards, dans la rue de la Paix ou tout autre lieu fréquenté par les gens riches ; le second suit de très près son camarade qui, lorsqu'il a remarqué un passant porteur d'une chaîne en or pendant à la poche d'un gilet, se dirige de manière à venir se jeter contre cette personne en tournant la tête, pour faire penser qu'il ne l'avait point aperçue, et il profite alors de la commotion produite pour enlever adroitement montre, chaîne ou porte-monnaie. Son compère qui se trouve près de lui, reçoit à l'instant même l'objet soustrait et disparaît aussitôt. Le voleur se confond en excuses sur sa maladresse, et tout est dit. Mais si la victime s'aperçoit qu'elle est volée et qu'elle accuse le *tireur* d'être l'auteur du larcin, ce dernier proteste de son innocence et demande à être fouillé à l'instant même. Si l'on obtempère à sa demande, comme on ne trouve rien sur lui, il daigne accepter les excuses du plaignant et s'éloigne ensuite avec dignité... pour aller plus loin rejoindre son compère.

Le plus fin, le plus rusé, le plus adroit de tous les *fourlineurs*, était Mimi Preuil, surnommé le roi des tireurs ; la nature l'avait gratifié de doigts d'une longueur démesurée.

Il existe une autre classe de tireurs plus modestes qu'on appelle *tiraillons*. Vêtus très mesquinement, souvent même en blouse, ils se bornent à fouiller dans les poches des habits et des paletots, et exploitent ordinairement les curieux qu'un événement fortuit rassemble dans les rues ou qui forment cercle autour des chanteurs ou des saltimbanques.

De 1833 à 1852, j'ai connu 140 voleurs de cette catégorie.

A partir de 1828, époque de la création des omnibus, beaucoup de femmes se sont livrées au vol à la tire dans ces véhicules. Voici leur manière de travailler : la tireuse monte dans la voiture à la station, se place à une stalle du milieu, de manière à pouvoir observer toutes les dames qui montent dans l'omnibus. Lorsqu'on paye les places, la tireuse examine avec attention quelle est la dame qui a un portemonnaie bien garni et dans quelle poche il a été replacé; puis, lorsque les voyageurs descendent, elle change de stalle, si besoin est, pour se placer à côté de la personne qu'elle veut dévaliser ; et, saisissant un moment opportun, elle glisse subtilement sa main avec tant de légèreté et d'adresse dans la poche de sa voisine, qu'en une seconde le tour est fait. Aussitôt la soustraction commise, la tireuse descend de voiture et s'esquive au plus vite. La plus adroite et la plus hardie de ces voleuses était la dernière des six filles du vieux juif N***, dont je parlerai plus loin à l'occasion des voleurs israélites. Elle était toujours vêtue avec élégance, portant des diamants aux doigts et aux oreilles, diamants qu'elle avait volés chez les bijoutiers ; elle s'exprimait avec une grande facilité. Enfin si Preuil était le roi des tireurs, elle était la reine des voleuses à la tire.

La troisième catégorie est composée des *charrieurs*, dont le type est devenu si populaire. Pour ces industriels, il existe deux manières d'opérer : la première prend le nom de *vol à l'américaine*. Pour jouer cette comédie dont le dénoûment doit être le dépouillement de la victime, deux compères sont de rigueur : l'un qui fait l'Américain, l'autre que sert de *leveur* ou de *jardinier*, ainsi qu'on l'appelait autrefois. Lorsque ce dernier a aperçu un garçon de caisse, un provincial, un domestique, ou tout autre individu à figure bonasse qu'il soupçonne nanti de quelque somme d'argent, il le *lève*, c'est-à-dire l'accoste sous un prétexte quelconque, lie conversation avec lui, marche quelque temps à ses côtés sans affectation aucune, et bientôt les voilà tous deux qui cheminent ensemble comme de vieilles connaissances. Tout à coup, un individu les accoste : c'est l'Américain, c'est-à-dire le deuxième voleur. Invariablement vêtu de noir de la tête aux pieds, porteur de favoris fabuleux ou d'un épais collier, cravaté haut, l'air guindé, les doigts chargés de bagues, tandis qu'à son gilet se heurtent sans goût, mais en profusion, chaînes et breloques, il s'adresse au *leveur* et, dans un langage presque inintelligible, il demande où se trouve l'un des monuments publics, mais toujours l'un des plus éloignés du quartier où la rencontre a lieu. On le lui explique tant bien que mal ; alors il s'écrie :

— *Aô ! bôcoup louin ! !...*

Et ses deux interlocuteur de lui rire au nez en s'efforçant de lui enseigner le chemin.

— *Si vô vôlez conduire moâ, ce petit pièce pour vô !* et il montre une pièce de vingt francs. On n'a garde de manquer une pareille aubaine, on accepte la proposition, et voilà nos trois individus qui partent pour visiter « le miousée des petites bêtes » ou le lac du bois de Boulogne. La route est longue ; pendant le premier quart d'heure, on examine l'étranger de la tête aux pieds ; mais, comme après tout on ne peut passer sa vie à examiner un homme, on finit par causer. L'Américain parle de son pays, de ses propriétés, de ses vaisseaux, car il se donne comme armateur à New-York ou à Philadelphie ; il a soin de montrer de temps en temps le plus profond mépris pour l'or, et finit par dire qu'il donnerait volontiers une petite pièce comme celle-là, (il montre un napoléon de vingt francs), pour trois grosses pièces comme

celle-ci, et il sort de sa poche une pièce de cinq
francs en argent. L'offre est tentante, les deux conducteurs se consultent quelques instants, et bientôt, l'affaire étant conclue, on entre dans le cabinet d'un
marchand de vin pour pouvoir procéder facilement
à l'échange des pièces. Mais alors le compère prend
un air de méfiance, demande à faire vérifier l'or de
l'Américain pour savoir si on ne le trompe pas, —
C'est trop juste, répond celui-ci, voici deux trois, cinq
cents francs (plus ou moins), allez chez un changeur
et vérifiez. Le pigeon qu'on doit plumer sort avec le
leveur, et bientôt tous deux reviennent enchantés ;
l'épreuve a été des plus satisfaisantes, et ils sont
maintenant sûrs d'un beau bénéfice.

— Changeons, s'écrient-ils en entrant dans le cabinet du marchand de vin.

— Aô yès ! vô avez été tôcher l'or de moâ, je vôlai
faire tôcher l'argent à vô.

— C'est trop juste, reprend le compère, monsieur
a parfaitement raison ! Pendant ce colloque, l'Américain a retiré ostensiblement de sa poche un sac à
garniture d'acier, fermé à clé et dans lequel se trouvent cinq ou six rouleaux ayant exactement la forme
et la tournure de rouleaux de mille francs en pièces
de vingt francs ; il ouvre le sac, y prend un rouleau
dont il défait l'un des bouts et en retire trois ou
quatre pièces de vingt francs qu'il met dans sa poche, puis referme le sac et ôte la clef.

— Vous allez, reprend le compère, laisser à monsieur votre sac dans lequel, autant que j'ai cru voir, il y

a six ou huit mille francs, et nous allons aller ensemble faire vérifier l'argent de mon ami.

L'imbécile, comptant sur le nantissement qu'on lui laisse, lâche ses pièces de cent sous, et les deux fripons sortent.

Pendant qu'ils s'esquivent lestement, le niais attend, s'impatiente et se morfond ; une demi-heure, trois quarts d'heure, une heure se passent, personne ne vient, l'inquiétude le prend ; vingt fois il a soulevé le sac de l'Américain, et vingt fois le poids des rouleaux l'a rassuré ; cependant un moment arrive où il n'y tient plus ; il s'informe auprès du garçon, du patron, si l'on a revu les deux messieurs qui étaient avec lui, mais personne ne sait ce qu'ils sont devenus. Alors une idée lui vient : il force la serrure du sac, s'empare des rouleaux, les développe et trouve... des lingots de plomb artistement fondus. Les quelques pièces d'or que l'Américain avait retirées de l'un de ces rouleaux étaient les seules qui fussent dans le sac et n'y avaient été mises que pour inspirer confiance.

Quelquefois la vérité ne se fait jour que le lendemain : le jobard, admettant la possibilité d'un accident quelconque, donne son adresse au marchand de vin, dans le cas où on viendrait le demander, et n'ouvre le sac que lorsque l'impatience le dévore. D'autres fois, le pigeon, resté seul, s'abondonne à quelques velléités de gain illicite : il a livré quinze cents francs en pièces de cinq francs, mais on lui laisse entre les mains une valeur quadruple, pourquoi ne profiterait-il pas de l'occasion, n'étant connu ni de l'Américain ni de son obligeant interprète ; et ma foi, la tentation étant trop forte, il disparaît. Le résultat n'en est pas moins le même : c'est toujours lui le volé !

La deuxième manière est ce qu'on appelle *le vol au pot* : les éléments sont identiques, avec cette variante toutefois, que les compères sont au nombre de trois. Les préliminaires sont les mêmes : lorsque la connaissance est faite, la conversation engagée, et qu'on se dirige vers l'endroit désigné par l'Américain, celui-ci manifeste l'intention d'aller dans une maison de femmes, et propose de payer pour tous : *le leveur* accepte avec empressement et parvient quand même à vaincre les scrupules, si scrupules il y a, du pauvre diable que l'on veut dévaliser.

On se dirige alors vers une maison de tolérance située hors barrière, et quand on est sur le chemin de ronde dans un endroit écarté, l'Américain s'arrête tout à coup, se frappe le front et s'écrie dans son jargon : « Mais ces femmes que nous allons voir chercheront peut-être à nous voler, cela s'est déjà vu ; moi je vais faire un trou en terre, y déposer mon or avec ce que j'ai de plus précieux ; je reprendrai le tout en repassant, c'est plus prudent. » Le compère approuve l'idée, qu'il déclare fort ingénieuse ; et, tout en se hâtant de déposer dans le trou que l'Américain vient de creuser ce qu'il peut avoir en argent, qu'en bijoux, il ne manque pas de raconter une histoire inventée à plaisir, dans laquelle il dit avoir été dépouillé de sa montre et de son argent dans une maison de prostitution, sans s'en apercevoir et sans savoir par qui il a été volé. Le pauvre niais qui les accompagne regarde toute cette jonglerie avec ébahissement, puis il ne tarde pas à faire comme eux, car *le leveur* ne cesse de lui répéter : Vous devez être sans crainte, puisque monsieur dépose dix fois plus que nous deux ; d'ailleurs nous ne nous quitterons pas d'un instant, donc il n'y pas de danger. » Le trou rempli, on recouvre le tout de terre, puis on s'en va. Mais, à peine a-t-on fait quelques cents pas, l'Américain manifeste la crainte que quelqu'un, les ayant vu enfouir leurs bijoux, n'aille les déterrer ; le compère combat cette idée, le pigeon s'alarme ; dix minutes se passent à discuter le pour et le contre, et l'on arrive ainsi aux boulevards extérieurs. Le compère, qui tient à son idée, ne veut pas retourner avant d'être allé dans une maison de femmes. Le badaud, complétement gagné par les inquiétudes de l'Américain, insiste ; et, pour tout arranger, il est convenu que le jobard ira seul déterrer *le pot*, pendant que l'Américain et son compère l'attendront chez le marchand de vin devant lequel on est arrêté. Le premier court à toutes jambes vers le dépôt, tandis que les deux fripons disparaissent au plus vite. Qu'est-il arrivé ? C'est qu'un troisième compère, qui n'avait pas encore paru, et qui depuis la rencontre a suivi habilement à distance nos trois individus, a été enlever le dépôt confié à la terre aussitôt que les propriétaires ont eu le dos tourné ; et lorsque le nigaud arrive à l'endroit où sa montre et son argent étaient déposés, il a la triste surprise de voir que les oiseaux sont envolés. Quand à ses deux compagnons de route, il est inutile de dire qu'il ne les retrouve plus.

Cinq *charrieurs*, nommés Ballot, Mallard, Colin, Bohy et Ourback, plus rusés et plus intelligents que leurs camarades, imaginèrent, pour plus de sécurité, d'intervertir les rôles, de manière que le voleur devînt le volé et le volé le voleur. Ce nouveau genre de vol fut appelé le 28. Voici en quoi il consistait : on jouait aux cartes, et le premier des adversaires qui avait 28 points en mains gagnait. Ceci était fort innocent, mais voici où existait le méfait, et pour rendre mon raisonnement plus sensible, je vais citer un exemple :

Un jour, l'agent dit le Petit-Pompier et deux de ses collègues aperçurent Balot, Mallard et Collin, stationnant place de la Concorde. Ce fait, quoique très-naturel en lui-même, leur donna cependant l'éveil. Ils se mirent en observation, et quelques minutes s'étaient à peine écoulées, qu'ils virent un homme, grand, robuste, au teint halé aux mains calleuses, traverser la place. Cet homme, dont les manières embarrassées, l'habit-veste trop petit, un énorme chapeau, dénotaient assez l'origine provinciale, fut bientôt accosté par Mallard, qui, en l'apercevant, avait rapidement jeté à ses camarades ces simples mots : Voilà notre homme ! La conversation s'engagea, et quelques instants après ils allaient, compère et compagnon, visiter l'église des Invalides.

En sortant de cette église, ils se trouvèrent en ace de Balot, l'Américain de la bande, qui, l'inévitable pièce de vingt francs à la main, les pria dans un baragouin inintelligible de le conduire au restaurant du Grand-Balcon, à la barrière de l'École, leur offrant, s'ils voulaient avoir cette complaisance, de leur donner une pièce de vingt francs en dédommagement de leur peine.

— Bonne affaire ! dit tout bas Mallard au provincial, nommé Jafflé ; nous n'aurons pas perdu notre journée, nous partagerons la récompense.

Et les voilà tous trois en route pour la destination demandée, Colin les suivant à distance en faisant le guet.

On arrive au Grand-Balcon. L'Américain, en galant homme, non-seulement remet les vingt francs promis, qui sont immédiatement partagés, mais encore offre à boire, et l'on monte dans un cabinet où bientôt plusieurs bouteilles de vin son absorbées. Lorsque le vin eut un peu échauffé la tête du provincial, l'Américain proposa à son complice de faire une partie de 28. « Avec plaisir ! répond celui-ci, » et la partie s'engage pendant que les bouteilles se succèdent.

L'Américain joua, il perdit : bientôt une cinquantaine de francs passent de sa poche dans celle de son complice ; et le premier, jetant les cartes sur la table, déclare avec une teinte de mauvaise humeur qu'il ne voulait plus jouer avec son adversaire parce qu'il avait trop de chance.

— Cependant, ajouta-t-il, si monsieur veut faire une partie, je suis disposé à perdre encore une centaine de francs, mais pas plus.

— Merci, répondit Jafflé, je ne joue jamais.

— Bêta ! reprend tout bas Mallard, vous voyez bien que cet homme-là ne sait pas jouer : jouez donc ; d'ailleurs la veine est bonne ; il faut en profiter, et que risquez-vous ? Je me mets de moitié dans votre jeu ; vous ne pouvez pas perdre.

Pressé par son perfide associé, tenté par le démon de la convoitise qui faisait luire à ses yeux éblouis l'or du faux Américain, Jafflé se décida à jouer, gagna tout d'abord quelques pièces de vingt francs, puis ensuite, et en moins d'une demi-heure, perdit non-seulement l'argent qu'il avait gagné, mais encore l'argent de Mallard et trois cents francs qu'il avait dans sa poche. Il se dépita, jura contre la fortune, qui, après lui avoir été favorable, lui devenait contraire.

A ce moment commença la mise en œuvre du moyen particulier inventé par nos voleurs. Tandis que l'Américain engouffrait dans une large poche l'argent qu'il venait d'extorquer à son partenaire, Mallard attirait celui-ci dans l'embrasure d'une croisée et lui glissait dans la main un rouleau de sous en lui disant : « Proposez à ce monsieur de jouer cent francs ; ces étrangers sont tellement bêtes, que celui-ci ne s'apercevra pas que ce sont des sous, et, comme la chance ne peut manquer de tourner, nous rattraperons tout ce que nous avons perdu.

Jafflé refusa d'abord, mais Mallard fut si pressant qu'il revint à la table et dit à son heureux adversaire :

— Eh bien ! puisque vous avez tant de chance, nous allons voir si elle va continuer, je joue cent francs.

— Aô ! bôcoup !

— Non, non, c'est à prendre ou à laisser !

— Aô ! je jôais !...

Mais, oh malheur ! l'Américain, ou pour mieux dire, Balot, gagne encore ; puis il met dans sa poche avec un flegme imperturbable le rouleau sans même l'ouvrir, et s'en va à la fenêtre comme pour respirer l'air.

— Sauvons-nous, dit Maillard à l'oreille de sa dupe, sauvons-nous pendant qu'il ne fait pas attention à vous, car s'il s'aperçoit que vous l'avez volé, il est capable de nous faire arrêter et *flanquer* en prison ; au surplus, faites comme vous voudrez, quant à moi je file... Mais déjà le provincial est sur ses pas, ils descendent au plus vite l'escalier, et les voilà tirant précipitamment l'un à droite et l'autre à gauche.

Les agents, qui de loin surveillaient tous ces mouvements, arrêtèrent facilement Collin, Mallard et Balot ; mais ce fut bien une autre histoire quand ils voulurent s'emparer de Jafflé pour constater le vol : le joueur malheureux avait pris le chemin des champs et fuyait à toutes jambes. L'agent le Petit-Pompier se mit à sa poursuite en lui criant :

— Arrêtez-vous ! vous avez été volé ! vous n'avez rien à craindre ! arrêtez-vous !

Mais notre homme, le cerveau troublé par le vin et la fièvre du jeu, la conscience bourrelée par la mauvaise foi qu'il reconnaissait avoir apportée à la dernière partie, retournait le sens de cette phrase et fuyait de plus belle. Néanmoins, l'agent, bon coureur, finit par le rejoindre. Alors le malheureux Jafflé se jeta à ses genoux en le conjurant par tout ce qu'il avait de plus cher de le laisser partir. « Je sais bien que je suis un misérable, disait-il, j'ai une femme, des enfants ; je vous en prie, ne me déshonorez pas, je rembourserai à ce bon monsieur quatre fois ce que je lui ai volé, mais laissez-moi partir !

Ce n'était pas le compte de l'agent qui, tout en cherchant à le dissuader, l'amena à mon cabinet où il recommença à se lamenter et à pleurer. Vainement je cherchais à lui faire comprendre que loin d'être le voleur, il était le volé ; ce pauvre diable était entêté comme un vrai Breton. Aussi, voyant que je n'en pouvais rien tirer, je le fis mettre au dépôt à la pistole. Le lendemain, je me le fis amener de nouveau ; la nuit avait probablement porté conseil, car il était plus calme ; toutefois j'eus toutes les peines du monde à lui faire comprendre que, dans cette affaire, il n'avait été que la victime de deux fripons.

Bien des personnes auront peine à croire qu'il puisse se trouver des gens assez bornés, j'allais presque dire assez stupides, pour se laisser duper par d'aussi grossiers manèges, et pourtant l'expérience, les condamnations que prononcent souvent les tribunaux, prouvent assez que le vol *à l'américaine* s'est pratiqué et se pratique encore avec succès.

Les *charrieurs* avaient pour tapis francs dans la capitale un marchand de vin ayant pour enseigne : *Au lapin blanc*, un autre marchand de vin de la rue Bourbon-Villeneuve, puis dans la banlieue, à la barrière des Trois-Couronnes, un établissement d'ordre plus que secondaire, ayant pour enseigne : *Au petit salé*; puis, à Charonne, un cabaret borgne, et enfin, à la barrière du Roule, une auberge.

Les *charrieurs*, contrairement à plusieurs classes de voleurs, logent dans leurs meubles; si la police vient à découvrir leur adresse, ils déménagent immédiatement, quelle que soit l'époque du terme, et vont loger dans un quartier éloigné du point où ils demeuraient précédemment.

La ville de Lyon fournit aussi à la capitale son contingent de *charrieurs*, mais ceux-ci s'empressent de regagner leurs pénates aussitôt qu'ils ont fait leur moisson.

La quatrième catégorie est formée des *cambrioleurs* ou voleurs dans les chambres et appartements, soit à l'aide de fausses clefs, d'effraction, d'escalade, soit à l'aide d'assassinat.

Cette classe est nombreuse, et le chiffre n'en pourrait être fixé que très approximativement, car non seulement lorsque ces malfaiteurs se livrent à leurs opérations il est rare qu'ils soient aperçus et pris en flagrant délit, mais encore nombre de voleurs, sortant de prison ou libérés des bagnes, viennent dans la capitale, quoique le séjour leur en soit interdit, pour y exercer de nouveau leur ancien métier. Cependant j'ai basé mon estimation numérique sur la remarque suivante : dans le cours de l'année 1851, j'ai placé sous la main de la justice 128 inculpés de vols qualifiés, et 94 ont été reconnus coupables et condamnés ; or, d'après les déclarations de vols qui m'ont été remises, j'ai calculé qu'il pouvait y avoir, en sus du chiffre énoncé plus haut, une trentaine de *cambrioleurs* qui avaient échappé aux actives recherches de la police ; le chiffre pour 1851 aurait donc ainsi été porté à 158 ou 160.

Les *cambrioleurs* se subdivisent en six fractions distinctes : la première se compose de *carroubleurs* (voleurs avec fausses clefs). De même que le voleur de la haute pègre, le *carroubleur* n'entreprend jamais un vol sans l'avoir sérieusement mûri ; empreintes de serrures, connaissance des localités, expérience des habitudes des personnes, telles sont les premières données sur lesquelles il opère. Le plus souvent il guette lui-même le départ de sa victime et ne met ses desseins à exécution que lorsqu'il est certain de l'absence de celui qu'il veut dévaliser.

La deuxième fraction prend le nom de *carroubleurs à la flan* ou *à l'esbrouffe*. S'introduisant au hasard dans une maison, sans indication, sans renseignement aucun, ils vont frapper à la première porte venue ; si l'on ne répond pas, ils ouvrent la porte à l'aide de fausses clefs dont ils sont munis, et s'emparent de tout ce qui leur tombe sous la main.

La troisième subdivision se compose des *voleurs au fric-frac;* ceux-ci marchent comme les *carroubleurs à la flan*, mais, changeant leur moyen d'exécution, ils font sauter gâches et serrures par une pesée pratiquée avec une espèce de pied de biche en fer qu'ils appellent *cadet, monseigneur* ou *plume*.

La quatrième subdivision comprend *les boucarniers* ou dévaliseurs de boutiques, la nuit, à l'aide d'effraction. Quelquefois, pour éviter l'effraction, ils se servent du concours du *pégriot* ou apprenti voleur, qui, au moment de la fermeture d'une boutique, s'y introduit à quatre pattes et se cache dans un coin obscur ou sous un comptoir; puis, lorsque vers deux ou trois heures du matin, le *boucarnier* donne le signal convenu, le *pégriot* ouvre la porte sans bruit et aide le voleur à enlever tout ce qu'il trouve à sa convenance.

La cinquième se compose des *vanterniens;* ces voleurs nocturnes s'introduisent par les fenêtres, au moyen de crochets ou d'échelles de corde.

Enfin la sixième et dernière fraction est celle des *escarpes à la cambriole*, qui ne reculent pas devant un assassinat pour assurer le succès de leur entreprise. Ces dangereux malfaiteurs s'introduisent dans un domicile, assassinent les habitants et font ensuite le *barbot*, c'est-à-dire fouillent, dévalisent et s'emparent de tout ce qui a de la valeur.

De 1833 à 1852, beaucoup de ces hommes, aussi coupables qu'intelligents, sont venus s'asseoir sur les bancs de la cour d'assises, et plusieurs ont porté leur tête sur l'échafaud, notamment Lemoine, Poulmann, Jadin, Lacenaire, et Avril, puis d'autres encore, qui ont acquis une triste célébrité dans le monde des voleurs : Verner, Tabouret, Flachat, Chapon, Dagory, Puteaux, Levielle, Lether, Renaud, Godmus, etc. Pour ceux-ci, les débats n'ont été qu'une occasion de faire remarquer la ruse, la persévérance, l'audace et l'énergie qu'ils savaient apporter dans la perpétration d'un crime.

Les *cambrioleurs* avaient pour tapis-francs : 1° l'estaminet des *Quatre-Billards* rue de Bondy, établissement des plus mal famés et dont le chef était, à cette époque, un forçat liberé ; 2° la boutique d'un liquoriste à l'entrée du faubourg du Temple, tenue également par un ancien repris de justice ; enfin, une foule de garnis de bas étage, dits *garnis à voleurs*, dont les hôtes étaient presque tous francs pour la *pègre*, par intérêt, par nature ou par insouciance.

Sûr de la protection de son logeur, un voleur pouvait largement combiner, mûrir et arrêter son plan ; personne ne le dérangeait. La police, cette curieuse perpétuelle, venait-elle s'informer d'un malfaiteur dans ce garni, le logeur prévenait son locataire le soir quand il rentrait ; alors celui-ci changeait aussitôt de garni ou se faisait tout simplement inscrire sous un nouveau nom.

Il existait à Paris une vingtaine de garnis de ce genre, véritables repaires de bandits, d'où chaque jour s'élançait sur la société une troupe de malfaiteurs altérés de meurtres et de rapines. Quant à la banlieue, il en existait un nombre bien plus considérable, et les logeurs non seulement changeaient volontiers le nom de leurs locataires, si la circonstance le réclamait, mais encore, le plus souvent, ne se donnaient même pas cette peine, et, négligeant complètement de remplir cette formalité, n'inscrivaient point les noms des coucheurs sur leurs livres de police.

La cinquième catégorie se compose des *rouliers* ou *rouletiers*, lesquels, ainsi que le mot l'ndique assez, s'attaquent aux camions des entrepreneurs de roulage. Vêtus le plus ordinairement d'une blouse, quelquefois d'une veste, coiffés d'une casquette ou d'un képi, ayant les manières, ou pour mieux dire le *chic* des camionneurs, ils suivent de loin une charrette, un camion dont le conducteur est seul, et aussitôt que celui-ci descend de son siège, entre dans une maison pour prendre une expédition ou livrer un colis, ils s'approchent de la voiture, enlèvent un paquet, une caisse, une malle, même un colis de 200 et de 300 kilog. au moyen d'une petite charrette à bras qu'ils chargent vivement, et ils s'esquivent lestement, l'un d'eux traînant et son complice poussant derrière. Leur similitude de costumes avec les roulagistes empêche tout soupçon de la part des personnes qui peuvent les apercevoir et leur assure l'impunité.

Le *rouletier* ne prémédite jamais une affaire; le pourrait-il, d'ailleurs? Pour lui tout est hasardeux.

Quelquefois c'est en se promenant dans Paris qu'il cherche sa capture ; d'autres fois, il va aux barrières, observe avec soin les messagers, qui souvent, ayant des droits d'octroi à acquitter et ne portant point sur eux tout leur argent, le déposent dans un panier caché sous la paille. Le *rouletier* suit attentivement du regard tous ses mouvements, s'assure de la position du panier, et l'on peut être certain qu'au premier arrêt du messager, à la première fois qu'il abandonnera pour un instant sa voiture sur la voie publique, le magot disparaîtra.

Toutefois ce genre de vol offre de grandes difficultés, de grands dangers et quelquefois peu de profits ; il demande en outre une audace extraordinaire et une effronterie toute particulière. Il n'est guère exercé, à ma connaissance, que par une trentaine d'individus qui, n'agissant presque jamais que séparément et n'ayant aucun besoin de se concerter, n'ont point de tapis francs.

La sixième catégorie est formée des *scionneurs* ou *escarpes* qui, la nuit, à l'aide de violences et quelquefois d'assassinat, volent les personnes qui se trouvent sur la voie publique après minuit. Est-ce sur une place, un quai, une rue, que le *scionneur* doit opérer : il s'embusque au coin d'une rue voisine, où encore dans l'allée d'une maison n'ayant pas de portier, et dont, pendant la journée, il a étudié avec soin le secret de la porte d'entrée ; de là il s'élance sur sa victime, qui n'est autre que la première personne bien mise qu'il voit passer. Comme ces sortes de malfaiteurs sont toujours deux pour *travailler*, l'un saisit d'une main le passant à la gorge et de l'autre lui comprime fortement la bouche pour l'empêcher d'appeler du secours, tandis que son compagnon, fouillant le patient, s'empare de l'or, des bijoux et quelquefois des vêtements qui sont à sa convenance ; puis les deux *escarpes* disparaissent, laissant sur le pavé leur victime à moitié suffoquée par la strangulation qu'elle a éprouvée.

Sur les bords du canal, les choses se passent plus sérieusement encore : deux *scionneurs* se cachent derrière les arbres, les tas de pierres, de moellons ou de bois débarqués sur le chemin de halage ; un individu proprement mis passe-t-il sur le quai : le premier *escarpe* s'approche de lui, lui demande, ou l'heure qu'il est, ou le chemin qu'il doit suivre, et, pendant le temps d'arrêt que cette question nécessite, le deuxième escarpe jette autour du cou du passant un mouchoir roulé en corde et l'enlève violemment sur ses épaules. La victime se trouvant ainsi suspendue par le cou, ne tarde pas à perdre connaissance et pendant ce temps le complice l'a dévalisée. L'opétion terminée, que le patient donne encore quelques signes de vie ou qu'il soit mort, il n'en est pas moins précipité dans le canal ; et le lendemain, si l'on repêche son cadavre, on s'empresse de croire à un suicide ou à un accident, suite présumable de trop fréquentes libations. Cette manière de voler s'appelle le *charriage à la mécanique*.

Les tapis francs de ces êtres dangereux, sont les

bouges des barrières et les maisons à voleurs de la banlieue, véritables réceptacles de tout ce qu'il y a de plus infime et de plus crapuleux dans l'espèce humaine. Quant à leurs habitudes, que peut-on attendre de pareils monstres? Oiseaux de proie, bêtes fauves, ne travaillant que la nuit, ils se cachent avec soin pendant le jour et vivent, pour la plupart, en concubinage avec des filles publiques des barrières.

Fort heureusement, les *scionneurs* n'ont jamais été guère plus d'une soixantaine, et encore tendent-ils à disparaître; leur audace semble les avoir abandonnés depuis l'arrestation de quatorze d'entre eux, qui furent tous condamnés; l'un, nommé Fournier, fut exécuté et les treize autres envoyés au bagne.

La septième catégorie se compose des voleurs au *poivrier* (dévaliseurs d'hommes ivres). Bien que présentant avec leurs confrères les *escarpes* plus d'un rapprochement, ils sont loin d'être aussi dangereux, et les ivrognes qui tombent entre leurs mains en sont régulièrement quittes pour la perte de leur argent, de leurs bijoux et quelquefois de leurs vêtements. Pour la plupart souteneurs de filles publiques des barrières, ces individus, placés au dernier échelon de l'échelle sociale, passent leurs journées à boire dans les ignobles tavernes qui pullulent dans la banlieue, puis vers onze heures du soir, ils viennent attendre à l'approche des barrières, dans les endroits solitaires et écartés, le malheureux en état d'ivresse. Ils l'accostent, le dépouillent et disparaissent comme ils sont venus, c'est-à-dire sans laisser de traces de leur passage. Quelquefois aussi, mais ces faits sont tellement rares qu'on peut à peine les citer, le voleur au *poivrier*, ne trouvant pas d'homme ivre qu'il puisse dévaliser, s'attaque aux personnes attardées dans les quartiers déserts et leur extorque, à l'aide de menaces, l'argent ou les bijoux qu'elles peuvent porter; mais je le répète, ces exemples sont rares, et presque jamais le *poivrier* ne s'est permis aucune violence. Ce genre de vol compte peu d'adeptes; je n'ai connu que cinquante ou soixante voleurs de cette catégorie qui, ainsi que leurs confrères les *escarpes* de nuit, ont leurs tapis francs dans les bouges des barrières et leur logement dans les garnis à voleurs de la banlieue.

Huitième catégorie : le vol à la vrille. Ce genre de vol et ceux des neuvième, dixième et onzième catégories sont presque exclusivement exploités par des Israélites ; c'est, pour ainsi dire, la spécialité des voleurs de cette caste.

Le vol à la *vrille* s'exécute la nuit, en attaquant les devantures de boutiques, les volets d'une étude de notaire, ou toute autre issue d'un riche appartement qu'on veut dévaliser. Le premier outil employé, celui qui donne son nom à ce genre de vol est une vrille ou un vilebrequin avec lequel on perce quatre trous à égale distance et formant le carré. Cette première opération terminée, on introduit dans un des trous une petite scie à couteau bien mince, bien étroite, mais d'une qualité supérieure, qui détache sans bruit et en peu de temps la partie du volet comprise entre les quatre trous primitivement percés. L'ouverture qui en résulte est plus ou moins grande, suivant l'usage qu'on veut en faire ; elle varie de la grandeur nécessaire à passer la main, qui alors doit faire jouer à l'intérieur verrous et espagnolette, à celle même qui est indispensable pour livrer passage à une personne.

Neuvième catégorie : le vol au bonjour. Ainsi que son nom l'indique, le vol au *bonjour* se commet le matin, à l'heure où les bonnes allant chercher leur lait, laissent leur porte entre-bâillée ou la clef dans la serrure. L'adroit voleur profite de cette négligence, enlève vivement l'argenterie et s'esquive encore plus vite ; mais le plus souvent, c'est dans les hôtels garnis que les *bonjouriers* exercent leur industrie. Chaussés de souliers très légers, ils s'introduisent sans bruit dans la maison, montant l'escalier à pas de loup, et malheur alors à l'imprudent voyageur qui, pour faciliter le service et se livrer plus tranquillement au repos, a laissé dans la serrure la clef de sa porte ; le voleur l'ouvre doucement, pénètre dans la chambre, s'empare lestement de la montre, de la bourse ou des bijoux de l'infortuné dormeur et disparaît aussi adroitement qu'il est entré. Si, contre son attente, le *bonjourier*, en entrant, trouve le locataire levé ou tout au moins éveillé, le larron ne s'émeut pas le moins du monde ; en praticien expert il a toujours à sa disposition un nom, une adresse pour lui servir en semblable circonstance ; il s'excuse en disant qu'il s'est trompé d'étage et sort de l'hôtel ou de la maison avant qu'on ait pu donner l'éveil. Si enfin le voleur est pris en flagrant délit, il se jette à genoux, pleure, sanglote (un *bonjourier* doit savoir pleurer à volonté), il raconte inévitablement qu'il appartient à une honorable famille que son arrestation plongerait dans le désespoir ; que, réduit à la dernière extrémité par le jeu ou toute autre passion déréglée, il a conçu cette coupable pensée mais que ce jour-là il l'a mise pour la première fois à exécution ; qu'enfin, si on veut bien se montrer grand et généreux, si on consent à le laisser partir, non seulement on sauvera du déshonneur sa mère et ses sœurs, mais encore on fera une bonne action, car il jure de redevenir honnête homme !

Il est certain que si l'on ajoute foi à tout ce bavardage, le *bonjourier* dira le soir à ses camarades : « Ah ! ce matin, j'ai eu affaire à un fameux *pentre* (un imbécile) !

Cependant, malgré l'audace et les rouéries des *bonjouriers* israélites, les plus adroits, les plus hardis, les Hermann, les Sommers, les Gabert, les Hirch, les David, etc., n'en furent pas moins arrêtés et condamnés plusieurs fois à des peines correctionnelles et souvent à la surveillance. Toutefois, au moyen d'un stratagème assez ingénieux, la plupart savent échapper à l'application de l'article 58 du Code pénal sur les récidivistes. Dans la religion juive, beaucoup d'individus se nomment de leurs noms de familles Jacob, Abraham, Simon, David, Isaac, etc. ; d'autres possèdent ces mêmes noms seulement comme prénoms, il en résulte qu'à sa seconde arrestation, le voleur, qui d'abord s'appelait Simon David, s'appelle maintenant David Simon, et, déjouant ainsi la sévérité des juges, il en est quitte pour la punition assez paternelle qui est toujours infligée à une première faute.

Dizième catégorie : le vol à la carre. Le *voleur à la carre* est toujours mis avec recherche et élégance : l'habit le plus à la mode, le chapeau le plus fin, les gants les plus frais ne sont pas trop beaux pour lui, attendu qu'il doit représenter l'homme riche pour exercer avec succès son industrie qui, d'ailleurs, lui procure largement les moyens de satisfaire aux dépenses d'une semblable toilette. Le théâtre de ses exploits est ordinairement la boutique d'un bijoutier-joaillier. Notre *carreur* s'y présente avec dignité, se fait montrer des pierres précieuses, des diamants, et il est fort rare qu'il ne trouve pas moyen d'en coller quelques-uns dans le creux de sa main, qu'il a garni de glu, ou, profitant d'un moment de distraction du marchand, il avale quelques diamants qu'il saura parfaitement retrouver plus tard; ou bien encore, pendant qu'il feint d'examiner avec la plus scrupuleuse attention la finesse du travail des bijoux, l'eau des diamants ou la beauté des perles, un compère, déguisé en mendiant, se présente à la porte de la boutique et d'une voix lamentable implore la charité. Le *carreur*, qui est un homme fort charitable, tire de sa poche une pièce de menue monnaie que par maladresse, ou, pour mieux dire, par adresse, il laisse tomber à terre; le faux mendiant se baisse, s'empare de l'aumône et de... deux ou trois diamants ou pierres précieuses que le *carreur* a laissé couler à ses pieds ; puis le compère se retire humblement. Si ensuite, remettant en place les objets qu'il a montrés au prétendu acquéreur, le marchand s'aperçoit de la soustraction et se permet la moindre observation, le *carreur* crie haut et fort, il dit et répète qu'il est honnête homme et ne sort du magasin que lorsqu'il a obtenu d'être fouillé de la tête aux pieds devant témoins.

Quelquefois, le compère, revêtu aussi d'une toilette irréprochable, accompagne le *carreur* dans son expédition, et voici quelle est alors la manière de procéder des deux filous. Lorsque les diamants et les bijoux sont exposés sur le comptoir, pendant que le *carreur* les examine et les soumet à l'appréciation de son complice, celui-ci, qui s'est introduit un petit morceau de savon dans la bouche, commence sa comédie en feignant de se trouver mal, puis semble tomber en attaque d'épilepsie ; il roule de gros yeux, l'écume sort de sa bouche et les contorsions se succèdent avec toutes les apparences de l'infirmité qu'il simule. Le bijoutier et sa femme s'empressent de lui porter secours ainsi que le *carreur*, qui demande de l'eau, un peu d'éther ; on court dans la pièce voisine pour se procurer ces liquides ; c'est une perturbation complète dans la boutique et le *carreur* en profite pour faire main basse sur quelques-uns des objets de prix qu'il examinait précédemment. Alors le soi-disant épileptique, revenant à lui, demande, tout confus, une voiture pour se rendre à son domicile. Nos deux larrons montent dans le véhicule et disparaissent avant que le calme revenu dans la boutique ait permis à l'infortuné bijoutier de s'apercevoir qu'il a été victime d'un vol dit *au batteur de dig dig*.

Onzième catégorie : le vol à la détourne dans les magasins. Ce genre de vol est plus ordinairement effectué par des femmes qui, pendant l'hiver, sont douillettement enveloppées dans un manteau, ou pendant l'été se drapent dans un large châle qui les enveloppe entièrement. Elles ont sous leurs robes une longue et large poche qui descend jusqu'au-dessous du genou et qui, au besoin, peut contenir deux pièces de soieries. Cette poche, dont l'ouverture est très grande, se trouve attachée sous la robe autour de la taille par des cordons. Lorsque les voleuses à la *détourne* veulent *travailler* (voler), elles doivent toujours être deux ; elles se rendent séparément et sans avoir l'air de se connaître dans un magasin de soieries, de dentelles ou de châles, assez ordinairement le matin, c'est-à-dire au moment où les commis sont occupés aux rayons ou à l'étalage. La première arrivée se fait montrer plusieurs pièces de soieries, de foulards, de dentelles, suivant le magasin ; pendant ce temps, sa complice se présente à son tour et demande à voir exactement les mêmes articles afin d'être servie par le même commis. Voilà le comptoir encombré de pièces d'étoffes que ces dames tournent, retournent, déploient, examinent, augmentant ainsi la confusion et le désordre. Bientôt, la première lie conversation avec le commis, lui demande son avis sur la couleur, la qualité, et finit par exprimer le désir de voir des étoffes plus riches, et lorsque l'innocent jeune homme se retourne pour chercher sur son rayon les objets demandés, une ou deux pièces de marchandises disparaissent dans la *valade* (la poche) de la seconde acheteuse. Puis, soit qu'elles achètent quelque objet de peu de valeur pour détourner les soupçons, soit qu'elles s'en aillent en prétendant que les étoffes sont trop chères ou ne leur conviennent pas, elles disparaissent chacune de son côté, emportant ce qu'elles ont pu détourner.

J'ai dit, à propos des quatre derniers genres que je viens de citer, qu'ils étaient presque exclusivement exploités par des Israélites ; j'ajouterai, en outre : 1º que généralement ce sont les enfants d'Abraham qui apportent dans la perpétration d'un vol le plus de prudence et en même temps la plus grande persévérance pour arriver à leurs fins : 2º que, dans certaines familles juives, le vol est devenu une profession héréditaire, un moyen d'existence enseigné par les parents, étudié avec soin par les enfants sous l'œil bienveillant de leur mère, d'près les conseils dictés par l'expérience paternelle. Une de ces familles, N***, composée du père, de la mère, de six filles et de six gendres, réunit sur ses diverses têtes *deux cent neuf années de condamnations judiciaires*. Tous étaient voleurs à la *carre* ou à la *détourne*, chacun suivant sa spécialité, mais le père cumulait et joignait à cette industrie le commerce non moins lucratif de receleur.

L'un des gendres, M* B*, ayant été arrêté en flagrant délit de vol d'une pièce de gros de Naples dans le magasin de M. Routier, marchand d'étoffes rue des Bourdonnais, une perquisition fut faite au domicile de ce voleur émérite, rue Geoffroy-l'Asnier. Pendant cette opération, trompant la surveillance des agents, il les enferma dans sa chambre et s'évada. On se mit inutilement à sa recherche, car il avait aussitôt quitté la France avec sa femme. Trois années plus tard, ces époux si bien assortis revenaient dans la capitale et ne tardaient pas à signaler leur présence par de nombreux vols à la *carre* dans les boutiques de bijoutiers ; ils s'étaient alors associés avec un autre couple de famille. En peu de temps, ils enlevèrent, notamment à M. Ouizille, pour une valeur de 1,600 fr. de diamants et bijoux ; à M. Delavale, 407 fr. ; à M. Borelli, 5.220 fr, à M. Delagre, 900 fr. ; total : 8,127 fr.

Encouragés par ces succès, les deux beaux-frères se présentèrent chez M. Merette, bijoutier, rue Vivienne, et ne se retirèrent qu'après avoir soustrait plusieurs diamants ; mais ce commerçant, quoique ne s'étant pas aperçu du vol dont il venait d'être victime, avait éprouvé un sentiment de méfiance au moment de la sortie de ses deux clients, qui ne lui avaient rien acheté ; et comme il avait appris les soustractions commises au préjudice de ses confrères, l'idée lui vint de charger aussitôt un de ses commis de suivre les deux individus. Ceux-ci ne tardèrent pas à se séparer ; alors l'employé se décida à ne pas perdre de vue celui qui, dans la boutique, s'était présenté comme acheteur. Il le vit entrer dans une maison de la rue Coquenard et revint en toute hâte en avertir son patron. Celui-ci venait justement de constater la disparition de plusieurs diamants. Aussi s'empressa-t-il de porter plainte, et, une heure après, la police se présentait à l'improviste rue Coquenard, au domicile indiqué ; c'était celui des époux M* B* Le mari ne vit d'autre moyen de s'échapper qu'en sautant dans la rue par la fenêtre ; mal lui en prit, car il se blessa grièvement en tombant sur le pavé. Les deux époux passèrent en cour d'assises ; M* B* fut condamné à dix ans de réclusion et sa femme à cinq ans de la même peine. Le beau-frère, qui avait quitté son complice après la visite chez le bijoutier, ne put être arrêté, car, apprenant l'arrestation de M* B* et de sa femme, il s'était hâté de passer à l'étranger.

Une autre famille, celle des G***, comprenait le père, la mère, le fils, sa femme et quatre enfants de ces derniers (trois garçons et une fille), et formait ainsi un personnel de huit individus n'ayant qu'une seule et même volonté. Le père recélait et se livrait avec son fils au vol dit *au bonjour ;* la mère et la bru pratiquaient la *détourne intérieure* dans les magasins ; et les enfants, en attendant mieux volaient *à la tire.* On le voit, chacun exerçait selon ses petits moyens. Un soir, la foule se pressait devant les riches magasins de M. Destouches, rue Saint-Martin, et en admirait les manifiques étalages d'horlogerie, de bijouterie et d'orfèvrerie. Pendant ce temps, les enfants de la famille G*** exploraient avec habileté les poches des curieux entassés et en extrayaient force bourses ou tabatières, tandis que le père et le grand-père faisaient le guet pour sauvegarder leur chère progéniture. Mais des agents, placés dans un coin obscur, observaient tout ce manège, et bientôt nos voleurs de trois générations furent arrêtés, les plus jeunes en flagrant délit de vol *à la tire*, et les parents pour complicité.

La plupart des femmes qui se livrent au vol appartiennent à la race israélite. Les juives lancées dans cette funeste voie y déploient une astuce, un sang-froid, une tenacité extraordinaires, et font preuve d'un certain dévouement pour ceux de leurs coreligionnaires dont elles ont été les complices; quelques-unes ont eu des existences très accidentées. L'une d'elles, qui est parvenue à lancer sa fille dans une profession qui lui permet de se mettre en vue et en contact avec un monde où l'on parvient à une certaine aisance et à une célébrité relative quand on est jolie et douée d'un peu d'esprit, avait pour amant, quelques années avant la révolution de Juillet, un de ses coreligionnaires qui, par la suite, se fit condamner à quinze ans de galères. Plus tard, elle vécut en concubinage avec un célèbre voleur au *bonjour;* mais bientôt, abandonnée par lui, elle chercha des liens plus solides que ceux de l'amour et se maria à un autre voleur au *bonjour* assujetti à la surveillance de la haute police, et à qui le séjour de la capitale était interdit. Pendant une absence de son mari, elle fit connaissance d'un autre voleur de profession, qui, alors, était activement recherché par la police à l'occasion d'un vol considérable de bijoux. Pour soustraire son nouvel amant aux mains de la justice, elle eut recours à un ancien agent de Vidocq, réclusionnaire libéré, qui, sur la place du Palais, avait été attaché au poteau de l'infamie, et avec lequel elle avait eu précédemment les relations les plus intimes. Sollicitant son ancien adorateur pour le nouveau, elle obtint du premier un vieux passeport qu'il falsifia en changeant le nom, la date et le signalement, ce qui procura au protégé de cette industrielle le moyen de quitter Paris et de voyager sans crainte pour sa sûreté personnelle. Quelque temps après, ce voleur fut arrêté en province pour un nouveau méfait et ramené dans la capitale. Au moment de son arrestation, on avait saisi à l'hôtel où il demeurait une malle ne contenant que du linge et des habillements ; mais un vieux voleur, un patriarche de l'ordre, n'exerçant plus à cause de son grand âge et de ses infirmités, vint à la préfecture prévenir que la malle avait un double fond s'ouvrant d'après un secret qu'il indiqua, et que, sous ce double fond, se trouvait un faux passeport à l'usage de l'inculpé ; puis il raconta comment la maitresse de ce dernier avait obtenu ce passeport d'un de ses anciens amants. Vérification faite, on trouva le passeport falsifié et on reconnut que les ratures ou surcharges étaient bien de la main de l'individu désigné par le patriarche dénonciateur, qui n'était autre que le frère du père aux six filles et aux six gendres. A propos de cette famille, je crois devoir citer ici un article de la *Gazette des Tribunaux :*

« Il existe à Paris une famille célèbre par ses longs démêlés avec la justice. Le chef de cette nombreuse lignée fut jadis condamné à vingt années de travaux forcés. N***, vieillard à tête patriarcale, aux cheveux blanchis au bagne, fut longtemps l'ami, le compagnon de ce fameux Guillaume, surnommé le *sanglier de Loribeau,* qui fut condamné à mort à Melun il y a huit ans, comme coupable de six assassinats. Longtemps attaché à la même chaîne que Guillaume, N*** était le confident de ses projets ; ce fut lui qui le livra à la justice, trop tardivement pourtant, car, instruit d'un double crime que méditait Guillaume, il ne mit la police sur ses traces que lorsque le crime eut été commis.

« N*** est père de six filles, toutes jeunes, toutes belles, et qui, presque toutes, se sont successivement brouillées avec la justice ; il paraît qu'elles ont sucé avec le lait un goût prononcé pour les magasins de bijoux et de nouveautés. Aussi, les filles N*** ont-elles bien souvent comparu devant les tribunaux, et plus d'une fois dans la même semaine. La vue d'un vieillard se glissant sans bruit dans la foule qui encombre les salles d'audience des tribunaux correctionnels et surmontant de sa tête blanchie les têtes des curieux groupés devant les magistrats, a trop souvent révélé la présence du vieux N***, assistant incognito au procès d'une de ses filles. De fréquentes condamnations sont intervenues, mais ces demoiselles sont adroites ; elles sont unies entre elles par les liens d'une amitié si vive, qu'elles sont presque toujours parvenues à s'évader en prenant la place les unes des autres. Charlotte, l'aînée des filles N***, a été jusqu'à trois fois sauvée des mains de la justice et enlevée aux prisons par la plus vive, la plus coquette et la plus sémillante de ses sœurs. La première fois que celle-ci prit sa place, ce fut à la prison de Rouen : cabriolet de poste bien attelé et preux chevalier l'attendaient à la porte ; mais l'éveil fut donné trop tôt ; les gendarmes prirent la piste et la rattrapèrent à quinze lieues de là. Elle fut exposée sur la place publique de Rouen en punition de son amour pour les diamants et pierres précieuses, et envoyée, pendant quelque temps, en habit de bure, éplucher du coton dans une maison centrale. Mais la jeune sœur veillait. A l'aide d'une fable fort attendrissante, elle obtint facilement que sa sœur serait transférée dans une prison de Strasbourg, afin de pouvoir assister aux derniers moments d'une vieille tante mourante. A Saint-Germain-en-Laye, le geôlier ne trouva à la place de sa captive, Charlotte, la sœur aînée, qu'une jeune fille qui lui rit au nez et lui apprit en chantant qu'il venait d'ouvrir la porte à sa prisonnière. La sœur évadée est actuellement à New York.

« Le goût des évasions a tellement gagné la famille, que dernièrement, un neveu, arrêté pour une peccadille du même genre et conduit au palais par des gendarmes, leur a échappé miraculeusement, sans qu'ils aient su par où il avait passé.

« La plus jeune des filles s'est éprise, dans ses voyages, il y a quelques années, d'un beau jeune prisonnier qui subissait cinq années de détention pour vol à Bruxelles. Elle a prié pour lui, a obtenu sa grâce, l'a épousé et est revenue avec lui au sein de sa famille. Celui-ci reprit bientôt ses anciennes habitudes. Un jour qu'il allait être appréhendé (admirez l'instinct d'évasion qui gagne chaque membre de cette famille!), ce voleur, surpris dans un lieu où il s'était caché, a enfermé sous clef le commissaire et une troupe d'agents et s'est sauvé avec la légèreté d'un oiseau, tandis que par une autre issue sa digne compagne en faisait autant. On n'a plus trouvé que le respectable vieillard, qui a assuré qu'il était venu voir ses enfants et qu'il ignorait pourquoi ils étaient partis précipitamment. »

Si l'instinct du vol est pour ainsi dire infiltré dans le sang de certains Israélites, je ferai remarquer que, quoiqu'il n'y ait qu'un pas du vol à l'assassinat, les voleurs juifs deviennent rarement assassins; et, pour compléter leur portrait, je dois dire que, lorsqu'ils sont enfin arrêtés pour un crime ou un délit quelconque, ils n'avouent jamais, quelles que soient d'ailleurs les preuves accablantes qui puissent exister contre eux. Ils se basent en cela sur ce principe, qu'en avouant ils sont sûrs d'être condamnés, tandis qu'en niant ils courent la chance d'un acquittement. Il en résulte, par conséquent, que le nombre des Israélites qui font des révélations ou dénoncent leurs complices est on ne peut plus restreint.

Un exemple démontrera encore mieux leur caractère ou pour mieux dire l'obstination de ces hommes à nier les faits et leur participation à des vols dont l'évidence est clairement démontrée.

Un vol de la catégorie de ceux dits à *la vrille* avait été commis pendant la nuit du 6 au 7 janvier 1851, au préjudice du sieur Hutin, marchand de nouveautés, à Villers-Cotterets. Les voleurs, après avoir, à l'aide de vilebrequins, pratiqué aux volets de la devanture du magasin une ouverture assez large pour permettre à une personne d'y passer, l'un d'eux avait pénétré dans l'intérieur et y avait dérobé quatre ballots, l'un de toile, l'autre de châles, le troisième de flanelle à carreaux, le quatrième de blouses, une petite somme d'argent contenue dans le comptoir, une douzaine de couverts d'argent, etc...

Le sieur Hutin ne s'aperçut de la soustraction qu'en descendant le matin à son magasin. Il fit d'abord d'inutiles recherches dans la localité pour découvrir ses voleurs; mais, pensant que la police de Paris serait plus apte à découvrir les malfaiteurs que les autorités du département de l'Aisne, il se décida à porter sa plainte à la préfecture, et, le lendemain 8, il arrivait à Paris et s'empressait de se rendre à mon cabinet pour me raconter sa mésaventure. D'après la manière dont le vol avait été commis, je ne doutai pas un seul instant que les voleurs ne fussent des Israélites; je demandai donc au sieur Hutin si, dans la journée, on n'avait pas vu rôder des juifs, des colporteurs, en un mot, des individus au langage tudesque. Ne pouvant répondre à mes questions, le volé retourna à Villers-Cotterets, et, le lendemain, il revint m'annoncer que, dans la journée qui avait précédé le vol, on avait vu dans un cabaret quatre individus paraissant appartenir à la secte judaïque et dont l'un était vêtu d'une grande redingote noisette, le second d'un paletot et les deux autres de blouses.

— Cela me suffit, lui dis-je, vous pouvez retourner chez vous; si j'ai quelque chose de nouveau, je m'empresserai de vous le faire savoir.

Mes prévisions se trouvaient justifiées, et je savais de quel côté diriger mes investigations. Ces gaillards là, me dis-je, n'ont pas dû revenir à pied à Paris, car ce n'est pas lorsqu'on a des balles de marchandises sur les épaules et qu'on est pressé de quitter le théâtre d'un larcin que l'on fait pédestrement un tel voyage. D'un autre côté, il y a peu d'individus aussi soigneux que les juifs pour éviter tout ce qui peut les compromettre, et, bien certainement, ce n'est pas à Villers-Coterets même qu'ils auront pris une voiture, ce ne peut être que sur la route. J'envoyai des agents aux différentes diligences qui suivaient cette voie et l'on sut que le conducteur de la voiture de Crépy à Paris avait pris, à une lieue environ de

Villers-Cotterets, quatre individus juifs allemands ; deux étaient montés sur l'impériale, afin de surveiller leurs bagages, composés de quatre ballots, et les deux derniers, après avoir aidé leurs camarades à les charger, s'étaient placés dans l'intérieur. Tous quatre étaient descendus avant d'arriver aux barrières ; puis, l'un s'était alors affublé de lunettes, tandis qu'un autre allumait une pipe en forme de tête de nègre.

Ces renseignements recueillis, j'envoyai aussitôt deux agents, aidés de deux autres agents secrets israélites, explorer les rues des Rosiers, des Barrés-Saint-Paul et tout ce quartier où les juifs pullulent. A force de recherches et d'investigations, un de mes agents parvint à savoir d'un portier de la rue des Barrés-Saint-Paul que deux de ses locataires, le père Cerf et son fils, âgé de dix-sept ans, venaient de faire un petit voyage de quarante-huit heures, et que, dans cette courte excursion, ils avaient été accompagnés d'un autre juif nommé Abraham et de son beau-frère, domiciliés dans la même rue. Informé de toutes ces circonstances, je fis arrêter, le lendemain, dès l'aube, ces quatre individus, et opérer à leurs domiciles une perquisition qui n'amena la découverte d'aucun objet provenant du vol de Villers-Cotterets. Interrogés sur leur voyage, ils nièrent positivement s'être absentés de la capitale ; confrontés avec le conducteur de la voiture de Crépy, qui ne les reconnut que très imparfaitement, ils nièrent de nouveau, et lorsque la vivacité des demandes et la brusquerie des interpellations les prenaient à l'improviste, ils affectaient de ne pas comprendre convenablement le français et de le parler encore plus difficilement, afin d'avoir le temps de réfléchir et d'inventer des réponses évasives qui ne pussent pas les compromettre. Aussi, de plus en plus sûrs de leur prochain élargissement, mes quatre coquins se bornèrent-ils bientôt à répondre à mes questions par les dénégations les plus formelles, et, pendant deux mortels jours, j'épuisai toutes les ressources de mon imagination sans pouvoir obtenir d'eux le moindre aveu.

Désespéré et ne sachant réellement plus comment m'y prendre, je résolus de jouer mon va-tout pour forcer enfin ces astucieux voleurs à confesser leur méfait. Rappelant à ma mémoire toutes les circonstances relatives à ce vol, je construisis, d'après mon raisonnement, le rôle que chacun d'eux avait dû remplir dans cette affaire.

Des trous, me dis-je, ont été percés dans les volets du magasin du sieur Hulin; or, ce volet était en chêne et doublé de tôle à l'intérieur; il a donc fallu un bon et fort poignet pour perforer ainsi et le bois et la tôle : sans nul doute, c'est le plus robuste qui a éxécuté ce travail. Ceci fait et l'ouverture pratiquée, le plus mince, le plus fluet, le plus jeune, le fils Cerf, en un mot, a dû pénétrer à l'intérieur, car le trou était trop étroit pour donner passage à un individu d'une forte corpulence. Mais, une fois ce dernier dans le magasin, il a fallu quelqu'un pour recevoir les paquets qu'il dérobait et qu'il jetait dans la rue. Ici, tout naturellement, le père est venu se placer, tant pour avoir sa part de la corvée que pour surveiller et au besoin protéger sa digne progéniture. Enfin, le premier, celui qui avait percé les trous, avait dû, cette opération terminée, aller faire le guet à une extrémité de la rue, tandis que le quatrième complice en faisait autant à l'autre.

Une fois ce plan de bataille arrêté, je fis venir devant moi celui que je supposais avoir percé les trous.

— Eh bien! lui dis-je, vous ne voulez donc rien dire?

— Que voulez-vous que je vous dise? Je n'ai rien à vous dire, je suis innocent.

— Ah! vous êtes innocent! j'en suis enchanté pour vous! Seulement il est malheureux que le fils Cerf ait parlé et qu'il m'ait raconté cette affaire dans ses plus petits détails; il m'a fort bien indiqué le rôle que chacun de vous a joué dans cette circonstance.

— Vraiment, répondit-il d'un air goguenard; ma foi, je serais curieux de savoir quel rôle j'ai rempli dans une affaire où je n'étais pas.

— Ah! vous le prenez sur ce ton-là? Eh bien! écoutez, et vous verrez si votre jeune complice m'a bien renseigné.

— Je vous écoute, reprit-il en riant.

— C'est vous, vous qui niez si obstinément, qui avez percé les trous dans le volet; le fils Cerf est entré par l'ouverture; son père est resté dehors pour recevoir les paquets, tandis que vous et votre beau-frère faisiez le guet aux deux extrémités de la rue. Ai-je dit vrai?

A ces mots, mon israélite pâlit, puis se mit à verser un torrent de larmes, en s'écriant : Le fils Cerf est un petit malheureux qui nous enverra tous aux galères!... Ensuite il me fit des aveux sans réticence.

Je le fis reconduire et j'envoyai chercher le fils Cerf.

— Abraham, lui dis-je, vient de faire des aveux, il m'a raconté comment les choses s'étaient passées et le rôle que vous y aviez joué.

En entendant le récit que je lui fis, le jeune homme tomba d'abord dans la stupéfaction et l'abattement, puis donna cours à ses larmes, et, comme son complice, il avoua le vol avec tous ses détails.

Le père succéda au fils : nouveau récit, nouvelles larmes, nouveaux aveux; le quatrième complice imita en tout les trois premiers, et j'eus grand soin de les mettre séparément au Dépôt, afin qu'ils ne pussent pas communiquer entre eux et parvenir à reconnaître que, par ma supposition, j'étais arrivé à les faire se dénoncer l'un l'autre.

On voit que j'avais trouvé juste.

Ils passèrent devant le juge d'instruction, renouvelèrent leurs aveux, et il se trouva que l'un d'eux avait déjà été compromis dans de nombreux vols à *la vrille* et qu'un autre avait été condamné en 1846, aux travaux forcés, par la Cour d'assises de la Seine, On les transféra à Laon, où ils entendirent prononcer contre eux la peine de quinze ans de galères.

Les voleurs israélites n'ont pas besoin de tapis franc pour s'entendre et se réunir : ils adoptent tel ou tel café, et, à l'insu du maître de l'établissement, grâce à leur langage hébraïque, ils peuvent se concerter en toute sécurité.

Douzième catégorie. Celle-ci est la dernière, mais aussi la plus nombreuse de toutes, c'est le frétin de l'espèce, les scories de la fonte, c'est la basse pègre au dernier point, le *pégriot* qui fait, en volant *à la détourne extérieure*, son apprentissage pour de plus grands exploits. C'est le dernier degré de l'échelle, mais presque tous y passent, car c'est la première étape de la route qui mène directement au bagne. La plupart des grands criminels ont commencé ainsi.

Le *pégriot* débute dans cette triste carrière à l'âge de dix à douze ans : alors il vole aux étalages des épiciers, fruitiers ou autres, des poires, des pommes, du pain d'épice, et n'a pour guide et conseil que la gourmandise et sa nature vicieuse. L'âge arrive ; les exemples, les récits des vauriens qu'il fréquente, l'amènent à voler à l'étalage des merciers, des marchands de nouveautés, et généralement à s'emparer de tout ce qui est à portée de sa main. Quelquefois aussi, sa hardiesse augmentant avec l'impunité, lorsqu'il s'aperçoit que le marchand quitte son comptoir pour passer dans une pièce du fond, le *pégriot* s'introduit dans la boutique en rampant, se faufile ainsi jusqu'au tiroir où est placée la recette, qu'il enlève sans bruit, et il se retire ensuite de la même manière qu'il est

14.

rentré. Quand il atteint dix-huit ou vingt ans, il s'associe alors d'autres voleurs de profession, se forme à leurs conseils, et devient plus tard, selon son aptitude, *fourline, bonjourier* ou *cambrioleur!...*

Le nombre d'individus appartenant à la *basse pègre* est incalculable, car chaque jour de nouveaux adeptes, de nouveaux prosélytes se joignent aux anciens. Où se recrutent tous ces néophytes du vol? Où le vice va-t-il prendre ces malheureuses et faibles victimes? Parmi ces enfants que l'on voit chaque jour jouer, rôder sur les places publiques, sur les quais, sous les ponts, aux abords des petits théâtres, parmi ces enfants qu'une faiblesse maternelle ou une stupidité paternelle ne savent pas corriger quand ils sont en faute, et qui, sans autre guide que leurs mauvais penchants, sans autre conseil que leurs instincts pervertis avant l'âge, se trouvent ainsi livrés à eux-mêmes; enfin, parmi ces enfants que des parents, d'une insouciance et d'une indifférence coupables, laissent faire l'école buissonnière, fréquenter les petits vagabonds, de petits désœuvrés par habitude qui leur inculquent facilement des idées de fainéantise et de libertinage.

Indépendamment des différents caractères de vol que je viens d'esquisser, il existe encore plusieurs manières de voler, mais elles sont mises en pratique par un nombre si minime de malfaiteurs que je n'ai pu les classer par catégories; aussi ne vais-je les citer que pour mémoire.

Le vol au pardessus. Le voleur entre dans un estaminet où l'on joue au billard; il accroche le mauvais pardessus qui le couvre à côté d'un vêtement semblable qui lui paraît être de bonne prise, et pendant que le joueur fait sa partie, le fripon s'empare du bon pardessus le jette sur ses épaules et s'esquive en laissant le sien. Si l'on s'aperçoit de son action, il s'excuse en disant qu'il s'est trompé. Les mêmes moyens sont employés pour les chapeaux et les parapluies.

Le vol à la cire. Un individu entre dans un restaurant où le service est fait en argenterie, se place seul à une table et se fait servir à dîner. A la fin de son repas, il colle sous la table, avec de la cire ou de la poix, une cuillère ou une fourchette, paye sa dépense et se retire nonchalamment. Aussitôt qu'il s'est levé de table, un compère est entré, et va s'installer à la place devenue vacante; il se fait servir à son tour, et avant de se retirer, s'empare de l'objet collé par son complice.

Le vol à la filée. Pour exécuter ce vol, il faut être trois : l'un entre chez le restaurateur et va s'asseoir à une table au fond de la salle, les deux autres arrivent presque en même temps et se placent ensemble à une table à côté de la sienne, de façon qu'il ne puisse sortir sans les coudoyer. Lorsque le premier a dîné, il paye et se retire; mais, en passant près de ses acolytes, ceux-ci lui glissent adroitement un couvert d'argent qu'il emporte. Si l'on s'aperçoit ensuite de la disparition du couvert, les deux fripons restés à table demandent à être fouillés, on ne trouve rien et le tour est fait. Depuis l'invention de Ruolz, ces deux genres de vol sont bien moins souvent mis en pratique.

Vol à la location. Deux individus se présentent pour visiter un appartement à louer; après l'avoir bien considéré, tout en faisant leurs excuses au locataire, ils se retirent en manifestant quelque indécision. Le jour même ou le lendemain, au moment ou le locataire est absent, ils reviennent de nouveau sous prétexte de vouloir s'assurer des dispositions que présente l'appartement, de la place que devornt occuper quelques-uns de leurs meubles, ils demandent au concierge de les conduire dans les différentes pièces du logement, et, pendant que l'un des deux fripons occupe le cerbère en mesurant avec lui l'emplacement nécessaire à un meuble qu'il dit très grand, le compère en profite pour mettre la main sur un objet de prix qui se trouve dans une pièce voisine, et qu'il avait remarqué lors de leur première visite. Une fois nantis, ces messieurs déclarent qu'il y aurait impossibilité de placer convenablement leurs meubles et s'en vont en remerciant le concierge de sa complaisance.

Vol à la valtreuse. Le voleur est vêtu en commissionnaire, il attend les voyageurs aux abords des débarcadères du chemin de fer et aux alentours des messageries; il s'offre pour porter la malle ou la valise d'un nouveau débarqué, et, pendant le trajet, il trouve le moyen de disparaître avec le chargement qui lui a été confié.

Vol au trimballage. Un individu se disant négociant en province se présente dans un hôtel fréquenté par les commerçants qui viennent faire des acquisitions à Paris ; il est accompagné d'un complice habillé en commissionnaire et porteur d'une malle de voyage ; une chambre au troisième ou au quatrième étage est choisie par le provincial, et le commissionnaire est congédié. Notre voyageur, qui paraît très actif, ne tarde pas à sortir et se rend chez un négociant en soieries uo en draperie, y choisit pour deux ou trois mille francs de marchandises. L'affaire est conclue d'une manière avantageuse pour le vendeur à la condition faite par l'acquéreur, que les étoffes vont être transportées tout de suite à son hôtel, dans une petite voiture à bras. Un commis chargé de recevoir en espèces le montant de la facture accompagne le garçon de magasin qui traîne la charrette ; le provincial part avec eux ; ils arrivent à l'hôtel. L'homme de peine se prépare à retirer les marchandises de sa voiture, tandis que l'acheteur monte à sa chambre avec le commis pour le solder ; il sonne à sa porte, mais inutilement : « Mon neveu, dit-il alors, est probablement sorti, veuillez attendre un moment sur le palier, je cours chercher la clef chez le concierge. » Il descend prestement et, s'adressant au garçon de magasin qui a déjà un paquet sur l'épaule : « Laissez cela dans la voiture et retournons vite à votre maison, vous rapporterez avec moi à votre commis qui va nous attendre, le supplément de facture que j'ai oublié. » Il l'entraîne alors ; après avoir traversé quelques rues, il se trouve devant une maison qu'il sait avoir deux issues, et, prétextant le besoin d'y entrer, il dit au garçon de l'attendre à la porte pendant deux minutes, puis notre rusé filou s'esquive par une sortie opposée. Pendant ce temps, que s'est-il passé à l'hôtel ?

Le faux commissionnaire que l'on a vu au commencement est rentré dans la cour, en même temps que le garçon de magasin, et a trouvé moyen d'entamer la conversation avec lui, de sorte qu'au moment où le soi-disant négociant a entraîné le garçon, notre commissionnaire s'est attelé à la voiture et a quitté l'hôtel au plus vite, avant que le commis, fatigué d'attendre sur le palier, soit descendu pour s'informer auprès du concierge et ait acquis la preuve que son patron a eu affaire à un audacieux voleur secondé par un adroit compère.

En 1851, plusieurs vols de ce genre furent commis successivement. Le principal auteur de ces soustractions était un nommé Breton, repris de justice, qui fut arrêté, ainsi que ses acolytes, au moment où il tentait de s'approprier quatre mille francs de marchandises provenant des magasins du sieur Giraud, négociant, rue Saint-Augustin. Malgré ces arrestations, quinze jours après je recevais une nouvelle déclaration de vol commis par les mêmes moyens dans le quartier Saint-Denis, par un individu dont le signalement se rapportait exactement à celui de Breton. Il me vint à l'idée que peut-être le rusé coquin s'était évadé ; j'allai m'informer au bureau des prisons où l'on me fit voir le nom de Breton porté *présent* à

Mazas. Ce n'était donc pas lui que je devais faire rechercher. Deux jours après cette vérification, un vol semblable était commis : le signalement du voleur s'appliquait encore à Breton. En présence de cette constante similitude dans les déclarations faites par les victimes, je ne savais que penser : il y avait dans tout cela quelque chose qui me paraissait tellement embrouillé que je ne pouvais me l'expliquer. Je retournai au bureau des prisons où je trouvai toujours inscrit le nom de Breton ; je ne crus pas devoir cette fois m'en rapporter d'une manière absolue à ce renseignement, et je résolus d'aller à la prison m'assurer si mon adroit voleur y était écroué. Quelle ne fut pas ma surprise lorsque le gardien chargé de m'amener Breton mit en ma présence, non le rusé filou, mais un individu qui m'était entièrement inconnu. Je l'interrogeai, il m'avoua se nommer Joseph P***, et me donna en même temps le mot de l'énigme : ayant été arrêté sous inculpation de vagabondage, il se trouvait au Dépôt de la préfecture de police en attendant sa mise en liberté, lorsque Breton et ses complices y avaient été amenés.

Après avoir fait connaissance avec eux, il avait, moyennant finances, consenti à donner son livret à Breton qui avait été relaxé sous le nom de Joseph P***, tandis que lui était transféré à Mazas sous le nom de Breton.

Cette révélation mit fin à toute incertitude, et Breton fut bientôt arrêté. Perquisition faite à son nouveau domicile, à Batignolles, on y saisit une certaine quantité de pièces d'étoffes, et les vols de ce genre cessèrent aussitôt.

Vol à la broquille. Un individu se présente chez un bijoutier et se fait montrer une épingle ou une bague montée en diamant. Après l'avoir bien examinée, il se garde bien d'en trouver le prix raisonnable, et se retire pour aller tout de suite en faire faire une exactement semblable, mais en faux. Quand le fabricant la lui a livrée, il revient chez le bijoutier, et, au moment où il marchande de nouveau le bijou qu'il semble désirer ardemment, un compère se présente comme acquéreur d'un autre objet, et par son arrivée occasionne au commerçant une distraction dont le premier filou profite pour substituer au bijou la contrefaçon qu'il tenait toute prête et qu'il remet au marchand, comme étant décidément d'un prix trop élevé ; puis il quitte la boutique, et son complice, qui n'a rien trouvé à son goût, ne tarde pas à le rejoindre.

Telles sont les diverses sortes de malfaiteurs à qui l'on applique à juste titre l'épithète flétrissante de voleurs. Cependant il est une autre espèce d'individus qui, à mes yeux, devraient être rangés sur la même ligne : je veux parler des escrocs dits *faiseurs*, véritables fléaux du commerce, dont le nombre et la variété ne sauraient être déterminés, attendu les divers stratagèmes qu'ils emploient pour faire des victimes. Leurs ruses coupables ne peuvent souvent être atteintes par la justice, et pourtant ils m'ont toujours paru mériter la plus grande sévérité, tandis que je me suis souvent pris de commisération pour les infortunés qui, après avoir lutté longtemps contre une adversité constante et des privations de toute sorte, cèdent à une mauvaise inspiration du moment et se livrent au vol. N'est-il pas évident en effet que le *faiseur* combine longuement les moyens à l'aide desquels il espère arriver à ses fins déloyales ? car il met en jeu, avec une grande adresse, les nombreuses ressources d'un esprit inventif ; il poursuit son idée jusqu'à ce qu'elle se réalise. Or certainement *la culpabilité morale* est bien plus grande alors que chez le malheureux qui commet un vol simple sous l'influence d'une fatale pensée passagère.

Après avoir fait connaître les différentes espèces de voleurs, il est juste de dire quelques mots des auxiliaires qu'ils savent parfois s'attacher, auxiliaires qui très souvent se trouvent compris dans l'accusation comme complices.

Quelques casuistes ont voulu faire une distinction morale et intellectuelle entre la culpabilité du voleur et celle de son complice ; il est certain que le premier a, en plus, à sa charge, la mise à exécution du forfait ; mais n'est-il pas vrai que celui qui tient l'échelle ou fait le guet est aussi coupable en réalité que celui qui se sert de cette échelle pour pénétrer dans une maison ?

Le voleur de la *haute pègre* et le *caroubleur* ont besoin de renseignements précis pour arriver à la perpétration de leur vol et surtout pour en calculer, en raisonner, en arrêter toutes les particularités, dans la prévision des obstacles qui peuvent se présenter et qu'ils auront à vaincre. Mais ces renseignements sont quelquefois fort difficiles pour ne pas dire impossibles à recueillir soi-même, et il faut tout naturellement aller chercher jusqu'au cœur de la place les instructions qui manquent et qui sont indispensables. Pour cela, ils s'adressent aux domestiques des deux sexes, aux frotteurs, menuisiers, tapissiers, serruriers, peintres, poseurs de sonnettes, et en général à tous ces gens qu'on laisse seuls et libres dans un appartement, afin d'éviter le bruit ou les désagréments qui résultent toujours de leur travail manuel. Ces auxiliaires ne coopèrent jamais d'une manière active aux vols; toutefois ils touchent leur part du produit du larcin, à laquelle ils se sont acquis des droits en indiquant à leurs complices la topographie des lieux, en leur donnant l'empreinte des clefs, enfin en déterminant le moment opportun où le larron pourra s'introduire avec sécurité dans l'appartement, la boutique ou l'étude. L'emploi de ces auxiliaires n'est pas sans quelques dangers, car on peut mal juger un individu, hasarder des ouvertures qui, entendues par un honnête homme, provoquent immédiatement la perte du fripon qui les a faites.

Il existe encore une autre catégorie d'auxiliaires, peu nombreux du reste, qui se compose de jeunes gens beaux, bien faits de leur personne, avenants, polis, insinuants même, fréquentant régulièrement les bals de barrières, où vont les cuisinières et les bonnes. D'une mise sinon élégante du moins recherchée, frisés, pommadés, parfumés, ils adressent leurs hommages aux jeunes femmes de chambre ou autres domestiques; leur font une cour régulière, et, grâce à leur langue dorée, à leurs protestations d'amour et à leurs serments de fidélité, ils ne tardent pas à fasciner les pauvres filles qui tombent dans leurs filets. Une fois ce premier résultat obtenu, ils vont chez leurs conquêtes, en l'absence des maîtres, regardent, observent, remarquent, profitent de la liberté que leur donnent leurs relations avec ces filles pour prendre l'empreinte des clefs avec de la cire molle, puis ils font causer leurs dupes, s'enquièrent avec soin de la position de fortune des maîtres, des rentrées de fonds qui leur sont faites, des bijoux, de l'argenterie ou autres valeurs qu'ils possèdent. Quand ils ont obtenu tous ces renseignements, ils en font part à des complices qui n'ont plus qu'à fabriquer les fausses clefs, s'introduire dans la maison et prendre dans tel ou tel meuble, à tel ou tel endroit, des objets qu'ils savent bien y trouver et qui leur ont été désignés à l'avance.

Pendant ce temps qu'est devenue la bonne, la femme de chambre ou cuisinière qui, sans le savoir, a ainsi servi à fournir ces indices? Elle a été *retenue de belle*, comme disent les voleurs, c'est-à-dire que son amant, profitant d'une absence des maîtres, a emmené la pauvrette se promener à la campagne, bien loin de son domicile ; et pendant ce temps-là les complices ont été certains de n'être point dérangés. Qu'on ne croie pas que le coup fait, le *donneur d'af-*

faire se fâche immédiatement avec sa maîtresse : loin de là! Pour éloigner tout soupçon, il redouble de prévenances, de soins et d'affabilité ; mais quand l'affaire est assoupie, quand un certain laps de temps s'est écoulé depuis le vol, il cherche tout à coup une querelle à celle qu'il paraissait tant aimer, se brouille avec elle et surtout se garde bien de jamais revenir.

En présence de cette multiplicité de malfaiteurs qui désolent la capitale, j'ai toujours pensé que le flagrant délit, le hasard d'une indiscrétion, une imprudence commise postérieurement par le voleur, une révélation faite par ses complices ou des *coqueurs*, n'étaient pas les seuls moyens qui devaient concourir à l'arrestation du coupable. Pour y parvenir, je m'étais appliqué d'une manière toute particulière à classer autant que possible dans ma mémoire le nom et le signalement de chaque voleur ainsi que le genre de méfait auquel il se livrait ; j'en tenais en outre moi-même une liste très détaillée, et lorsqu'un vol était commis et que l'auteur de la soustraction avait été aperçu et signalé, je recherchais dans ma tête ou sur ma liste quel était le *coutumier* auquel appartenait le signalement qui m'avait été donné, et aussitôt je faisais arrêter l'individu que je soupçonnais ; je le plaçais alors au milieu de plusieurs agents, de manière que tous ensemble parussent être des prévenus, puis je faisais introduire le plaignant et je l'engageais à me dire s'il reconnaissait son voleur ; presque toujours j'avais visé juste.

D'un autre côté, j'avais l'habitude d'interroger les

agents de la voie publique sur les rencontres qu'ils avaient pu faire dans leurs courses, et s'ils avaient aperçu un voleur de profession, je prenais note de la date et du costume qu'il portait. Recevais-je ensuite une déclaration de vol commis ce jour-là et le signalement se rapportait-il au précédent, l'identité était pour ainsi dire acquise ; je n'avais plus qu'à faire arrêter mon voleur, car j'étais certain de ne pas me tromper.

Je crois ici devoir dire un mot sur le système de la révélation qui, comme toute innovation, a eu ses apologistes et ses détracteurs. Il ne date que de la fin de 1832 et appartient à l'initiative de M. le préfet Gisquet ; mais ce n'est qu'en 1836 que ce système amena pour la première fois sur les bancs de la cour d'assises 40 malfaiteurs dont plusieurs avaient fait des révélations à la police. On donna à cette première agglomération de voleurs la qualification de bande, en la désignant par le nom du principal révélateur. Depuis cette époque jusqu'en 1852, c'est-à-dire pendant l'espace de seize années, 46 bandes, dont la moins nombreuse comptait dix membres, se succédèrent de cette manière devant la cour. Le chiffre total des inculpés fut de 1,116.

Mais c'est à tort que l'on a qualifié du nom de bande la réunion plus ou moins nombreuse de voleurs compris dans une même accusation ; quelques-uns seulement se connaissaient, tandis que les autres ne se connaissaient que très peu et souvent pas du tout.

En lisant dans les journaux les comptes rendus des débats relatifs à ces prétendues bandes de voleurs, les habitants de la province ne devaient-ils pas penser que la capitale était livrée à la merci de bandes organisées, telles que celles de Cartouche et de Mandrin? Si un tel état de choses pouvait exister, à quoi servirait donc la police de sûreté? Heureusement il n'en est rien, et voici la vérité :

On a souvent dit : orgueilleux comme un paon! on pourrait aussi dire : orgueilleux comme un voleur! Le voleur est fier de ses mauvaises actions comme le soldat l'est de ses victoires ; il s'enorgueillit de ses hauts faits, et il aime à raconter aux malfaiteurs les combats qu'il a livrés à la société et à la propriété, les victoires qu'il a remportées et les moyens qu'il a employés pour y parvenir. Tout est là! Il se glorifie des ruses qu'il a inventées, raconte non seulement ses propres prouesses, mais encore les vols qui lui sont étrangers et dont il ne connaît les détails que par les confidences que ses camarades lui en ont faites ; et comme il ne cache ni sa culpabilité ni les noms de ses complices, voilà tout à coup vingt, trente individus, plus ou moins, qui se trouvent comme lui-même au courant des crimes commis. Qu'on admette maintenant qu'un de ces confidents par occasion soit incarcéré, et que, pour attirer sur lui la clémence de ses juges et faire adoucir la peine qu'il a justement méritée, il s'empresse de dénoncer ceux dont il connaît les antécédents coupables, tous ces individus ainsi signalés sont arrêtés et passent en jugement. On groupe toutes les affaires hétérogènes ; on fait une bande de trente ou quarante accusés, dont quelquefois cinq ou six à peine se connaissent ; et comme je l'ai dit, on donne à cette bande le nom du principal révélateur, qui se trouve ainsi jouer le rôle de chef devant la justice.

Maintenant que j'ai expliqué ce qu'étaient les voleurs de Paris, il me reste à dire quelques mots de deux autres espèces, non moins rapaces, non moins dangereuses. La première exploite l'Europe entière, elle se nomme les *romanichels*. Femmes, fils, filles, gendres, brus, oncles et tantes voyagent en tout pays comme marchands forains, sous la conduite du père ou pour mieux dire du patriarche de la famille ; ces voleurs vivent en dehors de la société qu'ils traversent, n'empruntant aux pays qu'ils habitent successivement, ni le langage, ni les mœurs, ni le costume ; n'ayant qu'un seul but, le vol ; qu'un seul conseiller, la ruse la plus active, la prudence la plus soupçonneuse ; qu'une seule loi, la volonté du chef de la famille. D'une simplicité de mœurs toute primitive, les unions se forment entre cousins et cousines, de beau-frère à belle-sœur, quelquefois de frères à sœurs, suivant l'inclination vraie ; le caprice passager ou le désir fougueux d'un instant, et une fille qui irait chercher un époux, un amant hors de sa famille, qui ferait connaissance d'un voleur étranger, serait à l'instant même chassée impitoyablement du bercail comme une brebis rebelle et galeuse. Chacun doit, selon ses talents et ses capacités, coopérer à la grande occupation de la famille; les hommes volent à la vrille ou à l'aide d'effraction, d'escalade ou de fausses clefs; les femmes préparent ces mêmes vols en s'introduisant dans les maisons sous prétexte d'offrir des marchandises d'occasion, mais en réalité pour prendre des renseignements, connaître les êtres de la maison, et communiquer ensuite leurs observations aux individus chargés de la perpétration du vol; elles pratiquent en outre, chez les curés et les riches fermiers, le vol à la *carre* avec une adresse et une dextérité qui tiennent du prodige; enfin les enfants, filles et garçons, élevés dans la pratique, commencent de bonne heure, sous l'œil et la direction paternels, l'apprentissage de ce funeste état. En somme, les *romanichels* peuvent être assimilés à ces anciennes familles de Bohémiens, parcourant le monde entier, vivant de rapines et d'industrie; mais ils ont sur leurs devanciers l'avantage de simuler une profession qui, sans être réelle, semble du moins pouvoir leur assurer une existence précaire, il est vrai, mais suffisante.

Une circonstance impérieuse se présente-t-elle, la sûreté de la famille nécessite-t-elle qu'ils se séparent momentanément, ou veulent-ils exploiter plusieurs provinces en même temps, ils se donnent rendez-vous à jours fixes sur un champ de foire, et, pour éloigner tout soupçon, ils s'y rendent individuellement comme de pauvres saltimbanques ou comme d'honnêtes marchands forains; mais sous leurs tentes, sous ces frêles abris de toiles, que de complots n'ont pas été tramés contre la propriété d'autrui, que de méfaits n'ont pas été prémédités, que de crimes n'ont pas été concertés, étudiés et mûris !.

Je viens de dire que les femmes de cette caste se livraient au vol à la *carre*, mais depuis la mort du trop fameux Travaglioni, le plus fin, le plus habile *carreur*, ce genre de vol n'existe plus à Paris. Cette qualification n'est plus appliquée qu'aux vols de diamants et bijoux dont il a été question à l'article des voleurs israélites. Voici quelle était la manière de procéder :

Le *carreur* se présentait chez un négociant, un industriel, un boutiquier quelconque, pour acheter avec une prime de trente ou quarante centimes des pièces de monnaie à telle ou telle effigie, de tel ou tel millésime, ou quelquefois des pièces étrangères, et intéressait ainsi la cupidité du commerçant, qui, acceptant presque toujours avec empressement cette offre de bénéfice, déposait sur son comptoir plusieurs sacs d'argent, les déliait et cherchait les pièces demandées ; le *carreur* l'aidait dans cette recherche, et pour inspirer plus de confiance, il retroussait ses manches et ôtait ses gants. Malheur alors au trop confiant vendeur, s'il détournait la tête un moment, car, cette distraction inattendue ne durât-elle qu'une seconde, une certaine quantité de pièces de monnaie allait silencieusement s'engouffrer dans la poche du voleur, et ce mouvement était si rapide que personne ne pouvait s'en apercevoir.

Pour en finir avec les *romanichels*, je n'ajouterai

qu'une seule particularité : un des leurs tombe-t-il entre les mains de la justice, l'association tout entière s'emploie à sa délivrance ; les promesses, les démarches et les menaces des hommes, les pleurs et la séduction irrésistible des femmes, tout est mis en œuvre, et il est rare que parmi ces moyens il ne s'en trouve pas quelqu'un qui procure l'évasion au voleur incarcéré.

La deuxième espèce est celle des *endormeurs*, qu'on pourrait appeler également empoisonneurs. Une certaine quantité de pavots et de pommes épineuses (*datura stramonium*), mise dans un litre d'eau que l'ébullition réduit bientôt à un certain degré, produit un narcotique très violent ; l'endormeur en emporte toujours sur lui dans une petite fiole et s'en sert pour endormir ses victimes.

Parcourant la campagne, fréquentant les auberges où s'arrêtent ordinairement les rouliers, les fermiers ou les marchands de bestiaux, il cherche avec soin un individu qui, revenant d'un marché, d'une foire, d'une opération quelconque, ait la ceinture ou la sacoche de cuir suffisamment garnie. L'a-t-il trouvé, il s'approche de lui, lie facilement conversation, parle moisson au cultivateur, vendanges au vigneron, chevaux au maquignon, et l'invite à vider une bouteille de vin ; l'offre est rarement refusée. Au moment où l'individu tourne la tête pour une cause ou pour une autre, l'*endormeur* verse dans son verre une petite dose (deux ou trois gouttes) du narcotique contenu dans sa fiole ; dix minutes après, le buveur se met à rire et à chanter comme un fou, puis bientôt il tombe dans un anéantissement complet. L'*endormeur*, qui a eu soin de faire quitter l'auberge à sa victime aussitôt qu'elle a bu le dernier verre de vin, se trouve alors sur la grande route; il comprime fortement le pouls du malheureux pour augmenter encore l'effet léthargique, le prend dans ses bras, le dépose à terre et s'empresse, pendant que personne ne passe, de le dépouiller de l'argent ou des valeurs qu'il possède; puis il s'enfuit en ayant soin, pour dépister les recherches, de retirer la fausse barbe ou la perruque dont il s'était affublé pour commettre ce forfait. Si l'*endormeur* doublait la dose de narcotique, c'est-à-dire versait cinq ou six gouttes dans le verre de sa victime, la mort en résulterait ou le pauvre diable endurerait toute sa vie d'horribles douleurs accompagnées de vertiges au cerveau.

Après avoir parlé des voleurs, après les avoir classés par catégories et indiqué les divers genres de vols auxquels ils se livrent, je suis naturellement amené à résumer les réflexions qui me sont dictées par l'expérience.

Pendant les longues années qui se sont écoulées de 1820 à 1852, je me suis continuellement trouvé en guerre ouverte avec le monde des voleurs qui pullulent dans la capitale, et, dans ce combat continuel, Dieu sait combien j'ai dû employer de ruses pour défaire pierre à pierre l'édifice de rouieries qu'ils construisaient afin de s'assurer l'impunité.

Le rôle de la police de sûreté est un peu comme le

supplice des Danaïdes : lorsque, après mille recherches, elle est arrivée à mettre la main sur les auteurs d'un vol ou d'un crime, il lui faut recommencer à l'instant de nouvelles investigations nécessitées par de nouveaux méfaits, car la race des criminels ne disparaît jamais entièrement, celui-ci succède à celui-là. Et peut-il en être autrement? D'un côté, les trois quarts des libérés des bagnes ou des maisons centrales viennent, après leur libération, reprendre dans la capitale leurs anciennes et coupables habitudes. Pendant tout le temps de leur détention, quelle a été leur occupation favorite, leur pensée de chaque jour, leur préoccupation continuelle? Celle de trouver par avance des moyens certains pour déjouer la surveillance de la police, lorsqu'ils seront libres, et pouvoir reprendre avec impunité leur ancienne industrie. D'un autre côté, la douzième catégorie que j'ai indiquée et qui se compose des *pégriots* est une pépinière produisant de jeunes adeptes, lesquels, en vieillissant, viennent augmenter le nombre des voleurs de chaque catégorie, ou tout au moins combler les vides occasionnés par l'arrestation de quelques-uns de leurs prédécesseurs.

Il est donc vrai de dire que les voleurs sont comme l'hydre de la fable, à qui l'on voyait renaître une tête chaque fois qu'on lui en coupait une. Les arrestations, les jugements, loin de diminuer le nombre des malfaiteurs, semblent au contraire l'augmenter; l'endurcissement passe à l'état chronique, car, lorsqu'un voleur est libre, il suit assidûment les débats de la cour d'assises ou de la police correctionnelle ; pour lui, c'est un cours de théorie. Tel voleur, tel assassin est au banc des accusés ; l'acte d'accusation énumère les charges et fait connaître les particularités qui ont précédé le crime, éclairé la justice, et procuré l'arrestation du malfaiteur ; les dépositions des témoins, les aveux des coupables, viennent encore jeter un nouveau jour sur cette affaire, et les voleurs assistant aux débats parmi les spectateurs, loin d'être épouvantés par la sévérité des lois, s'en vont avec la persuasion que, s'ils s'étaient trouvés en pareilles circonstances, ils n'auraient pas commis les sottises qui ont livré le coupable à la justice, et que désormais ils pourront commettre ces sortes de méfaits avec impunité.

Or, de tout ceci, que résulte-t-il ? L'impossibilité de réduire entièrement cette plèbe malfaisante, de guérir radicalement cette lèpre sociale qui s'attaque à tout ce qui possède quelque bien en ce monde, d'anéantir en un mot cette légion de natures perverses en hostilité perpétuelle avec tous les sentiments d'honneur et de probité.

Toutefois il ne faut point, passant d'un excès à un autre, ne pouvant rien détruire, vouloir tout approuver ; il ne faut pas dire comme l'enfant du Coran : Allah l'a voulu ! ou comme Pangloss : Tout est pour le mieux ! S'il est en quelque sorte impossible de purger la société de ces êtres dégradés, il est tout au moins permis d'atténuer les effets de leurs perfides projets, d'arrêter leur avidité sans cesse renaissante, d'en restreindre le nombre à un chiffre comparativement très inférieur. Que faut-il pour cela? Une bonne police, c'est-à-dire des agents zélés, actifs, intelligents, des agents dévoués à leurs fonctions, car cette lutte entre la police et les voleurs doit être incessante. Mais un point essentiel, indispensable, c'est que le chef de la sûreté soit un honnête homme, dont la probité ne laisse rien à désirer; il faut que ses antécédents, sa conduite de chaque jour, soient à l'abri du plus petit soupçon, qu'il puisse enfin marcher en tout temps et devant tous la tête levée; il faut en outre que l'expérience l'ait mis à même de connaître de figure et de nom la plus grande partie des malfaiteurs, ainsi que leur genre de vol habituel, car sans cette dernière qualité, il lui serait impossible d'appliquer promptement et avec justesse au voleur recherché le signalement donné par la victime ou les témoins. Il doit connaître la manière de vivre, de travailler, et les habitudes de ces êtres dangereux; il doit au besoin savoir parler leur langage (argot), soit pour inspirer confiance aux voleurs qu'il veut amener à lui faire des aveux ou des révélations, soit pour traduire les lettres saisies et écrites en jargon par les malfaiteurs, lettres qui très souvent fournissent des renseignements précieux; il doit être adroit, prudent et brave, par la raison qu'étant l'âme, la tête de cette police dont les agents ne sont après tout que les bras plus ou moins actifs, plus ou moins courageux, lorsqu'il faut prendre la conduite d'une affaire, il ne doit pas hésiter à endosser un costume, quel qu'il soit, pour se déguiser et surprendre ainsi l'ennemi, et, lorsqu'un obstacle imprévu vient arrêter ses agents dans leurs opérations, c'est lui qui doit leur indiquer les moyens de le franchir, les prétextes sous lesquels ils doivent se présenter dans les maisons pour y prendre des renseignements sans éveiller de soupçons ; en un mot, toutes ses pensées, toutes ses préoccupations doivent être concentrées sur un seul but : celui de livrer à la justice tous les coupables, non seulement pour qu'ils n'échappent point à a peine qu'ils ont méritée, mais encore pour les placer dans l'impossibilité de commettre de nouveaux méfaits.

Le chef du service de sûreté doit donc être l'esclave des devoirs, en restant constamment à son poste, afin qu'il puisse, aussitôt informé qu'un assassinat ou un autre crime a été commis, se transporter immédiatement sur les lieux et diriger les recherches ou opérer l'arrestation des coupables.

Comme conclusion sur les qualités indispensables qui font un bon chef de la police de sûreté, il faut qu'il soit doué du désintéressement le plus complet, qu'il professe l'oubli absolu de tout intérêt personnel.

Les fonds qui lui sont alloués chaque année pour les besoins du service doivent être réellement employés à ces mêmes besoins ; c'est avec ces fonds qu'on doit récompenser les inspecteurs qui ont opéré d'importantes captures et ainsi stimuler leur zèle, rémunérer les auxiliaires, payer les *coqueurs* qui viennent dénoncer les projets du vol et encourager la délation au profit de la société ; sans cela la police de sûreté serait, non un corps utile, mais un parasite dévorant les fonds secrets, sans rendre en échange aucun des services qu'on est en droit d'exiger d'elle.

XXVIII

LES COQUEURS OU DÉNONCIATEURS.

Le *coqueur* ou compère de voleur, être méprisable, mais utile à la police pour prévenir le crime ou saisir les malfaiteurs en flagrant délit, se recrute habituellement : 1° dans les repris de justice auxquels la réclusion a donné à réfléchir ; 2° dans les vagabonds ou gens sans aveu, chez qui la paresse, régnant en souveraine, rejette bien loin toute idée de travail et surtout le labeur assidu du véritable ouvrier ; 3° parmi les êtres ignobles qui, dépouillant toute dignité personnelle, vivent aux dépens de la prostitution des filles publiques ; 4° parmi les bohémiens, qui, sur les places et aux barrières, exercent le métier de banquistes et de saltimbanques.

Le genre de vie que mènent ces individus, l'existence crapuleuse d'un grand nombre d'entre eux, constamment relégués dans les bouges les plus infects et les bas-fonds de la société, les mettent journellement en contact avec les voleurs de profession, les prostituées de bas étage et tous les malfaiteurs dont ils ne diffèrent en général que par la crainte d'un châtiment qu'ils redoutent d'affronter, et par ce manque de hardiesse qui fait qu'un homme criminel par la pensée et le désir n'a pas l'audace d'accomplir ses coupables desseins. Ces *coqueurs*, compères de voleurs, trouvent plus avantageux pour leur tempérament pusillanime de dénoncer à la police les vols ou délits qui ont pu parvenir à leur connaissance, certains d'être récompensés pécuniairement suivant l'importance de la prise qu'ils auront procurée à l'autorité.

Deux sortes de *coqueurs* sont à la dévotion de la police : les *coqueurs* libres et les *coqueurs* détenus. Ceux-ci sont ainsi nommés parce qu'ils rendent des services dans les prisons où ils se trouvent enfermés. Mais je laisse un instant ces derniers pour m'occuper plus particulièrement de la première catégorie.

Le *coqueur* libre est obligé de passer son existence dans les orgies les plus ignobles ; en relations constantes avec les voleurs de profession, dont il est l'ami, il s'associe à leurs projets. Pour lui tout est bon : vol, escroquerie, incendie, assassinat même ! Qu'est-ce que cela lui fait ? pourvu qu'il puisse *manger* (dénoncer) sur quelqu'un et qu'il en tire un bénéfice. Quelquefois il fait mieux : il prend, à l'insu de la police, le rôle d'instigateur et de provocateur : il imagine *une affaire*, en calcule les différentes chances, en établit les bénéfices, en dirige tous les ressorts, et, quand ceux qu'il veut vendre sont d'accord avec lui pour la mise en œuvre de son projet, il court prévenir le service de sûreté, et fait saisir en flagrant délit ses complices, c'est-à-dire ses victimes. Dans tous les cas, s'il ne peut se détacher des malfaiteurs dont il médite la perte, un mot écrit à la hâte au crayon et remis secrètement à un commissionnaire, avertit la police que tel jour, à telle heure, à tel endroit, elle trouvera le moyen d'exercer son office pour le maintien de la sûreté de tous.

Une autre espèce de *coqueurs* libres se recrute dans la partie la plus infime et la plus dégradée du genre humain, je veux parler des souteneurs de filles publiques. Un souteneur sans sa *marmite* (sa maîtresse) est un ouvrier sans ouvrage, un employé sans place, un médecin sans malades ; pour lui tout est là : fortune, bonheur, amour, si ce n'est pas profaner ce dernier mot que de lui donner une acception quelconque à l'égard du souteneur. Or les contraventions sont nombreuses pour les filles publiques ; la moindre infraction aux règlements de police est punie administrativement d'un emprisonnement plus ou moins long, mais à coup sûr toujours ruineux pour le souteneur qui a les dents au ratelier pendant le temps que sa *marmite* est à Saint-Lazare.

Pour sortir de cette position fâcheuse, un bon souteneur doit avoir constamment dans sa poche l'adresse de quelque adroit voleur, recherché activement, mais sans succès par la police, ou l'indication précise de quelque vol à commettre, enfin quelques renseignements utiles à la sûreté. Alors il va trouver le chef de ce service et lui propose, en échange de la liberté de sa maîtresse, les indications dont il peut disposer. Il est rare qu'on ne s'entende pas, et, après l'arrestation des individus signalés, la Dulcinée est relaxée.

J'ai connu un souteneur nommé Coutellier, celui-là même qui, d'après la déclaration de Lacenaire lors de son jugement, lui avait prêté sa chambre de la rue Sartines pour y assassiner un garçon de banque. Ce Coutellier avait toujours dans plusieurs quartiers cinq ou six *marmites*, qui tous les soirs, lorsqu'il faisait sa tournée, lui remettaient chacune une ou deux pièces de cinq francs. Cet homme était en grande réputation près des filles, et extrêmement recherché par elles, à cause des nombreuses révélations qu'il avait faites et qu'il faisait à chaque occasion à la police. Uniquement occupé de recueillir auprès des repris de justice et des femmes *dites à voleurs* des renseignements sur les malfaiteurs en rupture de ban, les forçats évadés, et en général sur tous ceux qui avaient à craindre de tomber entre les mains de la justice, il ne laissait jamais une de ses *marmites* plus de deux ou trois jours à Saint-Lazare, car à peine la nouvelle de son incarcération lui était-elle parvenue qu'il courait à la préfecture, et obtenait par ses renseignements précis la liberté de la délinquante.

Un autre souteneur, que j'ai été à même de voir fort souvent, se livra aussi pendant longtemps aux mêmes occupations que l'homme aux *six marmites;* mais celui-ci, n'ayant qu'une seule maîtresse, avait fait une spéculation et avait établi une espèce de bureau d'agent d'affaires où, au moyen d'une certaine somme, un souteneur ayant sa *marmite* à Saint-Lazare, venait acheter quelque bonne délation qui pût lui faire obtenir la liberté de la prisonnière. Un jour, un de ces hommes vivant du prix honteux de la prostitution, vit sa maîtresse condamnée à six mois de prison, pour s'être battue sur la voie publique ; l'affaire, comme on le voit, était grave, et pour lui c'était une demi-année de revenus entièrement perdus. Il alla trouver l'homme aux renseignements, mais il fallait quelque chose d'important, car la punition était forte : le vendeur proposa l'adresse de deux voleurs fameux, recherchés depuis longtemps par la police, et demanda un prix ; l'acheteur en offrit un autre, tout comme s'il s'agissait de l'achat d'une marchandise. Enfin l'acheteur finit par payer trois cents francs l'adresse en question.

Trois cents francs ! on voit que le métier était bon !

La délation, ou pour parler le langage des voleurs, le *coquage* n'a pas été flétri seulement par des hommes d'honneur, mais encore par des voleurs et des assassins, qui ont rejeté avec indignation la proposition qu'on leur faisait d'alléger leurs peines s'ils voulaient dénoncer leurs camarades. Et, à cette occasion, je rappellerai l'opinion de l'assassin Lacenaire. Il disait que le malfaiteur qui, après son arrestation, dénonçait ses complices, commettait la plus grande des lâchetés, et que le *coqueur* libre ou compère de voleurs qui s'associait avec des camarades pour commettre un vol, afin de les dénoncer ensuite à la police, était cent fois plus méprisable que ceux qu'il faisait appréhender.

Lacenaire, arrêté pour faux et dénoncé ensuite par ses complices pour assassinat, ne devint *coqueur* que pour se venger de ceux qui l'avaient trahi, et encore ne fût-ce qu'après qu'il se fut informé de la vérité et qu'il eut acquis des preuves de la délation de ses associés.

L'origine des *coqueurs* détenus, c'est-à-dire la délation entre prisonniers, remonte à l'antiquité la plus reculée, ou pour mieux dire, elle a toujours existé. En effet quel que soit le pays, quelque époque de l'histoire que l'on consulte, on verra toujours que le criminel a cherché à s'attirer la bienveillance et la faveur de ses juges en rejetant sur ses complices l'énormité du crime, et en faisant son possible pour trouver des preuves contre ses coaccusés. En ce sens, le coquage entre détenus serait une chose assez naturelle, elle aurait pour principe cet instinct égoïste qui existe dans la généralité de l'espèce humaine, de sacrifier son prochain pour se sauver soi-même; mais là, comme ailleurs, l'abus est arrivé après l'usage; on avait d'abord vendu ses frères pour faire adoucir les peines qu'on savait avoir encourues, on finit par en faire un métier et un moyen permanent de s'attirer la reconnaissance et les récompenses pécuniaires de la police.

Il existe deux sortes de *coqueurs* détenus : la première, qui prend le nom de *mouton*, est composée d'individus qui, renfermés dans les prisons, cherchent à captiver la confiance de leurs compagnons de détention pour obtenir l'aveu des crimes qu'ils ont commis, et la connaissance des preuves et pièces de conviction qu'on pourrait produire à leur charge. Lorsque deux de ces individus se trouvent dans la même prison, ils ignorent complètement le rôle qu'ils jouent chacun de son côté, et il n'est pas rare de voir ces deux *moutons* multiplier des rapports pour se dénoncer mutuellement, croyant rendre de grands services à la police et en être généreusement récompensés.

Les qualités essentielles du *coqueur* détenu sont, avant tout, l'habileté et la prudence. Il est excessivement difficile et même fort dangereux de jouer un rôle pareil dans une prison, car celui qui est *mouton court* risque d'être assassiné par ses compagnons s'ils viennent à le savoir; aussi la police parvient-elle rarement à décider les voleurs à *moutonner* leurs camarades.

La deuxième classe, que les voleurs désignent sous le nom de *musique*, est composée de tous les malfaiteurs qui, après leur arrestation, *se mettent à table*, c'est-à-dire font des révélations sur les vols qu'ils ont commis, ainsi que sur leurs complices. Ces *coqueurs*, pendant le cours de l'instruction qui dure quelquefois un an ou deux, sont placés à la Conciergerie, dans une pièce séparée et n'ont aucune relation avec les autres prisonniers, qui, sans cette précaution, leur feraient un mauvais parti pour se venger de leur trahison.

Recevant toutes les semaines, en récompense des services rendus, une ou deux pièces de cinq francs, suivant l'importance des renseignements qu'ils ont donnés à la police, ils attendent tranquillement le jugement de leur affaire, et, après leur condamnation, restent à la Conciergerie ou sont envoyés à Sainte-Pélagie, dans des salles séparées, pour y subir leur peine. Là, ils trouvent encore moyen de rendre des services à la police, qui fait passer devant eux tout individu arrêté qu'elle suppose devoir être un repris de justice, un voleur de profession ou un forçat en rupture de ban, dont elle croit ne pas connaître le véritable nom, et s'il appartient à l'une de ces trois catégories, il est rare qu'il ne soit pas reconnu par l'un des *musiciens*.

L'immense avantage que le *coqueur* obtient par ses services est qu'au bout d'un certain temps, la police lui fait obtenir une commutation de peine, et que, lorsqu'il a subi la moitié de celle-ci, elle propose la grâce pleine et entière qui presque toujours est accordée. Malheureusement, la plus grande partie de ces hommes, après leur mise en liberté et malgré tout le désir qu'ils ont primitivement manifesté de retourner au bien, retombent dans les mêmes fautes, les uns par paresse, les autres parce qu'ils se laissent entraîner par d'anciens camarades, et enfin quelques-uns parce que leurs mauvais instincts, un moment enchaînés, reparaissent bientôt plus violents que jamais. Replacés sous la main de la justice, ils se voient presque toujours appliquer le maximum de la peine, comme récidivistes. Je pourrais citer vingt exemples de *coqueurs* ainsi condamnés, je me contenterai de nommer Tabouret, Séguin, Fréchard et Jadin ; ce dernier finit par porter sa tête sur l'échafaud.

Lacenaire, qui, ainsi que je viens de le dire, n'était devenu *coqueur* que pour se venger des délations de ses complices, a failli être victime de la position qu'il avait prise vis-à-vis de ses deux coaccusés : un jour, François, en revenant de l'instruction, raconta à ses camarades de la Force que le juge l'avait interrogé sur la tentative d'assassinat du garçon de recette Genevey, qu'on lui avait parlé de circonstances que Lacenaire pouvait seul connaître, et il ajouta : *C'est un misérable qui m'a dénoncé !* Aussitôt, un complot fut formé pour assassiner le *coqueur* à la première occasion favorable, et le secret fut si religieusement gardé, que Lacenaire, qui était dans le même bâtiment, n'en eut aucun soupçon. Le lendemain, le complice d'Avril et de François alla à l'instruction, mais à son retour les conjurés l'assaillirent et l'auraient immanquablement tué, si les gardiens n'étaient arrivés à temps pour le sauver des mains de ces furieux. Avorté pour cette fois, le complot n'en subsista pas moins, et plusieurs tentatives eurent lieu ; entre autres, un pavé lui fut lancé d'une fenêtre sous laquelle il passait et ne fit que lui effleurer la tête ; cette tête ainsi sauvée ne devait pas tomber dans une misérable vengeance personnelle, mais sous la hâche du bourreau.

Il existe encore une autre classe de *coqueurs*, cent fois plus méprisables que ceux dont la police se sert ; ce sont les individus qui, en vue d'une basse vengeance ou d'un vil intérêt, dénoncent leur père, leurs frères, leurs parents.

Je vais raconter quelques-unes de ces affaires pour donner une idée de la vénalité qui existe dans certaines âmes.

Un jour, je vis entrer dans mon cabinet un monsieur fort bien mis, qui, apercevant mon secrétaire, demanda à m'entretenir un instant en particulier ; j'acquiesçai à sa demande, et, dès que nous fûmes seuls, il me dit : Monsieur, je vais vous donner sous le sceau du secret l'adresse d'un homme qui a été condamné par contumace aux travaux forcés à perpétuité, et qui jusqu'à présent a su se cacher aux yeux de la police.

J'inscrivis le nom et l'adresse qu'il me dicta, et lui demandai à lui-même qui il était.

— Monsieur, me répondit-il, des raisons graves m'ont amené, après de sérieuses réflexions, à vous faire la révélation qui m'a procuré l'avantage de vous voir aujourd'hui, je désire rester entièrement inconnu, car les motifs qui ont dicté ma conduite en cette circonstance ne sont puisés que dans le désir d'être utile à la société, sans vouloir en tirer bénéfice.

Trouvant très étrange cette prétention à l'incognito de la part d'un homme qui faisait une telle démarche, je feignis de me rappeler tout à coup que j'avais un ordre d'extraction à donner pour un prisonnier de la Force, et, demandant à mon visiteur la permission de libeller cet ordre, je profitai de ce prétexte pour écrire au brigadier de permanence qu'il eût à faire suivre cet individu à sa sortie, afin de découvrir son nom et son adresse; puis j'appelai mon garçon de bureau en lui disant : Vous allez tout de suite porter cet ordre pour qu'on envoie chercher à la Force le prisonnier qu'on doit conduire en perquisition.

La conversation continua avec le dénonciateur; je lui demandai quelques renseignements sur le contumace, et j'appris que c'était un mécanicien à la tête d'un très bon établissement; puis mon inconnu me quitta, et deux heures après je savais à qui j'avais eu affaire.

Le lendemain, à cinq heures du matin, le mécanicien fut arrêté, et, dès que j'arrivai à mon cabinet, je me le fis amener pour l'interroger; mais il ne m'en donna pas le temps, et, en versant d'abondantes larmes, il me raconta son histoire en ces termes :

« Je suis du département de la Somme; en 1816, j'avais alors seize ans, les récoltes manquèrent complètement, le pain fut hors de prix et l'on fit courir le bruit dans les campagnes que certains individus accaparaient les grains pour le compte des Anglais. Nous nous réunîmes en grand nombre pour arrêter les convois de grains que le gouvernement envoyait où il y avait urgence; nous attaquâmes un de ces convois, plusieurs de mes camarades furent arrêtés, mais je parvins à me sauver, et, par mon travail incessant et des peines sans nombre, j'étais arrivé à me créer l'établissement que je dirige, lorsque le malheur a voulu que je sois arrêté.

— Mais vous aviez donc confié ce secret à quelqu'un ?

— A une seule personne, monsieur ! à mon beau-frère, mais certes ce n'est pas lui qui m'a vendu !

— Que fait votre beau-frère ? comment s'appelle-t-il ?

Le nom et l'adresse qu'il me donna concordaient parfaitement avec ceux recueillis par l'agent chargé de suivre le délateur.

Quant au motif de cette lâche trahison, le voici : les deux beaux-frères étaient établis tous deux dans la même partie ; l'un, le contumace, prospérait grâce à sa bonne conduite ; l'autre, par une raison contraire, se trouvait dans de mauvaises affaires, et, l'envie aidant, il avait dénoncé le mari de sa sœur. Ce dernier, jugé de nouveau, fut acquitté sur les conclusions du procureur général, qui avait été informé de toutes ces circonstances.

Un nommé P*** avait été gravement compromis dans une tentative d'assassinat, mais il s'était si bien caché que toutes les recherches de la police pour le découvrir étaient restées infructueuses. On jugeait cette affaire ; le président de la cour d'assises avait recommandé au préfet de police de faire tout son possible pour parvenir à l'arrestation de cet individu, qui par sa présence aux débats pouvait jeter un grand jour dans l'accusation un peu embrouillée par les dénégations de plusieurs des accusés. Les investigations continuaient avec une énergie toute nouvelle, mais sans plus de succès, lorsque la sœur de cet homme vint prévenir la police que son frère était caché chez elle depuis un mois.

— Vous pensez bien, ajouta-t-elle, que je ne puis pas toujours le garder ainsi chez moi, ça coûte...

On convint avec la digne sœur d'aller opérer l'arrestation de son frère pendant la nuit; à deux heures du matin, je me rendis à son domicile avec plusieurs agents : la maison fut cernée, et P*** fut arrêté au moment où il prenait la fuite en sautant par une fenêtre.

Une autre fois, c'est un jeune homme qui vint me dénoncer son frère aîné, lequel, disait-il, volait sur les grandes routes en montant sur l'impériale des diligences pour s'emparer des paquets, malles ou sacs qui s'y trouvaient. Quelques jours après cette déclaration, le dénoncé vint à son tour me dire :

— Monsieur, j'ai appris que mon frère était venu me signaler comme étant un voleur; c'est un misérable qui veut se débarrasser de moi, parce qu'ayant des relations intimes avec ma femme, ma présence le gêne.

Entre ces deux estimables frères, il fallait prendre un parti et croire l'un des deux. Je fis prendre des renseignements et j'acquis bientôt la certitude que le premier était bien réellement un voleur sur les diligences, mais que le second était l'amant de sa belle-sœur ! Plus tard je fis arrêter le mari, à la suite d'un vol d'un sac de 800 francs en pièces de cinq francs, commis sur une diligence, et, pendant tout le temps de sa détention, la femme vécut publiquement avec le frère de son mari !

Un jour, on m'amena un vieillard, forçat libéré, en état de rupture de ban. Ce malheureux, incapable, vu son grand âge, de se livrer à aucun travail manuel, vendait sur la voie publique des fruits dans un panier. En 1796, il avait été condamné à mort pour fabrication de faux écus de six livres ; mais sa peine avait été commuée en celle des travaux forcés à perpétuité, et enfin plus tard il avait été gracié. J'eus compassion de ce vieillard, et, le faisant mettre en liberté, je lui obtins la permisssion de rester à Paris, où il n'avait pour tout parent qu'un petit-fils qui refusa de venir à son secours, et bientôt, pour être affranchi dans l'avenir de toute obligation légale, cet excellent petit-fils vint me dénoncer son grand père comme fabricant de la monnaie de billon. Le vieillard fut arrêté une seconde fois : on saisit dans son galetas toutes les matières et les outils propres à cette fabrication, et, condamné de nouveau, il fut envoyé, vu son grand âge, finir ses jours dans une maison centrale,

Voilà malheureusement comment certaines natures pratiquent le culte de la famille !

Je finirai ces déplorables exemples par le récit de l'épouvantable combinaison froidement préméditée par une nature hypocrite et perverse, chez laquelle tout sentiment filial était complètement absent.

Quatre malfaiteurs furent arrêtés comme étant les

auteurs de nombreux vols qualifiés, commis dans les environs de la capitale ; l'un de ces malfaiteurs, nommé P***, âgé de vingt-quatre ans, jeune homme instruit, aux manières distinguées, au regard doux, m'avait tout d'abord inspiré quelque intérêt. Après les avoir interrogés, je les envoyai passer la nuit au dépôt de la préfecture de police, mais le lendemain je fis extraire P*** de sa prison pour être amené à mon cabinet ; je l'engageai, dans son intérêt, à entrer dans la voie des révélations. Après quelque hésitation, il se décida à me faire connaître tous les vols qu'il avait commis, et m'indiqua la part que chacun de ses complices avait prise à la perpétration de ces méfaits. De tels aveux me donnèrent la mesure de ce que je pouvais espérer de lui, je le fis placer à la Conciergerie dans la salle des *musiciens* pour qu'il continuât son rôle de révélateur. Quelques mois plus tard, tous quatre passèrent en cour d'assises ; ses trois complices s'entendirent condamner chacun à dix ans de travaux forcés, tandis que lui, en considération de ses dénonciations, ne fut condamné qu'à huit ans de réclusion. Les trois premiers furent transférés à la prison de la Roquette, en attendant leur départ pour le bagne ; quant à P***, mon nouveau *coqueur*, il resta à la Conciergerie. Peu de temps après le prononcé de ce jugement, un de mes *musiciens* était mis en liberté ; il vint en sortant de la prison me rendre visite et me confier en même temps que P***, mon jeune *coqueur*, lui avait dit que s'il avait à sa disposition une certaine somme d'argent, il pourrait s'évader de la Conciergerie, qu'il connaissait bien un moyen de se procurer cette somme, mais que pour cela il lui faudrait un ami fidèle et sûr, et que cet ami, il croyait l'avoir trouvé en lui ; d'ailleurs, avait-il ajouté, la chose peut se faire sans aucun danger. Le *musicien*, feignant d'être prêt à tout, lui avait demandé de quelle opération il s'agissait ; P*** lui avait alors expliqué son projet en ces termes :

— Voilà ce que tu auras à faire : tu iras rue ***, dans la maison de M. X***, banquier, dont la caisse est tenue depuis très longtemps par mon père, qui a son bureau à l'entresol, la porte à droite ; tous les jours, de quatre à cinq heures, il y est seul à faire ses comptes ; tu te présenteras à cette heure, tu sonneras, il ouvrira un guichet pour savoir ce que tu veux, tu lui diras que tu viens de la part de son fils pour lui communiquer quelque chose de très important, et sans nul doute il te fera entrer dans son bureau, et là, seul avec lui, tu pourras facilement le poignarder, et lorsqu'il sera mort, tu prendras dans une poche intérieure de son gilet les clefs de de sa caisse que tu ouvriras, et où tu trouveras de dix à douze mille francs, tu m'en remettras la moitié et tu garderas l'autre pour toi.

— Après avoir entendu cette épouvantable révélation, non sans frissonner de la tête aux pieds, je fis passer mon *musicien* dans une pièce voisine et j'envoyai chercher immédiatement le misérable P***, auquel je dis sans préambule et à brûle-pourpoint :

— Vous avez chargé quelqu'un d'assassiner votre père, vous ? A cette apostrophe inattendue, il pâlit et voulut nier, mais je fis approcher aussitôt son prétendu complice ; à sa vue, P*** avoua tout ce que son camarade venait de me raconter. Quoique habitué depuis de longues années à voir des assassins, à les entendre, à leur parler de leurs crimes, je ne pus, dans cette circonstance, maîtriser un mouvement d'indignation. — Vous êtes un monstre, lui dis-je, qui me faites cent fois plus horreur que tous les assassins qui m'ont passé par les mains et qui ont porté leur tête sur l'échafaud ! Puis, m'adressant aux agents: Emmenez-le, que je ne le revoie jamais !

Et tout de suite j'allai rendre compte de cette scène au préfet, qui prit immédiatement ses mesures pour que ce misérable subît sa peine dans une maison centrale.

XXIX

VOL CHEZ LA MARQUISE DE FALTANS

Le marquis de Faltans demeurait à Paris, rue du Port-Mahon, n° 6.

Il s'absenta pendant la matinée du troisième dimanche de décembre 1832 ; à son retour, il s'aperçut qu'on lui avait soustrait, dans son cabinet, une cassette contenant onze mille francs en or. Le voleur, pour commettre cette soustraction, avait traversé trois pièces, et placé la cassette sous un long manteau qu'il portait sur les épaules, afin de la dérober aux regards. En sortant du salon, il avait rencontré deux domestiques du marquis ; mais, sans se presser aucunement ni paraître embarrassé, il les avait salués de la tête et s'était esquivé, les laissant persuadés qu'ils venaient de voir un officier d'artillerie, parent de leur maître et qui fréquentait journellement la maison.

Tous ces détails furent donnés à M. Carlier, alors chef de la police municipale, par M. B *** cousin du marquis, et ancien avocat général à la cour de Paris.

M. Carlier vint au bureau de la sûreté ; il me raconta toutes les particularités connues de ce vol et me recommanda vivement de m'occuper de cette affaire en ajoutant : M. le marquis de Faltans a promis une récompense de 2,500 francs, si l'on pouvait arrêter le larron, encore nanti des valeurs. D'ailleurs, conclut-il, ce serait un début pour la nouvelle police de sûreté. »

Je me rendis immédiatement chez le marquis pour recueillir quelques renseignements propres à m'éclairer dans mes recherches. J'interrogeai les deux domestiques qui avaient vu sortir le voleur ; ils m'en donnèrent le signalement, et, d'après l'examen des lieux, l'heure à laquelle le vol avait été commis et les circonstances qui l'avaient accompagné, je pensai que ce vol n'avait pu être commis que par un praticien de la catégorie des bonjouriers. Je recherchai aussitôt, mais vainement, dans ma mémoire, auquel de ces malfaiteurs je pourrais appliquer le signalement qu'on venait de me donner. Je revenais à la préfecture de police, la tête toute préoccupée de cette affaire, lorsque, sur le Pont-Neuf, je me trouvai face à face avec un nommé Valentin, ancien forçat libéré, ayant fait partie de la brigade de Vidocq. La ressemblance de cet individu avec le portrait qu'on venait de me tracer, me frappa tellement, qu'après avoir examiné cet homme de la tête aux pieds, je me hatai de retourner chez le marquis de Faltans, où, à mon tour, je donnai aux deux domestiques, le signalement de mon quidam. A chaque description que je leur faisais, ils répondaient affirmativement en disant : C'est cela! c'est bien cela! Alors, convaincu que l'ancien agent de Vidocq était l'auteur du vol, je m'empressai de retourner à mon bureau, et je donnai l'ordre à deux agents, de rechercher et d'arrêter Valentin. Par un heureux hasard dont on trouve peu d'exemples, mes agents, en sortant de la préfecture, se trouvèrent nez à nez avec cet homme, qui suivait tranquillement le quai des Orfèvres, tenant une paire de bottes neuves à la main.

Il me fut amené, et, aussitôt, j'envoyai chercher les domestiques qui me l'avaient signalé. Ils n'hésitèrent pas, un seul instant, à reconnaître Valentin pour être l'individu qui s'était introduit chez le marquis de Faltans. Je fis alors déshabiller mon voleur ; ses vêtements furent fouillés avec soin ; ils ne contenaient rien de suspect ; mais on trouva sur sa personne, dans un certain endroit, quatre pièces d'or de quarante francs, qu'il y avait introduites après son arrestation et sans que les agents s'en aperçussent. Malgré la confrontation qu'il venait de subir, il n'en continua pas moins à soutenir qu'il n'était pas l'auteur du vol et refusa de faire connaître son domicile.

Il fut écroué au Dépôt, en attendant de plus amples informations.

Je pensai que Valentin, comme tous les malfaiteurs, devait avoir quelque fille publique pour maîtresse et que si je pouvais la découvrir, j'arriverais probablement à un résultat favorable. Je chargeai l'inspecteur Laporte ainé de cette mission, et bientôt, il m'apprit que cette fille se nommait D*** et qu'elle avait été vue, à la barrière Montparnasse, ayant, dans les mains, une petite cassette. Deux jours après, cette fille était arrêtée, et une perquisition opérée à son domicile amena la saisie de cette cassette qui renfermait encore la somme volée, à l'exception des pièces trouvées sur Valentin qui fut condamné à vingt ans de travaux forcés.

Le marquis de Faltans rentra en possession de sa cassette, de son or, et remit, ainsi qu'il l'avait fait promettre, 2,500 francs à M. Carlier. Sur cette somme le chef du service de sûreté préleva 500 francs, c'était le droit du seigneur. Puis il fut alloué 250 francs à moi, pour avoir découvert et fait arrêter le voleur ; 250 francs à Laporte ainé, pour son renseignement sur la fille D*** et enfin des sommes plus minimes à tous les agents qui avaient opéré dans cette affaire ; bref, il resta un reliquat de 800 francs que M. Carlier remit à quelqu'un (que je ne nommerai pas), en lui recommandant expressément d'en faire un fonds de secours à l'usage des employés malades ou nécessiteux. Cette idée à la fois si juste, si bonne et si humaine, en même temps qu'utile, ne devait malheureusement jamais recevoir le moindre commencement d'exécution, et en voici la raison : M. Carlier quitta la préfecture, et la personne à laquelle il avait confié ce dépôt trouva très simple de mettre, en action, ce précepte égoïste : Charité bien ordonnée, commence par soi-même. Quelque vingt ans plus tard, je dinais avec M. Carlier, alors préfet de police. Vers la fin du repas, la conversation tomba sur le marquis de Faltans, et je racontais le sort que les 800 francs avaient eu.

— Ah! s'il en est ainsi, exclama le préfet, je lui ferai rendre gorge!

— La chose ne serait pas facile, répondis-je, car le malheureux n'a pas un sou vaillant, et, sur ma demande, vous venez de lui accorder deux secours pour payer son terme. D'ailleurs, ajoutai-je en riant, il y a prescription et sa position actuelle doit lui faire voir que le bien des pauvres ne profite jamais à qui s'en empare.

XXX

ASSASSINAT DE LA VEUVE HOUET

La veuve Houet, âgée de soixante-dix ans, et jouissant d'une fortune de 150,000 francs, demeurait, en 1821, rue Saint-Jacques n° 81 ; elle était mère de deux enfants, une fille et un garçon. La fille était mariée à un ancien marchand de vins nommé Robert, qui ne vivait pas toujours en bonne intelligence avec sa belle-mère. Quant au garçon, grand, et fort, d'un esprit faible et borné, il habitait avec sa mère et travaillait dans un atelier où il gagnait deux francs par jour, en qualité d'homme de peine.

La vieille dame, quoique riche relativement à sa condition, n'avait pour domestique qu'une femme qui venait le matin faire son ménage et ses commissions. Le 13 septembre de cette même année 1821, sa femme de ménage étant venue un peu plus tard que de coutume, elle la réprimanda assez vertement, puis lui donna une longue course à faire. Après son départ, une personne alors inconnue vint voir la veuve Houet et l'emmena ; où la conduisit-elle ? on l'ignora, car elle ne reparut plus.

Se fondant sur la mauvaise intelligence qui régnait entre le gendre et la belle-mère, l'opinion publique accusa le premier de cette disparition, qui lui profita directement, puisqu'elle le faisait héritier de la fortune de sa belle-mère. En conséquence Robert fut arrêté, ainsi qu'un de ses amis nommé Bastien, ancien marchand de vins, entrepreneur de menuiserie, demeurant rue du Buisson-Saint-Louis, 22. On fit une enquête, mais comme elle n'apporta aucune preuve à l'appui de l'accusation, une ordonnance de non-lieu fut rendue au bout de quelques mois.

Trois ans plus tard, en 1824, de nouveaux indices étant parvenus à la justice, Robert et Bastien furent de nouveau arrêtés, soumis à une instruction sévère, puis encore une fois relâchés d'après un arrêt de la chambre du conseil.

Près de dix années s'étaient écoulées depuis ce dernier acte de procédure; quelques mois encore et la prescription décennale allait couvrir de son manteau protecteur et laisser un forfait impuni. La vindicte publique s'était tue depuis longtemps; la disparition de la veuve Houet était oubliée par beaucoup, ignorée par un plus grand nombre, lorsqu'au mois de mars 1833, un nommé C***, ancien repris de justice, espèce d'homme d'affaires, ami et conseiller de Bastien, s'aboucha avec un autre repris de justice, ancien agent de la brigade de Vidocq, conservé au service de sûreté comme indicateur, et lui dit en confidence que si la police voulait lui donner 500 francs, il ferait connaître les auteurs de l'assassinat de la veuve Houet, et fournirait des indications assez certaines pour faire retrouver le corps de la victime.

La proposition fut faite au chef de service de sûreté, et, comme on le pense bien, acceptée. Avis m'en fut donné aussitôt pour que je pusse assister aux révélations de C***, qui ne tarda pas à arriver. Il commença par nous déclarer que Robert avait été l'instigateur du crime et que Bastien ne l'avait commis qu'à la suite des promesses d'argent du premier, promesses qu'il n'avait pas tenues, car le trinal civil n'ayant alloué à la fille de la veuve Houet qu'une somme annuelle de 1,500 francs jusqu'au moment de la prescription fixée par la loi pour la succession des personnes disparues, Robert, vu cette minime allocation qu'il n'avait pas prévue, avait d'abord éludé ses promesses, puis les avait en quelque sorte oubliées, ne se rappelant pas que cette main que lui tendait son complice était encore teinte du sang de leur victime.

Tout dernièrement, ajouta C***, Bastien m'a confié que cette fois il espérait voir Robert lui donner ce qu'il lui promettait depuis si longtemps, qu'il venait de lui écrire à Villeneuve-le-Roi, où il s'était retiré avec sa femme, et que sa lettre contenait entre autres menaces ces mots :

« *Souviens-toi du jardin de la rue de Vaugirard*, 81... *Tu sais, à quinze pieds du mur du fond, à quatorze pieds du mur de côté... les morts peuvent quelquefois revenir.* »

— Bastien, dit C***, conserve dans son portefeuille

un plan du jardin de la rue de Vaugirard ; l'endroit où la veuve Houet a été enterrée est marqué par un point noir. Je possède depuis fort longtemps la confiance de Bastien, et plus d'une fois il m'a raconté lui-même tous les détails de cet assassinat.

— Mais, lui dit-on, pourriez-vous vous rappeler assez exactement ces détails et les faire connaître?

— Oh ! pour plus de certitude, je vais vous répéter mot à mot la dernière conversation que Bastien eut avec moi à ce sujet :

Robert, m'a-t-il dit, m'entretenait depuis longtemps de ses démêlés avec sa belle-mère, des griefs qu'il croyait avoir contre elle, et lui reprochait, entre autres choses, d'être une vieille avare qui, bien que possédant de la fortune, laissait ses enfants dans la misère. Bien des fois il m'avait répété qu'après la mort de la mère de sa femme, la moitié de cette fortune devait lui revenir, et la conclusion de ses jérémiades était toujours :

Cette vieille femme ne crèvera donc pas pour nous débarrasser !

Enfin, au commencement de septembre 1821, il me proposa de l'*estourbir* (l'assassiner), m'offrant, si je voulais l'aider, de partager avec moi l'héritage qui lui reviendrait ; j'acceptai.

Robert alors loua, rue de Vaugirard, 81, une maison isolée avec un jardin dans lequel je creusai un trou profond ; j'achetai une corde, j'eus soin de me munir de chaux ; après quoi, un dimanche matin, je me rendis chez la veuve Houet et je lui annonçai que sa fille et son gendre l'attendaient pour déjeuner dans leur nouvelle maison.

La vieille me connaissait depuis longtemps, pour être l'ami de ses enfants, elle n'eut donc aucun soupçon ; d'ailleurs, elle était seule, sa femme de ménage était sortie ; et quelques minutes après, tous deux assis dans un fiacre, nous nous dirigions vers la rue de Vaugirard.

Tout en causant dans la voiture, j'avais tiré de ma poche la corde que je lui destinais, en lui disant que je l'avais achetée pour je ne sais quel usage ; nous avions plaisanté sur sa solidité et sa force. Quelques maisons avant le n° 81, nous descendîmes de fiacre ; je congédiai le cocher pour qu'il ne pût savoir où nous nous rendions. En arrivant dans le jardin, je passai ma corde au cou de la vieille, et en une seconde elle fut étranglée. Je voulus alors la jeter dans le trou que je lui avais préparé, mais comme il était trop étroit, je dus la mettre debout, et le corps, s'affaissant sur lui-même, se trouva ainsi assis sur ses talons. Je recouvris ensuite le cadavre d'une épaisse couche de chaux, puis je nivelai soigneusement le terrain ; cette opération terminée, j'allai manger le déjeuner qui avait été préparé pour servir, au besoin, de pipée à la veuve Houet.

Ce chien de Robert, loin de tenir les promesses qu'il m'avait faites, me traîna de mois en mois, d'années en années, me donnant par ci par là quelques sommes insignifiantes, et jusqu'à présent il est resté sourd à mes demandes amicales comme à mes ménaces; mais je viens de lui écrire une lettre qui, j'en suis certain, fera son effet, et avant peu je recevrai de l'argent; il est temps, car dans quelques mois je ne pourrais plus rien sur lui, la prescription décennale le délivrant de toute crainte et lui donnant le droit de marcher tête levée.

Et c'est dans cette lettre, messieurs, continua C***, que se trouvent les indications dont je vous ai parlé et qui précisent si exactement l'endroit où l'on pourra trouver le corps de cette malheureuse femme.

Deux mandats d'amener furent décernés contre ces misérables. Le chef du service, assisté de l'inspecteur de police Laporte aîné, se rendit à Villeneuve-le-Roi pour arrêter Robert; mais celui-ci, à la suite d'une violente altercation qu'il avait eue quelques jours auparavant avec Bastien, qui était venu lui demander de l'argent, en le menaçant de faire des révélations à la justice, s'était empressé de partir pour les eaux de Bourbonne, sous prétexte de rétablir la santé de sa femme, mais en réalité pour échapper aux obsessions de son complice.

Le chef du service et son agent continuèrent donc leur route jusqu'à Bourbonne-les-Bains et en ramenèrent les deux époux.

Le jour même de leur départ, le 3 avril, je fus chargé de m'emparer de Bastien. Accompagné de l'agent le Petit-Pompier et de son camarade Daré, nous allâmes nous mettre en surveillance au bout de la rue du Buisson-Saint-Louis, laquelle donne d'un bout sur le chemin de ronde entre les barrières de

Belleville et du Combat, et de l'autre va rejoindre la rue Saint-Maur. A midi, je vis paraître au coin de cette dernière un homme de haute taille et de forte corpulence, âgé d'une cinquantaine d'années, vêtu d'un habit bleu à boutons de métal, en un mot réunissant tous les détails du signalement de Bastien.

Aussitôt j'ordonnai à mes agents de se tenir cois jusqu'à ce qu'ils m'eussent vu aux prises avec l'individu, et d'accourir alors à mon secours ; puis, m'en allant à la rencontre de Bastien. je passai auprès de lui sans le regarder, afin de ne pas éveiller son attention, mais à peine l'eus-je dépassé que je me retournai brusquement et, l'entourant fortement de mes bras, je le mis dans l'impossibilité de se servir des siens.

— A moi ! criai-je à mes hommes.

— Au voleur ! hurla Bastien, en m'envoyant force ruades et se démenant avec une sorte de rage : mais je tenais bon. Mes agents étant arrivés et s'étant emparés chacun d'un bras, je fouillai dans la poche du côté de l'habit de notre homme, j'y pris son portefeuille malgré sa résistance, et nous nous rendîmes chez lui en attendant le commissaire de police que je fis immédiatement prévenir pour procéder à une perquisition.

Nous trouvâmes dans le portefeuille : 1° le plan du jardin de la rue de Vaugirard, n° 81, et l'indication, par un point noir, de l'endroit où le cadavre avait été enfoui ; 2° deux notes relatives à cette af-

17.

faire ; au dos d'une de ces notes on voyait une copie du plan avec ces mots :

« Je te fais passer le plan de ton ancien jardin « rue de Vaugirard, où tu as fait de grands progrès en 1821. »

Enfin, dans ses papiers, on découvrit quelques notes relatives à la succession de la veuve Houet, et une autre écrite de la main même de l'agent d'affaires C***, spécifiant que, d'après une décision judiciaire de 1825, il n'y a pas à poursuivre Robert quant à présent, mais que Bastien ne pourrait plus être inquiété quand bien même il s'avouerait ou serait reconnu coupable.

Bastien et Robert furent internés à la préfecture de police à peu de jours d'intervalle.

Restait encore à constater l'existence des preuves du crime. On craignait qu'en attendant l'enquête judiciaire, les complices des deux coupables, s'ils en avaient, ne parvinssent à soustraire ces preuves aux yeux de la justice, en faisant disparaître le cadavre. Pour y mettre empêchement, on me chargea d'établir une surveillance dans la maison où le crime avait été commis. J'avais pour instruction de faire en sorte que rien ne fût changé à l'état de choses existant ; seulement, il s'agissait de ne point faire connaître au propriétaire ou aux locataires de cette maison quel était le but de cette surveillance.

J'avoue humblement qu'en sortant de la préfecture avec les deux agents que j'avais choisis pour cette mission, j'ignorais complètement comment je parviendrais à les installer dans la maison du consentement des locataires, et sans que ceux-ci se doutassent du motif. Le n° 81 de la rue de Vaugirard était alors occupé par un maître paveur, qui avait loué la totalité du bâtiment et du jardin; c'était donc à lui qu'il fallait m'adresser. J'avais bâti mon plan pendant le trajet; nous arrivâmes à neuf heures du soir, et, après nous être fait introduire auprès du maître du logis : — Monsieur, lui dis-je, je suis sous-chef de la police de sûreté, vous n'ignorez sans doute pas que nous sommes appelés tous les jours à entendre les révélations des voleurs, forçats, repris de justice, qui, en nous mettant sur la piste de vols qui doivent être commis, nous donnent la facilité de déjouer les projets des malfaiteurs. J'ai été prévenu que cette nuit, ou à coup sûr une des nuits prochaines, des voleurs doivent en escaladant les murs de votre jardin, pénétrer chez vous par les fenêtres du rez-de-chaussée, pour vous dévaliser, et, qui sait? pour aller plus loin peut-être. J'ai donc amené ces deux messieurs qui sont inspecteurs de police et que vous installerez dans votre jardin afin qu'ils puissent arrêter les voleurs au passage.

Mon auditeur me répondit en balbutiant qu'il ne me connaissait pas et qu'il désirait en référer à son commissaire de police.

Nous voilà tous quatre en route pour nous rendre près de M. Prunier-Quatremère, auquel je fis le même conte et qui saisit cette occasion pour faire à son administré le plus pompeux éloge de la police.

Mes deux hommes furent installés dans le jardin par le maître paveur, qui leur donna du pain, du fromage et du vin. Plusieurs nuits se passèrent, et, comme on le pense bien, les voleurs ne vinrent pas, mais le malheureux locataire, qui était de moins en moins rassuré, fit mettre des grilles en fer à toutes les croisées du rez-de-chaussée.

Un beau matin, la justice, accompagnée de Robert et Bastien sous la garde de nombreux agents, un docteur et des fossoyeurs du Père-Lachaise, arrivèrent rue de Vaugirard, 81, et ces derniers, au grand étonnement du maître paveur, se mirent à s'escrimer de la bêche et de la pioche et à fouiller son jardin; on lui expliqua alors pourquoi on avait dû établir une surveillance et ce qu'on venait chercher.

Les fouilles commencées à l'endroit désigné par le plan, n'amenèrent aucun résultat, lorsque l'inspecteur Laporte, remarquant l'obstination avec laquelle Robert était resté à la même place depuis le commencement de l'opération, lui dit brusquement :

— Changez donc de place ! Est-ce que la vieille vous tient par les pieds ?

A cette apostrophe inattendue, Robert tressaillit et pâlit; les terres où il était furent enlevées, et bientôt la pioche du fossoyeur, traversant un corps dur, pénétra dans une cavité.

— Nous y sommes ! s'écria le terrassier.

En effet, un instant après il découvrit un squelette de femme parfaitement conservé, ayant au cou la corde qui avait servi à l'étrangler et un anneau en or à un doigt de la main gauche.

Les docteurs Marc et Bois de Loury, l'anatomiste Dumoutier et le chimiste Orfila procédèrent à l'examen du squelette et déclarèrent qu'ils croyaient à un assassinat.

Malgré les preuves accablantes qui pesaient sur eux, Robert et Bastien jouirent du bénéfice des circonstances atténuantes et ne furent condamnés qu'aux travaux forcés à perpétuité.

XXXI

1820-1830

VOL CHEZ LA MARQUISE DE CHINERY.

Mme la marquise de Chinery, demeurant à Paris, rue Verte, n° 6, fut victime d'un vol considérable de bijoux, parmi lesquels se trouvait un diamant dit *diamant noir*, d'une grande valeur, donné à un de ses ancêtres par une reine d'Angleterre. Les effractions intérieures, le sable du jardin bouleversé, les marques d'escalade laissées sur le mur de clôture, tout semblait donner à croire que le vol avait été commis par un étranger. La marquise fit venir Vidocq, qui, à cette époque, tenait une sorte de bureau de renseignements, pour l'engager à rechercher le coupable. Mais, semblable à ces charlatans qui ont une panacée pour tous les maux, excepté pour celui que l'on ressent, Vidocq s'empressa de dire, comme toujours, que s'il était encore à la police, il aurait bien vite découvert le voleur, mais que dans la position où il se trouvait, il ne pouvait se charger des recherches. Ce fut donc à la police de sûreté que

Mme de Chinery eut recours, et dès que nous eûmes reçu sa déposition, nous nous décidâmes, le chef du service et moi, à nous rendre à son hôtel pour examiner l'appartement où le vol avait été commis et les meubles fracturés.

Le jardin était piétiné et le mur marqué de larges éraflures, comme peuvent en laisser les pieds en glissant. Les circonstances semblaient nous indiquer le chemin qu'avait suivi le voleur, mais nous nous aperçûmes bientôt que ces marques d'escalade n'existaient qu'à l'intérieur du mur, et que du côté opposé, c'est-à-dire sur la partie que le larron avait dû franchir la première, il n'y avait aucune trace de son passage. Cette découverte nous donna la conviction que l'escalade n'avait été que simulée, que ces effractions et ces marques n'avaient été faites que par quelqu'un attaché au service de la marquise, pour détourner les soupçons et empêcher qu'ils s'arrêtassent sur le vrai coupable.

Pendant que le chef du service interrogeait, mais sans succès, les gens de l'hôtel, j'avais remarqué que la femme de chambre de la marquise, après avoir jeté les yeux sur moi, échangeait aussitôt des regards d'intelligence avec un domestique son prétendu. Cette circonstance éveilla mon attention. Je fis passer ce dernier dans une autre chambre, où je l'interrogeai à mon tour. Ses réponses pleines de réticences, ses lèvres sèches, son manque de salive et son embarras confirmèrent non seulement les soupçons que sa future m'avait fait concevoir, mais me firent penser que j'avais affaire à forte partie et que je devais agir sans perdre un moment. Mon plan fut à l'instant arrêté et, pour le mettre à exécution, je priai la marquise de congédier le jour même ces deux serviteurs. Cette proposition déplaisait à la noble dame, qui avait la plus grande confiance dans ces domestiques et elle ne consentit à les renvoyer que sur mes instances réitérées.

En quittant l'hôtel, ils allèrent se loger rue de Ponthieu, dans une maison garnie, où aussitôt je fis louer une chambre par l'indicateur Puyo, qui s'y installa avec mission de se lier le plus étroitement possible avec le couple suspect. Tout insinuant que fût Puyo, il ne put en huit jours que leur dire bonjour ou bonsoir lorsqu'il les rencontrait dans l'escalier; cependant il parvint, mais non sans peine, à s'introduire dans leur domicile en leur disant qu'il était ancien officier de marine, arrivé tout récemment de la province pour solliciter sa retraite près du ministre; sa conversation était intéressante pour les deux amants qui n'avaient jamais voyagé. Il leur parla marine, port de mer, bagne, et, après avoir passé chez eux quelques heures par jour, il finit par y passer des journées entières. Ce manège durait depuis trois semaines, et notre prétendu officier de marine n'était pas plus avancé que le premier jour; enfin, un soir après dîner, nos deux amoureux lui annoncèrent qu'ils allaient partir pour rejoindre un parent qui était garde des eaux et forêts en Alsace. A cette nouvelle, Puyo prit une figure triste et soucieuse ; la femme, qui s'aperçut de ce changement de physionomie, lui en demande la cause : — Mon Dieu, répondit-il, la cause est bien simple : je n'ai que vous d'amis, je ne connais personne à Paris, je ne vois âme qui vive, je ne sors jamais, que diable voulez-vous que je devienne tout seul ici ?

Les deux amants s'efforcèrent de le consoler en lui disant qu'ils passeraient la journée suivante ensemble. Le lendemain était la veille de leur départ. Après avoir déjeuné avec eux, Puyo les accompagna pour faire les emplettes nécessaires à leur voyage, puis on rentra à la maison, mais les deux domestiques, ayant déposé leurs achats, le quittèrent sous le prétexte qu'ils avaient quelques visites d'adieu à faire. Notre indicateur pensa que cette excursion avait un autre but : il les vit monter dans un fiacre et prendre la direction du bois de Boulogne. Plus de doute, se dit-il, s'ils sont véritablement les auteurs du vol, ils vont dénicher les oiseaux qu'ils ont probablement cachés au pied de quelque arbre de ce bois !

Après un certain laps de temps, le couple rentra au logis ; on dîna copieusement, puis on alla se coucher.

Mais au lieu de se mettre au lit, le faux officier de marine s'empressa de prévenir la préfecture de tout ce qui s'était passé, et annonça que le lendemain à onze heures du matin, lorsqu'ils monteraient en diligence, les deux voleurs seraient probablement porteurs des bijoux soustraits.

A dix heures et demie, le chef du service, l'agent

le Petit-Pompier et moi, nous étions dans la cour des diligences, rue du Faubourg-Saint-Denis, 50. Onze heures sonnent, la cloche appelle les voyageurs, et nous voyons apparaître nos trois personnages; la joie brille dans les yeux de l'homme, il se croit sauvé ; mais la jeune femme paraît inquiète, elle cherche autour d'elle et semble craindre un danger. Quelques minutes encore et le fouet du postillon va la rassurer, toute crainte va cesser; cette espérance est bientôt déçue. Au moment où le domestique monte sur le marche pied, je l'arrête et le fouille ; je trouve dans la poche de son pantalon une petite boîte contenant le fameux diamant noir et d'autres bijoux. Nous les emmenons aussitôt à la préfecture de police. Là, ils avouèrent le vol avec toutes ses circonstances; ils reconnurent qu'ils avaient enfoui au bois de Boulogne les objets volés et que la veille ils étaient allés les déterrer.

L'un et l'autre furent condamnés à dix ans de travaux forcés.

Mme la marquise de Chinery ayant appris toutes les circonstances qui avaient concouru à la remettre en possession de ses bijoux, fit offrir, par M. Bloquet, son intendant, une récompense de 500 francs pour les agents; mais la personne à laquelle M. Bloquet s'adressa refusa d'accepter cette somme sans l'autorisation du préfet qui l'accorda.

Les 500 francs furent alors remis au personnage scrupuleux, qui les garda, et l'agent P***, à qui l'on devait tout le succès de l'affaire, ne reçut pas un sou.

La femme du graveur.

Le sieur R*** était un graveur de quelque talent, et entre autres mérites, il avait celui d'avoir une jeune et jolie femme de laquelle Vidocq entreprit la conquête, mais inutilement. Mme R***, qui était aussi sage que belle, avait prévenu son mari des assiduités et des obsessions de Vidocq ; l'époux, ombrageux, ferma sa porte au beau poursuivant et lui intima l'ordre de ne plus reparaître à son domicile.

Vidocq, pour arriver à ses fins, résolut de jeter le mari en prison, sous un prétexte quelconque ; puis, tout naturellement, de se présenter ensuite comme un ange libérateur, offrant son crédit, ses soins, son influence. En récompense, il comptait obtenir les bonnes grâces de l'épouse éplorée.

La trame était nette, simple, le succès paraissait probable, les moyens seuls manquaient ; mais le chef de la brigade de sûreté y pourvut. Il fit acheter par son secrétaire Coco Lacour bon nombre de pièces de 2 liards, à l'effigie de Louis XV et Louis XVI, et après les avoir fait argenter pour imiter les pièces de 24 francs, il chargea Cret..., l'un de ses agents, de s'aboucher avec R***, de se lier le plus possible avec lui, puis de sortir avec son nouvel ami et de changer plusieurs de ces fausses pièces à des commerçants, afin qu'au besoin ceux-ci pussent reconnaître le graveur. Il fit ensuite adroitement cacher dans le domicile de ce dernier une certaine quantité de ces pièces.

Le premier acte de ce drame infernal ayant parfaitement réussi et l'émission de la fausse monnaie n'ayant pas rencontré d'obstacles, Vidocq fit faire au domicile de sa victime une perquisition qui amena la découverte de fausses pièces de vingt-quatre francs.

Les époux R... passèrent en cour d'assises, mais heureusement ils furent acquittés.

Le verdict du jury se trouva justifié quelque temps après; car Coco Lacour, de qui je tiens ces particularités, ayant été appelé en témoignage à la barre des assises, pour une autre affaire, fut amené à déclarer que les pièces de deux liards, objet des poursuites dirigées contre les époux R..., avaient été achetées par lui et argentées par ordre de Vidocq, et que celui-ci était l'auteur et l'instigateur de l'abominable provocation dont le graveur avait failli être victime.

XXXII

UN ENLÈVEMENT

Un riche propriétaire, habitant l'un des départements voisins de la capitale, vint à Paris déclarer au préfet de police que sa femme, jeune et charmante brune de vingt ans, était partie en compagnie d'un sieur V***, son séducteur, emportant cent cinquante mille francs, tant en valeurs qu'en bijoux.

Je fus chargé de trouver les deux fugitifs, à la recherche desquels on me lançait sans indications, sans renseignements, me donnant pour toute instruction ce mot de l'Évangile : Cherche, et tu trouveras. Je me rendis tout d'abord à la poste aux chevaux, où j'appris avec la plus grande satisfaction que la veille, un monsieur et une dame avaient demandé des chevaux pour dix heures du soir, que la chaise dans laquelle ils voyageaient leur appartenait, que la caisse de cette chaise était peinte en vert, et qu'enfin les deux voyageurs avaient manifesté l'intention de se rendre en Angleterre. Muni de ces renseignements et des signalements qu'on m'avait donnés, je retournai à la préfecture faire part de ma découverte, et, deux heures après, étendu sur les coussins d'une excellente chaise de poste, je traversais le faubourg Saint-Denis au triple galop de mes chevaux. J'avais pris un passe port pour l'Angleterre et j'étais porteur d'un mandat d'amener décerné par un juge d'instruction contre les deux voyageurs; en mesure de ce côté, je m'appliquai, à chaque relais, à suivre la piste des amants; or, rien n'était plus simple avec le système que j'employais : lorsque j'arrivais à un relais, et pendant le temps qu'on changeait mes chevaux, je m'informais avec soin auprès des postillons et des valets d'écurie du signalement des personnes qui étaient passées depuis la veille, et, appuyant toujours ma demande d'un argument irrésistible, les pièces de cinq francs, je recueillais ainsi de poste en poste des preuves certaines de leur passage. Je ne les avais en quelque sorte pas perdus de vue, et, en forçant un peu la main à mon postillon, j'étais sûr de les rattraper avant leur embarquement. Mais, dans le chef-lieu du département de la Somme, j'appris d'un garçon palefrenier que le matin même un monsieur et une jeune dame, arrivés dans une chaise de poste, étaient partis pour Arras après avoir déjeuné et pris un peu de repos; et, à peine sortis de la ville d'Amiens, ils avaient dit au postillon de tourner bride et de les conduire sur la route de Metz, désirant, disaient-ils, visiter l'Allemagne.

Il m'était impossible d'aller plus loin, mon passeport étant visé pour Londres. Je pensai que V***, en choisissant un autre itinéraire, croirait avoir complètement dérouté les recherches, qu'il prendrait son temps, et, se pressant moins, me laisserait la facilité de le rejoindre. En conséquence, me jetant dans ma chaise de poste dont les chevaux venaient d'être changés, je repris le chemin de la capitale, où j'arrivai dans le courant de la nuit. Le lendemain, à dix heures du matin, je partais, mais cette fois avec un passe port pour l'Allemagne.

A Châlons-sur-Marne, je retrouvai leur trace ; on les avait vus, mais ils ne s'étaient pas arrêtés ; je les suivis pas à pas, prodiguant les pièces de cinq francs aux postillons qui les avaient conduits et obtenant ainsi de bouche en bouche les renseignements les plus précis. A Metz, je sus qu'ils étaient arrivés la veille au soir, qu'ils y avaient couché et qu'ils en étaient partis le matin à neuf heures ; mais j'appris en même temps, qu'au lieu de se diriger sur l'Allemagne, comme ils en avaient manifesté l'intention, mes voyageurs étaient en route pour la Suisse. Le temps pressait, je désirais les arrêter en France ; je triplai alors le pourboire du postillon, et les chevaux triplèrent de vitesse. Je regagnai si bien le temps perdu, que bientôt je fus sur les pas des fugitifs. Enfin, je les rejoignis dans un petit village, à quelques pas de la frontière : il était temps ! La poste aux chevaux était située dans la première maison du village. Qu'on juge de ma joie lorsque j'aperçus dans la cour de l'hôtellerie la chaise de poste à la caisse verte après laquelle je courais depuis si longtemps.

Je me fis conduire chez le maire, seule autorité dont je pusse invoquer l'intervention ; je le trouvai une fourche à la main, en train de ranger du foin dans son grenier. Ce magistrat municipal était un gros homme, court, replet, à la face réjouie, et dont le nez légèrement couperosé annonçait un faible assez prononcé pour les joies de Bacchus ; du reste, pieds nus dans de gros sabots, vêtu d'une blouse rapiécée et coiffé d'un bonnet de coton bleu. Je lui exposai l'objet de ma visite, et, après lui avoir exhibé les pièces justificatives de ma mission, je le priai de vouloir bien me prêter son concours. Alors se passa une scène un peu bouffonne : ce brave homme, honteux de recevoir dans un tel accoutrement un *Monsieur* qui venait de Paris en chaise de poste, ignorant complètement la modestie hiérarchique de mon titre d'inspecteur principal de police, et croyant peut-être avoir affaire à quelque haut fonctionnaire, se confondait en salutations, en excuses, m'assurant que je me passerais parfaitement de lui, et, en définitive, qu'il ne comprenait pas ce que je réclamais de son ministère. Enfin, après bien des explications, je parvins à lui faire comprendre tant bien que mal que sa présence était nécessaire pour légitimer mon opération ; et, le brave homme m'ayant prié de l'attendre un moment, reparut bientôt, emmailloté dans une grande redingote et ceint de l'écharpe officielle, tenant d'une main un rouleau de papier, de l'autre une plume et une écritoire. Nous nous dirigeâmes vers la poste, et, chemin faisant, ayant rencontré un gendarme avec son brigadier, le maire les engagea à se joindre à nous. En arrivant à l'auberge, je trouvai la chaise de poste toujours à la même place ; nos deux amoureux étaient à déjeuner. On m'indiqua leur chambre, où je me rendis avec le maire et les deux gendarmes.

— Monsieur V***? demandai-je en entrant.

— C'est moi, monsieur ! me répondit le don Juan fugitif.

— Vous êtes voyageur, vous devez avoir quelques papiers, un passeport, quelque chose qui justifie de votre individualité?

V*** me regarda en fronçant les sourcils, la jeune femme jeta sur moi un regard timide et effrayé ; mais il n'y avait pas à éluder la question, et la présence des deux tricornes qui ornaient les deux côtés de la porte donnaient à mes paroles une puissance irrésistible. V*** céda et me présenta un passeport parfaitement en règle.

— C'est très bien, lui dis-je, après y avoir jeté les yeux ; mais madame?...

— Madame est ma femme, répondit orgueilleusement V***, et elle n'a pas besoin de passe port pour voyager avec moi.

— Vous en êtes sûr?

— Certainement, monsieur, et je ne comprends pas......

— Comment! madame D*** n'a pas besoin de passe port pour voyager avec M. V***?

En s'entendant ainsi nommer, la jeune dame jeta

un cri et perdit connaissance ; je m'élançai alors vers le ravisseur, et, posant la main sur son épaule, je lui dis :

— Au nom de la loi, monsieur, vous êtes mon prisonnier !

V*** se laissa tomber sur une chaise ; il voyait bien que la partie était perdue pour lui. Je fis alors appeler l'hôtesse, et, pendant qu'elle prodiguait ses soins à l'amante éplorée, sous le regard paternel du brigadier de gendarmerie, je descendis dans la cour avec le maire, V*** et son gardien galonné pour faire la visite de la chaise de poste. Pendant que j'entrais dans la voiture par une des portières, V*** s'élançait par l'autre et se jetait précipitamment sur un coussin ; je le repoussai aussitôt en dehors, et je trouvai sous ce coussin une paire de pistolets de poche, vrai joujou de grande dame, mais joujou meurtrier, dont il avait peut-être l'intention de se servir contre moi. Nous trouvâmes dans la caisse les bijoux et la plus grande partie des valeurs ; la différence manquant sur la somme enlevée avait servi à l'achat de la chaise de poste, aux frais de voyage et à quelques autres dépenses. Lorsqu'il fallut dresser procès-verbal de la saisie, ce fut bien une autre histoire : M. le maire, dépouillant toute vergogne, m'avoua très naïvement qu'il n'avait de sa vie dressé procès-verbal de quoi que ce fût et qu'il ignorait complètement comment il devait s'y prendre. J'en fus quitte pour le lui dicter ; après quoi, remettant V*** entre les mains des deux gendarmes pour qu'il fût conduit à Paris de brigade en brigade, je montai avec madame D*** dans la chaise de poste, puis nous partîmes pour la capitale, où je réintégrai ma jolie prisonnière dans le domicile conjugal. Alors, le mari envoya 250 francs à V*** afin qu'il pût revenir en poste ; et, à l'arrivée du séducteur, M. D***, voulant éviter tout scandale, retira sa plainte et appela V*** en duel ; mais, par un contraste assez fréquent dans les turpitudes du genre humain, ce Lovelace, qui près des femmes, affectait des sentiments assez nobles et assez généreux pour s'en faire aimer, refusa l'appel du mari, et quelques mois après, il fit parvenir à madame D*** une lettre dans laquelle il lui proposait d'empoisonner son mari et se chargeait de lui fournir le poison nécessaire pour accomplir ce crime abominable !

Effrayée d'une telle monstruosité, l'épouse repentante alla en pleurant se jeter dans les bras de son mari et lui remit la lettre qu'elle venait de recevoir. Rassuré sur les sentiments de sa femme, M. D*** pardonna. Quant à la proposition criminelle dont il avait la preuve, il la transmit à la justice. V*** fut de nouveau arrêté, et relaxé après quelques mois de prévention ; alors il envoya un cartel à M. D***. Celui-ci refusa de se battre, les circonstances n'étant plus les mêmes.

XXXIII

ASSASSINAT DE LA VEUVE IDATE.

Le 29 janvier 1833, Mme la baronne Dupuytren, femme du célèbre chirurgien, demeurant alors rue Joubert n° 2, sortit vers huit heures et demie du soir, accompagnée par le nommé Guiraud son domestique, laissant la garde de son appartement à la veuve Idate, qui depuis fort longtemps était attachée à son service en qualité de femme de chambre.

Mme Dupuytren rentra vers onze heures. Le domestique ayant, à plusieurs reprises, sonné à la porte sans obtenir de réponse, descendit s'enquérir près du concierge si la veuve Idate était sortie; sur la réponse négative de celui-ci, il remonta, et, d'après l'ordre que lui en donna sa maîtresse, il enfonça la porte. Un spectacle affreux s'offrit alors à leurs yeux : au milieu de la salle à manger, la malheureuse femme de chambre gisait étendue à terre, au milieu d'une mare de sang; deux profondes et béantes blessures faites au cou par un instrument tranchant, n'indiquaient que trop bien le genre de mort que cette infortunée avait souffert et la fureur qui avait guidé les mains des auteurs de ce crime.

La victime fut laissée toute la nuit à la place où elle avait reçu la mort, et le 30 au matin, le commissaire de police, Wolf, ayant fait prévenir la préfecture de cet événement, MM. Carlier, Allard et moi, accompagnés d'agents, nous rendîmes sur les lieux. La veuve Idate était, comme la veille, étendue sur le dos au milieu de la salle à manger et cachée par ses vêtements que les assassins avaient eu soin de relever, probablement pour se garantir du jaillissement du sang. Les rideaux des fenêtres et du lit de Mme Dupuytren étaient maculés de sang.

Plusieurs meubles ouverts et fracturés, la disparition du linge, des cachemires, des dentelles et de deux coffrets en acajou contenant : l'un l'argenterie et l'autre les bijoux de Mme Dupuytren, prouvaient clairement que la cupidité était le seul mobile qui avait guidé les assassins.

Pendant que le juge d'instruction constatait l'état des lieux, MM. Carlier et Allard émettaient chacun une opinion différente sur les circonstances qui avaient précédé et accompagné l'assassinat. Le premier prétendait qu'un seul individu avait commis le crime ; le second soutenait le contraire, en se basant sur la nature des blessures, et s'appuyant de son expérience, il concluait qu'il avait été impossible qu'une seule personne eût pu commettre un pareil forfait. M. Carlier m'interpella en me demandant mon avis : l'idée me vint que peut-être je pourrais me former une opinion, si j'examinais avec soin les taches de sang dont je viens de parler. Avant de vous répondre, dis-je, je vous demanderai deux minutes de réflexion; et je passai aussitôt dans la chambre où le vol avait été commis; je ne tardai pas à remarquer que toutes les taches de sang se ressemblaient par leur dimension et par leur forme, et que c'était la même main qui les avait produites. D'un autre côté j'avais aussi remarqué que les pesées, faites aux meubles pour les fracturer, ne ressemblaient pas à celles que font les voleurs de profession à l'aide d'un ciseau à froid ou d'un bec d'âne, et que, d'après les traces laissées par l'instrument, le bois où la pesée avait eu lieu se trouvait plus écarté d'un côté que de l'autre, et que les effractions semblaient avoir été pratiquées par un fort couteau de boucher, charcutier ou cuisinier. J'appelai ces messieurs auxquels je fis part de mes observations; M. Carlier me dit : Que concluez-vous de tout ceci? Je conclus, répondis-je, qu'il ne doit y avoir qu'un coupable et ce coupable n'est pas un voleur de profession. C'est un point essentiel, reprit M. Carlier, de savoir à peu près à quoi s'en tenir sur cette affaire.

Le concierge, interrogé pour savoir si personne d'étranger n'était venu chez la baronne pendant son absence, répondit qu'il n'avait vu qu'un ancien cuisinier de Mme Dupuytren, nommé Gilard, qui, vers les cinq heures du soir, était venu causer avec lui dans sa loge pendant plus d'une heure. Gilard fut arrêté, il nia sa participation au crime, mais on apprit qu'il avait un camarade intime, nommé Lemoine, François-Théophile, âgé de 36 ans, ancien chef de cuisine.

Je me mis à sa recherche et ne tardai pas à savoir qu'il demeurait rue de la Bienfaisance, n° 4, où je me rendis aussitôt; il était absent, le concierge m'apprit que l'avant-veille, c'est-à-dire le 29 janvier, Lemoine était rentré à neuf heures du soir, et que, lorsqu'il avait pris sa chandelle, il avait remarqué que sa main droite était tout ensanglantée. Une surveillance fut établie; à onze heures Lemoine rentra et fut arrêté sans qu'il fît la moindre résistance. Nous en étions là, lorsque, quinze jours après le crime, les deux coffrets en acajou, dont il a été question, furent retrouvés vides, sous un tas de paille, dans un terrain non loin de la demeure de l'inculpé. Cette circonstance et plusieurs autres frappèrent apparemment le jury; car, nonobstant le système de dénégation qu'ils avaient adopté l'un et l'autre, Lemoine fut condamné à la peine de mort, et Gilard à dix ans de travaux forcés, comme complice, non d'assassinat, mais de vol. Quelques années plus tard, ce dernier fut gracié.

Le jour de l'expiation arriva. Lemoine, qui avait constamment nié son crime et refusé les consolations de l'abbé Montès, aumônier de la Conciergerie, fut, sur sa demande, visité à six heures du matin par l'abbé Chatel, évêque de l'Eglise française; puis l'exécuteur des hautes-œuvres s'empara du patient et commença la lugubre toilette. Pendant ce temps, un des aides du bourreau s'écria : Du courage, Lemoine ! ne fléchis pas !

— Non, répondit-il, ne craignez rien, car si je fléchissais on me croirait coupable. Du reste, mon sort est encore préférable à celui de ce pauvre Gilard qu'ils ont condamné à dix ans de travaux forcés !

Arrivé au pied de l'échafaud, Lemoine reçut une dernière bénédiction de l'abbé Chatel et lui dit : « Adieu, monsieur l'évêque, je meurs victime d'une erreur, puisse le sang qui va couler, agrandir le domaine de l'Église française ! »

Puis enfin, au moment où on l'attachait sur la planche faisant bascule, le condamné s'écria d'une voix forte : « Puisse le sang innocent qui va couler, cimenter à jamais le bonheur de la patrie ! »

Une seconde après, l'arrêt de la justice avait reçu son exécution.

Mais après avoir rappelé les paroles prononcées par Lemoine à ses derniers moments, je crois devoir faire remarquer que le système de la dénégation absolue est prêché dans les prisons par les vétérans, et que, dans les affaires capitales surtout, il est, parmi les repris de justice, des organisations criminelles qui ont assez de force de dissimulation pour nier l'évidence jusqu'au dernier moment, soit qu'elles conservent toujours une lueur d'espérance, soit que la fièvre qui les dévore à l'instant suprême les surexcite dans l'idée fixe qu'elles ont entretenue depuis leur arrestation.

XXXIV

LE TUNEUR (MENDIANT) ET LE BANQUEROUTIER

La rue du Château-d'Eau, aujourd'hui large et garnie de belles maisons, se nommait, il y a une trentaine d'années, rue Neuve-Saint-Jean ; elle était alors étroite, sale, et ne possédait que quelques petites maisons dont l'une était située au milieu d'un jardin clos de murs. On entrait dans cette propriété par une porte pratiquée dans la partie du mur faisant face à la rue ; le mur du fond du jardin était mitoyen avec le jardin du bal du Wauxhall. La femme et la fille d'un sieur V***, banqueroutier frauduleux, en fuite, étaient les seules locataires de l'habitation. Deux agents, habillés en commissionnaires, avaient été placés en surveillance près de la maison pour arrêter le mari s'il s'y présentait, et pour suivre la mère et la fille partout où elles iraient.

A peine la surveillance était-elle établie, que la femme du banqueroutier, rusée commère, avait deviné, et, pour s'en assurer, elle était allée les regar-

der sous le nez, en leur disant, d'un air narquois :
Vous faites là, messieurs, un joli métier !

Mes deux hommes, se voyant ainsi brûlés (reconnus), abandonnèrent la place et vinrent me rendre compte de l'incident.

Pour déjouer la perspicacité de Mme V***, je dus mettre d'autres moyens en œuvre ; j'envoyai près d'elle, sous différents prétextes, les agents les plus adroits, mais tous échouèrent devant sa présence d'esprit et sa pénétration, qui n'étaient jamais en défaut.

J'étais persuadé qu'un jour ou l'autre mon banqueroutier viendrait embrasser sa femme et sa fille et que c'était de ce côté que je devais porter mon attention. Pour éloigner tout soupçon de la présence de la police dans les environs, j'imaginai de placer dans la rue un agent déguisé en vieux mendiant. J'avais dans mon service un nommé Aubé qui était doué d'une grande intelligence et d'une patience à toute épreuve, je le fis appeler et lui dis de quoi il s'agissait.

— Comment, répondit-il, vous voulez que j'aille tuner (mendier) dans la rue ?

— Oui, répliquai-je, et je compte sur vous pour mener cette affaire à bonne fin.

Je l'envoyai s'affubler de haillons, d'une grande barbe grise, d'un chapeau défoncé ; un bras en écharpe et un gros bâton à la main. Sa toilette terminée, il alla ainsi rue Neuve-Saint-Jean, assis sur une borne, demander l'aumône pendant le jour, et la nuit se cacher dans l'embrasure d'une porte. J'avais en même temps placé un autre agent à l'une des extrémités de la rue pour prêter main-forte au premier en cas de besoin. La surveillance s'exerçait depuis une semaine sans plus de succès que le premier jour. Mon pauvre Aubé était exténué de fatigue et de sommeil ; mais, lorsque je lui proposai de le faire relever pour qu'il pût prendre un peu de repos, il s'écria : Non, non, je tiens à terminer cette affaire, d'ailleurs je suis un peu récompensé de mes peines par les trois ou quatre francs que je reçois chaque jour des âmes charitables, et il n'est pas jusqu'à la femme du banqueroutier qui, de temps à autre, ne me donne un sou ou deux. — Eh-bien, lui dis-je, puisque vous y tenez, restez à votre poste.

Deux jours après, vers onze heures du soir, un cabriolet de place s'arrêtait devant un jardin ; un homme en descendait, sonnait à la porte et entrait. Tout cela s'était passé en quelques secondes. Aubé n'en avait pas moins eu le temps de reconnaître le banqueroutier, à la lueur de la lanterne du cabriolet. Il alla aussitôt prévenir son camarade qui, à son tour, vint m'annoncer cette nouvelle.

A peine faisait-il jour, que le commissaire de police Guérard sonnait à la porte du jardin, qu'on n'ouvrait qu'après dix minutes d'attente ; la maison fut visitée de la cave au grenier, les murs sondés, les lits fouillés jusque dans les paillasses et le jardin exploré, mais inutilement, l'oiseau s'était envolé ; nous pensâmes alors que notre individu avait profité du temps qu'on avait mis à nous ouvrir pour s'échapper, soit en escaladant à l'aide d'une échelle, soit en grimpant après le mur mitoyen du Wauxhall ; nous recherchâmes, mais il n'existait pas plus d'échelle dans la propriété que d'éraflures faites par des souliers sur le mur.

Nous nous retirâmes un peu désappointés de notre mésaventure. M. Guérard me dit alors : « Monsieur Canler, je crois que votre agent vous a fait un rapport mensonger, pour se débarrasser d'une surveillance qui l'ennuyait. — Non, je ne le pense pas, car j'ai en lui la plus grande confiance ; d'ailleurs, ajoutai-je, je saurai bientôt à quoi m'en tenir sur la fidélité de mon agent ou sur cette étrange disparition. » J'avais mon idée.

Le lendemain était un dimanche, et par conséquent jour de bal ; je me rendis au Wauxhall, où j'examinai le mur mitoyen, sur lequel il n'existait pas plus de traces de passage que de l'autre côté ; néanmoins je persistais à penser que ce n'était que par là que notre homme avait pu prendre la fuite. J'avais hâte de débrouiller cette énigme. Je connaissais une fille Alexandrine qui était la maîtresse de l'un des contrôleurs du bal ; elle m'avait plusieurs fois rendu des services en police : je pensai qu'elle pourrait encore, dans cette circonstance, me venir en aide, j'attendis son arrivée, puis nous allâmes au café où je lui racontai ce que j'attendais de sa complaisance. » C'est bien, me dit-elle, je vais m'occuper de vous obtenir les renseignements que vous désirez ; je suis intimement liée avec la femme du concierge, et si votre individu passe par ici vous le saurez avant la fin du bal. »

Effectivement, à onze heures, je savais que le banqueroutier, lorsqu'il venait chez sa femme, entrait par la porte de la rue, mais que, pour en sortir, il escaladait le mur du jardin du Wauxhall, à l'aide d'une échelle de corde que le concierge du bal mettait à sa disposition, en échange d'une certaine somme d'argent.

Ce renseignement m'assurait le succès à la prochaine occasion; mais je ne pus en profiter car la femme du banqueroutier, craignant sans doute une nouvelle visite de la police lorsque son mari reviendrait, se décida à aller le rejoindre dans sa retraite, où elle le croyait plus en sûreté qu'à Paris. Deux jours après notre perquisition, Mme V*** sortait de chez elle vers trois heures de l'après-midi et revenait en fiacre au bout d'un quart d'heure; sa fille, qui l'attendait sur la porte avec un gros paquet, monta près de sa mère, et le fiacre partait en prenant la direction du boulevard. Aubé, dans son accoutrement, ne pouvant suivre la voiture, en prit le numéro.

Le cocher fut mandé le lendemain à mon bureau où il déclara qu'il avait conduit à l'entrée de Rosny les deux dames qu'il avait chargées la veille rue Neuve-Saint-Jean; mais il assura qu'il ignorait dans quelle maison elles étaient entrées. Des agents furent envoyés dans le village prendre des renseignements; ils ne purent rien apprendre.

Je me rappelai alors qu'Aubé, dans sa jeunesse,

avait exercé le métier de raccommodeur de faïence et qu'il pourrait mieux que tout autre, à l'aide de son ancien état, découvrir les fugitifs. Je le chargeai d'acheter une demi-douzaine de peaux de lapins et de se munir des objets nécessaires aux raccommodeurs de faïence, et, après s'être habillé à la convenance du métier, il se rendit à Rosny, parcourut le pays en tous sens en criant : « Marchand de peaux de lapins! raccommodeur de faïence! » Le jour même, à la brune, il voyait sortir de la boutique d'un boulanger la fille de V*** tenant un pain entre ses mains; il la suivit jusqu'à sa demeure, et après avoir inspecté les abords de la maison, il vint me rendre compte de la découverte.

Le lendemain avant l'aube, la maison était cernée et le banqueroutier arrêté.

XXXV

VOLS DANS LES OMNIBUS

Les voitures de transport en commun datent de 1828. A cette époque, il n'existait que deux compagnies désignées sous les noms d'Omnibus et Dames-Blanches. Ces véhicules desservaient la même ligne, c'est-à-dire les boulevards, depuis la Bastille jusqu'à la Madeleine; Les omnibus allaient jusqu'à la rue de Lancry pour 25 centimes, et pour pareille somme de cette station à la Madeleine. Les Dames-Blanches n'avaient qu'un seul parcours, de la Porte-Saint-Martin à la Madeleine et pour le même prix.

Après la révolution de 1830, de nouvelles compagnies furent autorisées, et le nombre des voitures fut tellement augmenté qu'elles sillonnèrent la capitale dans tous les sens. Ce fut alors que les voleurs à la tire pensèrent que l'occasion était d'autant plus favorable pour exercer avec succès leur industrie dans les voitures, que le chef de la police de sûreté n'avait pas songé à établir des surveillances, dans la prévision que les voleurs pourraient profiter de la circonstance pour y exercer des larcins. Bientôt arrivèrent à la préfecture de police des plaintes de vols de montres, de bourses, etc.

Une montre de prix ayant été soustraite à Mme V***, dont le mari, attaché d'ambassade et ami du préfet de police, était venu lui raconter la mésaventure de sa femme, le chef de la police de sûreté fut mandé par le préfet qui lui adressa de vifs reproches sur sa négligence à réprimer ces délits.

Le chef du service, en sortant du cabinet du préfet, me fit appeler pour m'informer de la mercuriale qu'il venait de recevoir, puis, comme toujours en pareille circonstance, il me dit : il faut vous occuper de cette affaire.

J'envoyai aussitôt des agents aux stations d'omnibus avec mission de monter dans ces voitures pour observer et arrêter les voleurs en flagrant délit: plusieurs furent appréhendés dans la journée et le soir même, en sortant du cirque des Champs-Élysées, je me dirigeai vers la Madeleine pour prendre l'omnibus de la Bastille. La foule était si grande, qu'on avait donné des numéros de différentes couleurs pour monter en voiture à tour de rôle. Je remarquai parmi les personnes qui entouraient l'omnibus un beau vieillard à cheveux blancs qui s'empressait galamment près des dames pour leur faire faire place et les mettre dans le véhicule en les prenant par le bras.

Je m'approchai et je reconnus l'officieux vieillard pour être le juif Nathan Jokey, voleur à la tire des plus adroits ; je le fis arrêter quoique je fusse bien persuadé de ne rien trouver de suspect sur lui, attendu qu'il avait l'habitude d'avoir avec lui une femme sa complice, qui se tenait constamment à l'écart pour l'avertir au besoin du danger et recevoir les objets qu'il avait soustraits. Je le fis fouiller, mais inutilement. En le relaxant, je le signalai aux conducteurs et aux contrôleurs de service. Mon tour étant arrivé, je montai dans la voiture où j'aperçus tout d'abord Roméo et Mollard, habiles voleurs à la tire. Je passai devant eux sans qu'ils fissent attention à moi ; je profitai de cette circonstance pour prendre place sur le strapontin, j'enfonçai mon chapeau sur mes yeux et plaçai mon mouchoir sur ma bouche pour simuler le mal de dents et afin de pouvoir ainsi observer tous leurs mouvements sans qu'ils s'en doutassent.

Lorsque le conducteur réclama le prix des places, un monsieur qui était en face des deux larrons tira de la poche de son gilet plusieurs pièces de vingt francs et quelque petite monnaie d'argent. Mollard, en voyant ces pièces d'or, dit en argot à son camarade, mais pas assez bas pour que je ne l'entendisse point : « *Rebouise donc ce niert, ses maltaises et son pèze sont en salade dans la valade de son croissant ; pécille l'orient avec ta fourchette* » (Regarde donc cet homme, il a ses pièces d'or et son argent pêle-mêle dans la poche de son gilet ; vole l'or avec tes doigts.)

Lorsque le monsieur, qui paraissait avoir bien dîné, eut remis son or dans sa poche, Roméo lia conversation avec lui et prit bientôt place à ses côtés. Nous arrivions rue Montmartre ; une personne du fond descendit, ce qui occasionna un petit mouvement parmi les voyageurs. Roméo, profitant de ce moment plongea aussi vivement qu'adroitement les deux premiers doigts de sa main droite dans la poche du gilet du quidam, et la retira lestement ; je pensais alors que le tour était fait et je le pensais d'autant plus, que les deux fripons s'empressèrent de descendre à la rue Poissonnière. Je descendis derrière eux, en invitant en deux mots l'homme aux pièces d'or à me suivre ; je fis alors arrêter mes industriels par un sergent de ville, et nous allâmes tous au poste Bonne-Nouvelle où l'individu que je présumais avoir été volé déclara qu'il ne pouvait affirmer qu'il lui manquât quelque chose, parce qu'il ne se rappelait pas la somme qu'il avait primitivement sur lui. Je n'en fis pas moins fouiller mes deux voleurs, mais on ne trouva sur eux que quelques pièces de monnaie.

Avant de les relâcher, je demandai à Roméo combien il avait subi de condamnations. — J'en ai subi plusieurs, me répondit-il, mais je ne me rappelle pas les dates ; tout ce que je puis vous dire, c'est que la première a été sous le règne de Coco Latour, et la seconde sous le règne de M. Hébert.

Ceci demande une petite explication. En général, les voleurs ne s'occupent jamais de politique ni des affaires publiques ; ils n'ont que deux préoccupations, le vol et la crainte de la police de sûreté, et surtout de son chef, car leur liberté dépend souvent du plus ou moins d'activité et de capacité de celui-ci. Aussi les malfaiteurs disent habituellement : le règne d'Allar, de Canler, comme on dit le règne de Louis XIV ou de Louis-Philippe.

Deux ans après cette aventure, Roméo était en prison ; il m'avoua alors qu'il avait effectivement soustrait deux pièces de 20 francs à son voisin d'omnibus, mais, que, m'ayant reconnu au reflet d'un bec de gaz près duquel la voiture avait passé, et se doutant de ce qui allait arriver, il avait machinalement porté la main à sa bouche et avalé les deux pièces d'or qu'il avait retrouvées quarante-huit heures après.

Je reviens à mes surveillances, qui, en quelques jours, chassèrent tous les tireurs des omnibus ; mais malgré l'absence des voleurs et la présence des agents dans ces voitures, les vols n'en continuaient pas moins et sans relâche.

Les plaintes signalaient comme étant l'auteur de ces soustractions, un jeune homme de vingt-quatre à vingt-cinq ans, ayant une figure douce, blanche et imberbe, des cheveux châtains, lissés et pommadés, les yeux bleus, les dents blanches et bien rangées, la taille moyenne, la mise élégante et des manières très distinguées. Je recherchais, mais inutilement, dans ma mémoire, à quel voleur je pourrais appliquer ce signalement ; je ne comprenais rien à cette espèce de mystère, et quoique mon imagination cherchât toutes les ressources, je commençais à désespérer de pouvoir débrouiller cette énigme, lorsque le nommé X..., agent de la police politique,

que je ne connaissais pas, vint me prier de lui donner un renseignement.

Je fus tout d'abord frappé de sa ressemblance avec le signalement de mon introuvable voleur ; mais, sans qu'il s'en doutât, je lui fis subir un examen qui fut aussi rapide que complet et qui me confirma dans la pensée que j'avais devant moi le voleur que je recherchais depuis si longtemps. Aussitôt qu'il fut sorti, je pris des informations sur son compte ; j'appris qu'il jouissait d'une excellente réputation de probité et de moralité, qu'il était religieux et allait tous les dimanches entendre la messe à l'église Saint-Roch.

Quoique ces renseignements fussent en sa faveur, je n'en demeurai pas moins convaincu qu'il était un hardi voleur, et mon plan pour le faire tomber dans mes filets fut à l'instant arrêté ; mais je me gardai bien de le communiquer à mes chefs qui l'auraient incontestablement repoussé comme sortant d'un cerveau malade. J'avais dans mon service un brigadier nommé G***, un Provençal pur sang qui était à peine lettré, mais qui avait un coup d'œil d'aigle pour deviner et suivre un voleur à perte de vue ; je le fis venir et lui dis : Connaissez-vous l'agent politique X*** ?

— Oui, parfaitement, je me suis trouvé plusieurs fois avec lui à l'église Saint-Roch.

— Eh bien, repris-je, dimanche prochain, on célèbre une grande cérémonie dans cette église ; il y aura foule, et les tireurs ne manqueront pas de s'y rendre pour y faire leur moisson ; l'agent X... m'a été dénoncé comme étant un des plus habiles voleurs à la tire de la capitale ; il s'y rendra probablement aussi, vous vous attacherez tout spécialement à sa personne. Pour vous assurer de la véracité de cette dénonciation, il est bien entendu que vous ne l'arrêterez dans aucun cas, pas même celui de flagrant délit.

G***, en arrivant à Saint-Roch, se mit en embuscade derrière une colonne, mais X***, qui était aussi rusé que mon brigadier, ne tarda pas à le découvrir. Alors mes deux gaspards feignirent de ne point s'apercevoir, et sans ostentation s'éloignèrent l'un de l'autre, X*** pour se soustraire aux regards de G***, celui-ci pour surveiller X***, sans qu'il pût soupçonner sa présence ; et quoiqu'il l'observât à une très grande distance, il n'en reconnut pas moins au mouvement des ses bras qu'il fouillait dans les poches avec beaucoup de dextérité.

Rapport de ces circonstances fut transmis au chef de la police municipale, qui, après en avoir pris lecture, le déchira avec colère en disant que X*** était un très honnête garçon, et que G*** était un imbécile qui méritait une punition exemplaire. Effectivement, un mois après, G*** était mis à la retraite sous le prétexte qu'il était sujet à des hallucinations, et quelques jours plus tard, X***, l'agent politique, était arrêté en flagrant délit de vol dans un omnibus et condamné à la prison. Quant à mon pauvre brigadier, qui n'avait pas pu surmonter le chagrin que lui avait causé sa retraite prématurée, il perdit insensiblement la raison et alla mourir dans une maison d'aliénés.

XXXVI

ASSASSINAT BABOIS

Vers la fin de 1834, le préfet de police ordonna que tout le service de sûreté se rendrait à la Force pour y procéder à l'inspection individuelle des prisonniers afin de reconnaître ceux d'entre eux qui auraient pris de faux noms pour échapper aux peines infligées aux récidivistes.

Mais, pour cette besogne, le service de sûreté était incompétent, car il était organisé depuis deux ans seulement et composé d'agents, intelligents sans doute, mais ne connaissant pas encore de vue les malfaiteurs qui avaient eu jadis des démêlés avec la justice; il fut décidé que les anciens agents de Vidocq, servant alors la police de sûreté en qualité d'indicateurs, accompagneraient les inspecteurs dans leur visite à la prison pour leur signaler les malfaiteurs recherchés.

Au jour fixé, nous nous rendîmes à la Force. Le poste prit les armes, le directeur fit mettre les soldats en bataille dans la cour du bâtiment, et, pour plus de sûreté, fit charger les fusils. Les agents se rangèrent en ligne devant la garde, les prisonniers furent amenés par les gardiens et placés directement en face de nous, pour que nous pussions les examiner à l'aise. A peine les détenus étaient-ils arrivés, qu'un sourd grognement se fit entendre. Bientôt ce bourdonnement se changea en chuchotement d'abord partiel, mais qui ne tarda pas à devenir général. Alors éclata un torrent d'imprécations et de menaces. Au premier moment, nous ne sûmes à quoi attribuer cette exaltation soudaine et imprévue; mais leurs cris et leurs vociférations nous firent bientôt connaître que cette surexcitation provenait de la présence des anciens agents de Vidocq, ex-forçats pour la plupart et parmi lesquels les prisonniers reconnaissaient celui-ci un complice, celui-là un camarade de chaîne, et l'autre un délateur.

Cette fâcheuse disposition d'esprit allant toujours en augmentant, un des détenus, nommé Desjardins s'arma d'un couteau en disant à ses camarades : « Courons sus à ces coquins! Ouvrons leur le ventre à ces brigands-là, ils l'ont bien mérité! » Fort heureusement pour la masse des prisonniers qui auraient été infailliblement massacrés par la troupe, deux ou trois seulement firent mine de vouloir imiter Desjardins, qui fut à l'instant même arrêté et mis au cachot; puis la visite continua, mais elle fut promptement terminée, et depuis ce moment, elle ne fut jamais renouvelée dans les prisons de la capitale.

Quelque temps après cette visite, j'appris que

Desjardins était sorti de prison et qu'il habitait Paris malgré l'ordre qui lui en interdisait le séjour. C'était une revanche à prendre, et je me proposai bien de n'y pas manquer. Je savais que ce repris de justice fréquentait habituellement les bals du Sauvage et du salon de Flore, à la Courtille, rendez-vous ordinaire des malfaiteurs et des filles prostituées dites *à voleur*.

Le 7 février 1835, je partis accompagné de six agents et de deux indicateurs pour visiter tous les établissements mal famés de la barrière de Belleville je me rendis au salon de Flore, et au premier, dans la salle de danse, je vis Desjardins attablé avec trois autres malfaiteurs ; je le signalai aux agents en leur recommandant d'agir avec prudence ; mais à mon grand étonnement, Desjardins se laissa d'abord emmener sans la moindre résistance, et ce ne fut que lorsque nous eûmes en partie descendu l'escalier qu'il se mit à crier : A moi, mes amis, au secours! me laisserez-vous emmener par ces brigands-là?

Ces cris étaient la conséquence de l'apparition des deux indicateurs, anciens forçats et ex-agents de Vidocq, qui montaient à notre rencontre.

Ici, comme à la Force, la vue de ces hommes avait rendu Desjardins furieux ; mais cette fois, il devait obtenir plus de succès, car à sa voix accoururent tous les malfaiteurs se trouvant dans le salon de Flore et le bal du Sauvage.

Mon prisonnier, se sentant secouru, refusa de marcher ; les agents le portèrent en quelque sorte ; une fois hors de l'établissement il se laissa de nouveau tomber à terre, et deux de mes inspecteurs furent obligés de le prendre par la tête et les pieds.

Plus de deux cents individus nous entouraient depuis deux heures. Je réfléchis alors que dans cette foule qui se pressait, ou pour mieux dire se ruait tumultueuse et colère sur nous, il pourrait parfaitement se trouver quelques malfaiteurs qui profitassent de la circonstance pour se débarrasser de l'un de nous à coups de couteaux. A peine avais-je fait cette réflexion que l'inspecteur Daré reçut un coup d'un instrument tranchant qui fort heureusement ne fit que traverser la manche de son paletot; je m'emparai aussitôt d'un bâton que portait un des indicateurs; un de mes agents, nommé Moisson, homme d'une force herculéenne, fit comme moi. Nous nous mîmes tous deux en arrière-garde, et, au moyen d'un moulinet continuel, nous parvînmes, non sans peine, à maintenir à distance la plus grande partie de la foule agressive.

Dans la bagarre, mon chapeau fut perdu; je reçus sur le dos un coup de crochet de chiffonnier qui déchira ma redingote; mes agents furent plus ou moins contusionnés et leurs vêtements mis en lambeaux.

Nonobstant la résistance de Desjardins, dont la rage avait redoublé parce qu'il avait reçu sur la figure un coup de manche à balai et une pierre destinés aux agents, nous n'en arrivâmes pas moins au corps de garde de la barrière de Belleville.

J'étais occupé à écrire un ordre de consigne, lorsque le brigadier Vannier, qui était chargé de la surveillance du marché du Temple, arriva pour me prévenir qu'il avait arrêté un nommé Roch Blard, soldat au 22ᵉ de ligne, au moment où il cherchait à vendre pour un prix bien au-dessous de leur valeur des objets d'habillement d'une taille beaucoup plus élevée que la sienne. Interrogé sur la possession de ces vêtements, Blard avait répondu qu'ils lui appartenaient ; ensuite comprenant l'invraisemblance de son assertion il avait prétendu qu'un nommé Auguste qu'il ne connaissait pas les lui avait confiés pour les vendre. Vannier, ayant trouvé dans la poche d'une redingote une facture au nom de Babois, chapelier, impasse Pecquet, s'était rendu au domicile indiqué, pour y prendre des renseignements. Là, il avait appris par les voisins que Babois, qui n'avait pas été vu de la journée, avait son atelier dans la cour, mais que la porte en était fermée.

Je fis conduire Desjardins à la préfecture de police et je me rendis avec Vannier chez Babois. La porte de l'atelier était encore fermée ; je montai sur une chaise et j'aperçus, à travers les vitres, l'infortuné chapelier étendu par terre, devant son fourneau, la tête fendue par un coup de hache.

Blard nia constamment être l'auteur de ce crime ; puis, devant la cour d'assises, il entra dans un système d'absurdités qui n'eurent pour résultat que de prouver sa culpabilité. Il prétendit qu'il avait été témoin du crime, que les assassins étaient des agents de police qui, pour l'engager à garder le silence, lui avaient donné les vêtements cause première de son arrestation, et que le chef de la police de sûreté lui avait proposé de faire partie d'une bande d'assassins.

Ces assertions ridicules furent loin de lui être favorables, car la cour le condamna à la peine de mort. Le soir même de cette condamnation, le chef du service et moi, nous nous rendîmes dans le cachot de Blard, pièce voûtée, sous terre et très humide. Le prisonnier était couché et revêtu de la camisole de force, il demandait à chaque instant à son gardien de le changer de lit, prétendant être dévoré par les punaises ; or, cette pièce était extrêmement froide ; force araignées pouvaient s'y trouver, mais pas une seule punaise.

Les douleurs dont il se plaignait étaient produites par une violente éruption de sang, causée par l'excessive émotion qu'il avait éprouvée en entendant prononcer son arrêt.

Blard était âgé de vingt-cinq ans et petit de taille ; il monta sur l'échafaud avec une apparente résignation, qui ne pouvait être attribuée qu'à la stupidité dont il avait fait preuve pendant les débats. Après avoir vécu en brute, il mourut en brute, sans manifester le moindre repentir ni le moindre regret.

XXXVII

VOLS AU THÉATRE DE LA PORTE-SAINT-MARTIN

Vers 1833 ou 1834, M. Harel, l'habile directeur du théâtre de la Porte-Saint-Martin, vint au bureau de la police de sûreté déclarer que chaque jour, depuis un mois, un voleur s'introduisait dans son cabinet et lui dérobait de petites sommes d'argent dans son secrétaire, et qu'il craignait qu'il ne prît fantaisie à ce malfaiteur de faire main basse sur la totalité des valeurs renfermées dans son tiroir ; puis il ajouta qu'il soupçonnait d'autant moins l'auteur de ces soustractions, que les clefs de la porte de son cabinet et de son secrétaire ne le quittaient jamais, que le jour elles étaient dans sa poche et la nuit sous son oreiller.

Il pria M. Allard de vouloir bien intervenir dans cette affaire pour le retirer de la perplexité dans laquelle il se trouvait à l'égard de son personnel. Le chef de service me fit appeler, me raconta ce que M. Harel venait de lui dire et me chargea, comme c'était son habitude, d'aller visiter les lieux où les larcins avaient été commis et de prendre les mesures nécessaires pour arriver à l'arrestation du coupable.

Je me transportai avec M. Harel au théâtre, où je pris, mais sans résultat, des informations sur toutes les personnes qui, par leurs fonctions, pouvaient, sans éveiller de soupçons, approcher du cabinet en question ; je fis démonter les serrures de la porte et du secrétaire, j'examinai avec attention la partie où le panneton de la clef tourne pour faire jouer le pène, mais je n'y remarquai aucune des traces d'éraflures qu'y laissent les fausses clefs, et qui souvent sont invisibles à l'œil nu.

J'envoyai chercher une loupe, et ma conviction s'affermit dans mon esprit. Jugeant alors qu'on n'avait point pris l'empreinte de la serrure et qu'on n'avait pas pu faire faire de doubles clefs, attendu que les véritables ne quittaient jamais M. Harel, je pensai que le larron n'avait pu s'introduire que par la cheminée. J'en étais là de mes réflexions, lorsque j'aperçus un placard dissimulé par des costumes de théâtre ; il était large mais peu profond. L'idée me vint que deux hommes de faible corpulence pourraient y passer la nuit en se tenant debout, et que le voleur se ferait prendre à ce piège.

Je communiquai mon dessein à M. Harel, qui se mit à rire en me disant : Comment diable voulez-vous que deux hommes puissent passer une nuit dans cette étroite niche sans étouffer et sans tomber de fatigue ?
— Soyez tranquille, répondis-je, faites seulement placer deux bouteilles de vin, un peu de pain et

de fromage dans la cachette, et je réponds de tout.

Ceci convenu, l'agent le Petit-Pompier et l'un de ses collègues vinrent à dix heures du soir trouver M. Harel, qui les introduisit furtivement dans son cabinet et referma la porte sur eux.

La nuit se passa sans incident, mais à six heures du matin, le bruit d'une clef qu'on introduisait dans la serrure se fit entendre. La porte s'ouvrit tout doucement, puis le secrétaire ; alors les agents sortirent tout à coup de leur retraite et s'emparèrent du voleur, qui était le domestique du directeur. Interrogé, il avoua que tous les matins, en allant chercher les effets de son maître pour les nettoyer, il s'emparait de ses clefs pendant son sommeil et qu'après avoir pris quelques pièces de cinq francs, il remettait les clefs à leur place en même temps que les effets. M. Harel, qui avant tout était bon et humain, ne voulut donner aucune suite à cette affaire et se contenta de chasser le domestique infidèle.

XXXVIII

LACENAIRE. — FRANÇOIS. — AVRIL

Le 14 décembre 1834, un crime horrible jetait l'épouvante et l'effroi parmi les habitants d'un des quartiers les plus populeux de la capitale. Une vieille femme, la veuve Chardon, demeurant avec son fils, rue Saint-Martin, passage du Cheval-Rouge, était trouvée assassinée dans son domicile, et la même main qui avait frappé la mère avait aussi frappé le fils. Leur logement était composé de deux chambres ayant chacune une fenêtre, l'une donnant sur la rue Saint-Martin au-dessus de l'entrée du passage, l'autre sur le passage. Dans la première pièce, le fils Chardon était étendu au milieu d'une mare de sang ; une hache ensanglantée, abandonnée non loin de lui, et la manière dont la tête était fracturée, indiquaient assez comment le crime avait été commis. Dans la seconde pièce, on trouvait le cadavre de la mère, mais étendu sur le lit ; il était recouvert d'oreillers, de draps et de couvertures, comme si le meurtrier eût voulu s'en épargner la vue. Partout, du reste, les meubles fracturés, les serrures forcées, le linge bouleversé, attestaient hautement que le vol avait été le premier mobile de l'assassinat, et que l'un et l'autre avaient été consommés.

Le fils Chardon, généralement surnommé *la tante*, était bien connu pour ses goûts *antiphysiques*, et ce fut naturellement sur les êtres abjects dont il faisait partie que l'accusation publique tomba tout d'abord. Parmi ces hommes immondes, plusieurs furent arrêtés, puis relâchés faute de preuves. D'autres furent simplement surveillés, sans que cette surveillance produisît de meilleurs résultats. La police en était là de ses recherches, lorsqu'une tentative tout aussi coupable que le crime dont je viens de parler vint de nouveau jeter l'émoi dans la population et fixer l'attention de l'autorité.

Le 29 décembre, un individu, paraissant décidé à quitter Paris sous quelques heures, se rendait rue du Faubourg-Poissonnière, 50, et chargeait MM. Maigre-Morstadt et Mallet, banquiers, du recouvrement de deux traites, dont l'une payable fin courant au domicile du sieur Mahossier, rue Montorgueil, n° 66.

Le 31 décembre, le sieur Genevey, âgé de dix-huit ans, garçon de recette de cette maison de banque, se rendait, vers trois heures et demie de l'après-midi, au domicile indiqué sur l'effet à toucher, et trouvait au quatrième étage, sur le derrière, une porte où le nom de Mahossier était écrit en grosses lettres, à la craie blanche. Il frappa ; deux hommes paraissaient l'attendre dans une pièce ayant pour tous meubles deux bottes de paille et un panier recouvert d'une planche. A peine fut-il entré, que la porte se ferma derrière le garçon de recette. Un des inconnus chercha à s'emparer de son portefeuille renfermant 10,000 francs en billets de banque, et de sa sacoche contenant 1,100 francs en espèces, et lui porta en même temps à l'épaule droite un violent coup d'un instrument aigu et triangulaire qui pénétra presque dans la poitrine, tandis que l'autre inconnu cherchait à étouffer les cris de la victime en lui comprimant fortement la bouche avec les mains. Mais Genevey était robuste; il leur résista malgré sa blessure et se mit à crier avec tant de force que les deux assassins, effrayés, craignant d'être ainsi trahis et arrêtés en flagrant délit, prirent la fuite, sortirent de la maison en refermant la porte de l'allée et se mirent à courir dans la rue pour simuler la poursuite d'un malfaiteur, en criant eux-mêmes : *Au voleur!*

Tels étaient les renseignements qui avaient été transmis à la préfecture et d'après lesquels, le chef de la sûreté s'étant rendu sur les lieux, les agents de ce service commencèrent des informations qui restèrent sans succès. Ce ne fut que dix jours après le crime, le 9 janvier 1835, que l'on se décida à me charger de la recherche des deux assassins que chacun déclarait introuvables.

Je résolus, pour ma première démarche, d'aller voir le sieur Gousseaux, fruitier et principal locataire de la maison de la rue Montorgueil, n° 66, et, comme première lumière à projeter sur cette affaire, je lui demandai le signalement exact des assassins.

Mahossier était venu à différentes reprises chez le principal locataire, et celui-ci me le dépeignit sans difficulté. Quant à son compagnon, il n'avait été aperçu qu'une seule fois, et encore fort imparfaitement ; aussi ne put-on me fournir aucune indication utile. Muni du signalement du premier, j'examinai attentivement le nom de Mahossier qui, ainsi que je l'ai dit plus haut, était écrit à la craie blanche sur la porte de la chambre où le crime avait été commis, et j'allai visiter les garnis où les malfaiteurs ont l'habitude de loger. Je parcourus inutilement les maisons sises rue de la Montagne-Sainte-Geneviève, rue de Lourcine, rue Jean-de-Lépine, 12, rue des Vertus, 4, etc. ; mais en arrivant rue du Faubourg-du-Temple, n° 107, je remarquai sur le livre de police du sieur Pageot le nom de *Mahossier*, et immédiatement au-dessous celui de Ficellier, portés tous deux entrés et sortis le même jour. J'interrogeai l'hôte et sa femme ; j'appris que les deux individus en question n'avaient occupé qu'un seul lit, et bientôt j'acquis la certitude que c'était bien eux que j'avais mission d'arrêter. L'hôtesse, en réponse à ma demande, me dépeignit Ficellier, et à chaque parole qu'elle prononçait, à chaque nouveau trait qu'elle ajoutait pour donner de la ressemblance à son portrait, mon étonnement allait croissant. Je restai immédiatement convaincu que ce signalement-là se rapportait exactement à celui d'un certain François, arrêté depuis quelques jours pour escroquerie de trois pièces de vin. Plein de cette idée, je retournai à la préfecture. François était encore au Dépôt, j'allai le trouver dans sa cellule, et, prenant mon portefeuille dans ma poche, je l'ouvris en faisant mine d'y chercher un nom que j'avais oublié : — Ah! lui dis-je en l'abordant, depuis hier je me casse la tête pour savoir quel motif a pu vous déterminer à aller loger chez Pageot sous le nom de Ficellier ; je le comprends d'autant moins que vous m'avez dit que vous n'étiez pour rien dans l'escroquerie qu'on vous reproche.

— Pardi! me répondit-il, quoique je ne sois pas coupable, je savais que vous aviez un mandat contre moi ; et, d'ailleurs, connaissant ce vieux dicton : « Si on m'accusait d'avoir volé les tours Notre-Dame, je prendrais la fuite, » vous comprenez que je n'étais pas si *niole* (bête) de donner mon *centre* (nom) pour me faire *nettoyer par vos rousses* (arrêter par vos agents).

Il n'y avait donc plus de doute, c'était bien François qui, sous le nom de Ficellier, avait logé rue du Faubourg-du-Temple, en compagnie de Mahossier, et, partant de là, ce devait être lui qui avait joué le rôle de complice dans l'affaire de la rue Montorgueil.

Je fis un rapport dans lequel je désignai François comme étant un des auteurs du crime commis le 31 décembre.

Le lendemain, je retournai au faubourg du Temple. Pageot était absent ; j'en profitai pour causer avec sa femme qui était bien moins réservée que lui sur le compte des voleurs. Elle m'avoua que l'individu qui, dernièrement, avait logé chez elle sous le nom de Mahossier y avait précédemment demeuré sous celui de Baton. C'était donc Baton et non Mahossier qu'il fallait rechercher, et, sûr de tenir déjà sous les verrous un des auteurs du crime, je me voyais à la veille de m'emparer du second.

Il existait à cette époque rue de Bondy, presque en face du Château-d'Eau, un établissement connu sous le nom d'*Estaminet des Quatre-Billards*, et qui, vrai réceptacle de la plus infime société de Paris, n'était hanté presque exclusivement que par les malfaiteurs. J'allai m'informer auprès du maître de l'estaminet, et j'appris de lui que Baton venait tous les soirs jouer au billard, mais qu'il n'avait pas encore paru. Je reconnus d'un coup d'œil qu'il m'était impossible de rester là à l'attendre ; car la tourbe de vauriens qui peuplait cet antre, me connaissant parfaitement, ainsi que mes deux agents, commençait à prendre l'éveil et ne nous quittait plus des yeux ; quelques-uns même avaient déjà pris la fuite. Je me retirai après avoir dit au limonadier que j'attendrais dans un cabinet du marchand de vins Bertrand, situé au coin du faubourg du Temple et du boulevard, jusqu'à ce qu'il m'eût fait prévenir que Baton était arrivé ; mais, réfléchissant que cet homme pouvait très bien me trahir et que rien ne me répondait qu'il ne chercherait pas à faire fuir le coupable, je plaçai en surveillance, derrière le corps de garde qui existait alors au coin du boulevard, un de mes agents qui pouvait voir de là toutes les personnes qui entraient ou sortaient de l'estaminet sans être lui-même aperçu.

Vers neuf heures du soir, l'agent vint nous retrouver chez Bertrand :

— Baton vient d'entrer au café, me dit-il.

— Vous en êtes sûr?

— Parfaitement sûr. J'ai vu, il y a un instant, deux jeunes gens s'arrêter devant l'établissement, puis ils se sont rapprochés de moi en causant, et l'un a dit à l'autre en le quittant : Bonsoir Baton! Puis celui-ci est entré aux *Quatre-Billards*.

— Alors, messieurs, en route!

Et, suivi de mes deux inspecteurs, je me dirigeai vers l'estaminet. A peine étais-je dans l'intérieur, que le limonadier, ne me laissant pas le temps de lui parler, me dit :

— Vous arrivez à propos, j'allais vous envoyer chercher. Voilà Baton qui cause près du dernier billard avec ce grand jeune homme coiffé d'un chapeau pointu.

Baton était arrêté aussitôt et prenait avec nous le chemin de la préfecture de police. Pendant le trajet, des réflexions contradictoires vinrent assaillir mon esprit. D'après la révélation de la femme Pageot, il n'y avait pas à douter que l'individu que j'avais entre les mains ne fût celui qui avait logé dans le garni du faubourg du Temple sous le nom de Mahossier, et, partant de là, l'assassin du garçon de recette Genevey; mais je ne trouvais aucune ressemblance entre cet homme et les signalements donnés par la victime et le principal locataire de la rue Montorgueil. Baton, confronté avec ces deux personnes, ne fut reconnu ni par l'une ni par l'autre. Du reste, le principal locataire, le sieur Gousseaux, n'avait pas non plus reconnu François que j'avais mis en sa présence. Il fallait donc mettre ma capture en liberté ; mais comme on venait d'apprendre par un détenu de la Force, le nommé Leblond, dit la *Tante Rasoir*, que Baton était intimement lié avec un nommé Gaillard, son ancien camarade de *collège* (de prison) à Poissy, j'allai à la rencontre de Baton au moment où il sortit du Dépôt, et, feignant de me rendre chez moi, je l'accompagnai jusqu'à la place de la Bastille. Chemin faisant, la conservation, après avoir épuisé plusieurs sujets, tomba comme par hasard sur Gaillard ; puis, comme par hasard aussi, je l'amenai à m'en donner le signalement qui se trouva parfaitement identique avec celui de Mahossier, donné tant par Genevey que par Gousseaux. Plus de doute pour moi : l'assassin de Genevey n'était autre que Gaillard qui, cachant son identité sous le nom de Mahossier, était allé habiter dans le garni où déjà, une fois, il avait trouvé asile contre les poursuites de de la police, en s'abritant sous le nom de son camarade Baton.

Une seule chose restait donc à faire : découvrir Gaillard et le placer sous la main de la justice. Je commençai par faire rechercher son nom aux hôtels meublés et maisons garnies ; mais alors se présenta une autre difficulté. Depuis un an, une vingtaine de Gaillard avaient demeuré dans les divers garnis, et pour découvrir celui que je cherchais, je ne connaissais même pas ses prénoms. Je me trouvai donc réduit à aller prendre moi-même dans toutes ces maisons des renseignements sur les Gaillard qui y avaient logé. Le deuxième jour, j'arrivai rue Marivaux-des-Lombards, n° 15.; je me fis représenter le livre de police, et bientôt j'y trouvai inscrit un Gaillard dont je pris l'état civil. Je demandai alors à l'hôtesse si cet individu recevait des visites et quelle sorte de personnes il fréquentait.

— Ma foi, monsieur, me répondit-elle, je n'ai jamais vu venir personne, à l'exception d'une femme coiffée d'un mouchoir, qui venait même assez souvent; mais j'ignore son nom et où elle peut être.

— Et en partant ne vous a-t-il rien laissé? N'a-t-il pas oublié quelque effet, du linge, des papiers?

— Pardon, j'ai retrouvé sur une planche de sa chambre un paquet de chansons républicaines.

— Les auriez-vous conservées?

—Oui, monsieur... les voici.

J'espérais que sur ces chansons je trouverais en marge quelque annotation pouvant jeter un peu de lumière au milieu de mes recherches; bien me prit de cette heureuse idée, car, parmi ces papiers, je trouvai une lettre contenant des injures adressées au préfet de police, En parcourant cette lettre, je fus frappé de la similitude existant entre les caractères que j'avais sous les yeux et ceux formant le nom de

Mahossier sur la porte de la chambre de la rue Montorgueil.

Par suite d'un rapport sur ma découverte, une confrontation eut lieu, et on reconnut positivement que la main qui avait tracé à la craie le nom de Mahossier avait également écrit le libelle injurieux que j'avais saisi. Dès lors, les poursuites contre Gaillard reçurent une sanction officielle, et le nom de Mahossier fut délaissé comme un mannequin destiné à servir d'appeau à la police afin de détourner ses recherches; et c'est à ce moment que la délation fit faire une tentative infructueuse pour découvrir l'assassin.

Un nommé Avril, subissant à la Force un emprisonnement d'un an, fit savoir à la police de sûreté, que, si on voulait le mettre en liberté pendant huit jours, il se faisait fort de procurer l'arrestation de Gaillard, qu'il connaissait particulièrement, toutefois s'il n'avait pas quitté Paris. Ses services furent acceptés, et, pendant quelques jours, Avril me conduisit, ainsi que deux agents, dans divers garnis où il supposait que Gaillard aurait pu loger en prenant un faux nom. Ces recherches n'ayant amené aucun résultat, Avril nous fit entrer chez nombre de marchands de vins de la capitale, et surtout des barrières, où il espérait trouver celui que nous cherchions sans succès. Mais le coupable ne devait pas encore tomber entre nos mains, et Avril fut réintégré à la Force.

Le 9 janvier, j'avais signalé, ainsi que je l'ai dit,

François, comme complice de Mahossier, ou plutôt de Gaillard, attendu qu'il était allé demeurer avec celui-ci sous le nom de Ficellier, dans l'établissement du sieur Pageot. Par suite de ce rapport, le chef du service me chargea d'extraire François de la prison de Sainte-Pélagie et de l'amener à son bureau, afin d'obtenir de lui, s'il était possible, quelques renseignements sur la tentative de la rue Montorgueil. Je montai dans un fiacre et j'allai chercher le prisonnier. Chemin faisant, on causa de choses et d'autres, puis tout à coup François me dit :

— Monsieur Canler, je connais non seulement les assassins de la mère Chardon et de son fils, mais encore toutes les circonstances de cette affaire ; j'en suis d'autant plus certain que je les tiens de la bouche même de l'un d'eux qui me les a racontées ; voici à quelle occasion :

« Le 1er janvier, je traversais la place Royale ; il pouvait être une heure de l'après-midi, lorsque je me trouvai nez à nez avec Gaillard et un individu que je ne connaissait pas, mais que plus tard je sus se nommer H***, fabricant de portefeuilles, demeurant rue de la Parcheminerie, n° 3. Nous nous souhaitâmes réciproquement la bonne année ; puis, Gaillard m'ayant engagé à déjeuner, nous nous dirigeâmes tous trois vers un marchand de vins des environs, et, quelques minutes après, nous étions chaudement installés dans un cabinet. On déjeuna même longuement, car à une heure du matin nous étions encore, Gaillard et moi, assis vis-à-vis l'un de l'autre chez le *mane-*

zingue (marchand de vins). H*** était parti de bonne heure ; les bouteilles s'étaient succédé sans interruption ; les têtes étaient échauffées et le quart d'heure des confidences arriva bientôt. Écoute, me dit Gaillard, c'est moi et H*** qui avons *suriné* (assassiné) la mère Chardon et son fils, et voilà comment les choses se sont passées : j'allai en compagnie de H*** au passage du Cheval-Rouge, et, le laissant en *planque* (en observation), je montai chez Chardon que je connaissais depuis longtemps. Je le trouvai dans la pièce d'entrée, et immédiatement, sans lui donner le temps de se reconnaître, je sautai sur lui *et son compte fut aussitôt réglé*. Quant à sa mère, elle était dans la seconde pièce, et je l'eus bientôt expédiée également. Cette double besogne accomplie, je fis *le barbot* (la fouille), je m'emparai de quelques malheureuses pièces de 20 et 40 francs, puis je descendis, mais quand j'arrivai en bas, je trouvai H*** plus pâle qu'un mort, roulant des yeux hagards et pouvant à peine se soutenir. — Tu n'es qu'un poltron et qu'un lâche ! lui dis-je ; avec toi on va tout droit à la *butte* (guillotine) ! Le fait est qu'avec son air effrayé et tremblant, il était bien capable de me faire *servir marron* (arrêter en flagrant délit). Voilà, continua François, en quels termes Gaillard m'a raconté l'affaire du passage du Cheval-Rouge. »

Mon premier soin, en arrivant à la préfecture, fut de donner connaissance de la déclaration que François m'avait faite, déclaration qu'il renouvela près du chef de service, et plus tard en présence de M. Jourdain, juge d'instruction. D'après cette révélation Gaillard, qui n'était d'abord inculpé que dans la tentative d'assassinat de la rue Montorgueil, se trouvait principal accusé du double meurtre du passage du Cheval-Rouge.

Bientôt, un renseignement en apparence futile nous amena à découvrir que Gaillard n'était pas encore le véritable nom de l'assassin. Avril, le détenu de la Force, que j'avais fait inutilement promener pendant huit jours dans les rues de la capitale, fit savoir que Gaillard avait une tante rentière, assez âgée et demeurant rue Bar-du-Bec, dans la maison d'un emballeur. Nous nous rendîmes, le chef du service et moi, à l'adresse indiquée, et après être montés au second étage, nous sonnâmes à une porte au milieu de laquelle s'ouvrait un guichet grillé. Au premier coup de sonnette, personne ne répond ; je sonne une seconde fois, alors le guichet s'ouvre et une voix un peu cassée nous demande :

— Que désirez-vous ?

— Parler à madame Gaillard.

— C'est moi.

— Nous voudrions, madame, vous entretenir au sujet de votre neveu Gaillard.

— D'abord, messieurs, mon neveu se nomme Lacenaire et non pas Gaillard ; ensuite, c'est un mauvais sujet par qui j'ai grand' peur d'être asssassinée ; aussi est-ce pour lui que j'ai fait pratiquer ce guichet dans ma porte, afin de voir les personnes qui viennent sonner chez moi, et, s'il se présentait lui-même, j'aurais bien soin de ne lui point ouvrir.

Ainsi, d'après ce renseignement, ce caméléon humain qui, d'abord appelé Mahossier, puis Baton, ensuite Gaillard, prenait un nouveau nom et se nommait Lacenaire, sans que toutefois ce dût être le dernier ; car, quelques jours après, le procureur du roi de Beaune avisait la préfecture de police que Lacenaire avait été arrêté dans cette ville sous le nom de Lévy Jacob, au moment où il cherchait à passer une fausse lettre de change.

Comprend-on après cela qu'un homme qui changeait si fréquemment de nom et qui paraissait si soigneux de cacher son identité, ait été se loger chez Pageot, sous le nom de Mahossier qui lui avait servi à *piper sa victime?*

Lacenaire fut immédiatement dirigé sur Paris. A son arrivée, nous allâmes, M. Allard et moi, le voir dans sa cellule où il était couché les fers aux pieds, sur le matelas d'un petit lit de camp. Nous lui parlâmes du crime de la rue Montorgueil, il nous avoua être un des auteurs de ce crime, mais sans effronterie comme sans remords. Il parla de cette affaire comme un négociant pourrait parler d'une opération malheureuse. Nous lui demandâmes alors quels étaient ses complices, mais il nous répondit avec véhémence :

— Messieurs, nous autres scélérats, nous avons un amour-propre qui consiste à ne jamais dénoncer nos complices, à moins qu'ils ne nous aient eux-mêmes trahis; ainsi n'attendez pas que je nomme qui que ce soit.

— Je n'ai aucunement besoin que vous parliez, lui répliquai-je, car nous connaissons votre complice : c'est François... (Lacenaire nia en souriant), et je vous dirai en outre que c'est vous qui avez tué Chardon et sa mère.

Alors je lui racontai ce que François m'avait lui-même révélé...

— Ah! nous dit-il, lorsque j'eus fini, ah! François a dit cela! Eh bien, c'est bon, quand je serai à la Force, je m'informerai, puis après, nous verrons...

— Non seulement François a *mangé* (dénoncé) sur vous, mais pendant huit jours je me suis promené avec Avril dans les rues de Paris, allant de garnis en garnis, et de marchands de vins en marchands de vins pour tâcher de vous découvrir, Avril remplissant, d'après la demande qu'il en avait adressée, le rôle d'indicateur.

— Ah! lui aussi, reprit Lacenaire, vraiment, lui aussi? Eh bien, messieurs, je verrai et j'aurai l'honneur de vous revoir plus tard.

Effectivement, quelque temps après cet entretien, on vint nous prévenir, le chef de service et moi, que Lacenaire désirait nous parler.

Après avoir été transféré à la Force, il en avait été extrait sur l'ordre du juge d'instruction, et il se trouvait alors à la souricière, grande pièce souterraine où l'on dépose les prévenus en attendant leur interrogatoire.

La femme du gardien, la mère André, nous introduisit. Lacenaire était seul ; il nous salua et nous dit :

— Messieurs, lorsque vous êtes venus me voir au dépôt de la préfecture de police, vous m'avez fait connaître ce que François avait dit sur mon compte et ce qu'Avril avait fait pour procurer mon arrestation. Je vous ai répondu que je m'informerais ; aujourd'hui, je me suis informé. Je vous ai dit aussi que les scélérats comme moi ne dénonçaient jamais que ceux qui les avaient trahis : eh bien! tout ce que vous a dit François relativement à l'assassinat Chardon est vrai, sauf toutefois que j'ai incriminé dans ce meurtre ce pauvre H***, qui y est complètement étranger, car c'est un honnête homme. Je vais vous faire connaître toutes les particularités de ce double crime et mes complices dans cette affaire, ainsi que dans celle de la rue Montorgueil. Du reste, pour cette dernière, M. Canler ne s'était pas trompé, et c'est bien François qui était avec moi en cette circonstance. Je sais bien que, pour la rue Montorgueil, je serai condamné aux travaux forcés à perpétuité, tandis que pour la première, je porterai ma tête sur l'échafaud, mais que voulez-vous, c'est le seul moyen qui me reste pour me venger d'Avril et de François, qui m'ont si lâchement trahi.

Et alors, avec une indignation puisée dans sa rancune, Lacenaire nous raconta les détails de ces deux assassinats, détails que je ne rapporterai pas ici, car les débats les ont suffisamment fait connaître, mais qui établirent incontestablement la culpabilité de François et d'Avril.

Après son jugement, et contrairement aux habitudes suivies quand il s'agit des condamnés à mort, Lacenaire, à cause de ses révélations, était resté à la Conciergerie, où il écrivait ses mémoires. On l'avait placé seul dans une cellule située au bout de la grande galerie à gauche; mais aussi on avait cru devoir prendre des précautions extraordinaires pour empêcher, que, dans un moment de désespoir, et afin d'échapper à la honte de l'échafaud, il cherchât à se donner la mort par strangulation ou en s'ouvrant les artères; un homme de garde ne le quittait ni jour ni nuit. Chaque fois que j'avais occasion d'aller à la Conciergerie, je ne manquais jamais de le visiter, et lorsque j'entrais dans sa cellule, il se levait aussitôt, venait au devant de moi d'un air gracieux, me saluait, le sourire sur les lèvres, m'offrait un siège et me demandait du ton le plus naturel comment je me portais; puis la conversation roulait presque toujours sur des choses étrangères à sa situation. Mais un jour que je le trouvai très occupé de ses mémoires, je m'avisai de l'apostropher à ce sujet en lui disant :

— Ah! ah! nous travaillons pour la postérité? voilà qui sera bien curieux.

— N'est-ce pas! les mémoires d'un assassin! ce ne sera pas ordinaire. Je crois que le public les lira avec empressement à cause de la nouveauté.

— Et à cause du personnage, ajoutai-je.

En entendant ces mots, il inclina sa tête en souriant; une légère rougeur couvrit les pommettes de ses joues, et je vis comme un rayon de satisfaction personnelle et de contentement intérieur illuminer tous ses traits. Étrange satisfaction, incroyable contentement, misérable orgueil qui était forcé de chercher son principe, sa cause, sa raison d'être dans la triste célébrité que ses crimes lui avaient si fatalement méritée!

Que de sérieuses et pénibles réflexions ne fis-je pas en écoutant la conversation, souvent pleine de sens et d'esprit, de ce criminel, dont le bourreau allait bientôt faire rouler la tête sur l'échafaud! Les préjugés qu'il nourrissait contre la société n'avaient pas entièrement perverti chez lui tous autres sentiments, et certes, s'il n'avait pas professé une aussi grande aversion contre l'humanité en général, si l'orgueil et l'envie ne l'avaient pas dominé complétement, il était doué de facultés assez remarquables pour faire honorablement son chemin dans le monde.

Un autre jour, je fis tomber la conversation sur l'affaire de la rue Montorgueil.

— Je crois, lui dis-je, qu'en cette circonstance vous avez totalement manqué à vos habitudes de prudence.

— Comment l'entendez-vous?

— Si vous aviez réussi à assassiner Genevey, vous auriez pris la fuite en emportant son argent et ses billets de banque; mais le cadavre serait nécessairement resté dans votre chambre, et la seule différence qui aurait existé entre ce qui est arrivé et ce qui, dans l'autre cas, serait survenu, c'est qu'on aurait trouvé un mort au lieu d'un mourant. Une fois la police prévenue, nous nous serions également mis en recherche, puis j'aurais découvert, comme je l'ai fait, que Mahossier n'était autre que Baton, puis Gaillard, puis enfin Lacenaire, et n'importe comment, vous seriez tombé entre nos mains.

— Détrompez-vous, monsieur : quand je faisais une de ces sortes d'affaires, j'avais toujours soin d'en prévoir les résultats et d'en arrêter les suites. On a trouvé de la paille dans la chambre de la rue Montorgueil. Eh bien! si Genevey avait succombé, je l'aurais coupé par morceaux, puis à l'aide de cette paille que j'avais apportée exprès et d'une toile, je l'aurais emballé dans une malle. Cette besogne terminée, j'aurais été louer, à quelques lieues de Paris, une petite maison avec un jardin, et là, l'eau en ébullition pendant vingt-quatre heures aurait entièrement décomposé le corps, le feu aurait ensuite complété l'œuvre de destruction en réduisant le tout en cendres que j'aurais aussi fait disparaître, soit en les jetant, dans un trou creusé dans le jardin, soit en les mêlant aux terres. Vous voyez bien qu'alors j'aurais pu défier toutes les polices du monde et vous-même de découvrir le moindre indice du crime. D'ailleurs, chacun aurait connu la disparition du garçon de banque sans en soupçonner la cause, et vous le premier, vous auriez pensé avec bien d'autres que ce garçon s'était enfui pour s'approprier la somme dont il était porteur. Du reste, monsieur Canler, depuis que vous m'avez raconté les recherches que vous aviez faites pour me découvrir, j'ai fait de graves réflexions qui m'ont tout naturellement amené à reconnaître que j'avais eu le plus grand tort de prendre un second dans cette affaire comme dans celle du passage du Cheval-Rouge. J'aurais parfaitement fait ma besogne seul, je l'aurais certes mieux faite, car je n'aurais pas manqué Genevey qui ne doit la vie qu'à la poltronnerie de François, qui s'est enfui aux premiers cris de ce jeune homme. J'aurais alors eu une douzaine de mille francs, qui, me permettant de vivre pendant trois ou quatre ans sans avoir besoin de recourir à de pareils moyens, m'auraient donné la facilité de déjouer toutes les recherches.

D'un autre côté, si je n'avais pas eu François pour complice, il n'aurait pas pu vous faire de révélations, en allant avec vous de Sainte-Pélagie à la préfecture. Si Avril n'avait pas participé avec moi au meurtre de la mère et du fils Chardon, je n'aurais pas besoin, pour me venger des démarches qu'il a faites avec vous, de me déclarer l'auteur du double assassinat du passage du Cheval-Rouge, et de porter ma tête sur l'échafaud, afin d'entraîner dans ma perte celui qui m'a trahi. Je suis obligé, ajouta-t-il en riant, d'avouer que, dans ces deux circonstances, je me suis conduit comme un véritable conscrit ! Et c'est d'autant plus sot de ma part que déjà je m'étais bien trouvé d'agir seul : je n'aurais pas dû l'oublier.

— Comment cela ?

— Oh! ce sont des affaires passées et qui sont tombées dans l'oubli.

— Vous le croyez, peut-être !

— J'en suis certain. Mais comme j'ai été seul en jeu dans ces circonstances, je puis bien vous les raconter, car elles ne compromettent personne et vous prouveront que lorsqu'on a son libre arbitre on est toujours plus à l'aise soit pour agir, soit pour s'arrêter à temps.

Lorsque j'étais à Lyon, j'allai un soir aux Brotteaux faire une orgie avec quelques camarades, que je quittai vers deux heures du matin. Je revenais seul à mon domicile, lorsqu'en passant sur le pont Morand, je rencontrai un monsieur fort bien mis et sur le gilet duquel brillait une grosse chaîne. Sa démarche était un peu trébuchante ; je m'approchai de lui, nous étions seuls sur le pont, et, n'entendant aucun bruit, d'une main je le saisis à la gorge, et de l'autre je lui enlevai prestement sa chaîne et sa montre, ainsi que son portefeuille, placé dans la poche de côté de sa redingote, et qui, par parenthèse, contenait cinq billets de banque de mille francs ; puis, profitant de la suffocation que je lui avais fait éprouver, je le pris aussitôt à bras le corps et le précipitai dans le Rhône où il disparut. Je n'ai jamais su quel était cet homme dont je ne m'occupai plus, car j'avais opéré seul et je n'avais par conséquent rien à redouter.

Une autre fois, peu de temps après ma sortie de la prison de Poissy, je vins habiter Paris, et, comme je possédais une petite somme d'argent, j'allai au Palais-Royal tenter la fortune dans une maison de jeu. En quelques minutes je fus à sec. A côté de moi se trouvait un jeune homme que la chance favorisait d'une manière toute particulière, car chaque fois qu'il plaçait soit sur la rouge, soit sur la noire, il gagnait; aussi à dix heures du soir se retirait-il avec une dizaine de billets de banque de mille francs. En le voyant partir, il me vint subitement l'idée de le suivre, de le tuer et de m'emparer ensuite de ses billets de banque; mais je réfléchis bientôt que l'heure peu avancée de la nuit ne me permettrait pas de mettre mon projet à exécution avec succès. Je me dis mentalement : partie remise n'est pas perdue. Le lendemain et jours suivants, j'étais, dès neuf heures du soir, installé au tapis vert, en attendant un nouveau favori de la fortune, qui, se retirant après minuit, me donnât chance de réussite. J'en étais à ma huitième soirée d'attente lorsque vers minuit je vis arriver un monsieur qui se plaça en face de moi. Il déposa un billet de cinq cents francs sur la rouge, il gagna et continua de gagner, si bien qu'à une heure du matin il plaçait dans son portefeuille trente billets de mille francs, puis se retirait sans mot dire. Je le suivis. Arrivé rue Blanche, dans un endroit assez obscur, je m'approchai de l'heureux joueur, et, levant un poignard sur lui, je le menaçai de l'en frapper s'il proférait une seule parole. Ce pauvre diable ne dit mot, car il était plus mort que vif; j'allais m'emparer sans difficulté de l'objet de ma convoitise, lorsque nous entendîmes les pas cadencés d'une patrouille qui se dirigeait vers nous. Le courage lui revint aussitôt et il se mit à crier de toutes ses forces au secours! à l'assassin! Je n'eus que le temps de prendre la fuite au plus vite pour ne pas tomber entre les mains de la garde. J'étais seul et je m'échappai, heureusement; si j'avais eu un complice, il m'aurait préoccupé, par conséquent gêné dans ma course, et peut-être alors l'un de nous deux eût-il payé de sa liberté un moment de maladresse. L'insuccès de cette affaire me donna à réfléchir, et je renonçai à ce moyen que j'avais d'abord cru infaillible, mais qui présentait trop de dangers dans son exécution.

J'avais écouté, sans l'interrompre, cet être si froidement criminel; les réflexions s'étaient succédé dans mon esprit, et, résumant le fond de ma pensée, je lui dis :

— Mais savez-vous, Lacenaire, qu'il est heureux pour l'humanité qu'il se trouve dans la société peu d'hommes comme vous?

— Vous voulez dire, me répondit-il, que cette société à laquelle j'avais déclaré la guerre, et que j'ai si longtemps poursuivie d'une haine implacable, sera fort heureuse de voir rouler ma tête? Je le sais! Elle m'a vaincu, il est bien juste que je subisse la loi du talion.

Un autre jour, je l'engageais à faire des révélations relatives aux crimes qu'il avait pu commettre avec des complices, où à ceux dont les détails seraient parvenus à sa connaissance.

— Vous rendriez, lui dis-je, un grand service à la société, qui certes vous en serait reconnaissante.

— Et pourquoi voulez-vous que je cherche à mériter la reconnaissance de la société? N'ai-je pas été son cruel ennemi? Ne lui ai-je pas fait une guerre acharnée? Ne l'ai-je pas poursuivie par tous les moyens qui étaient en mon pouvoir? Non, non! Si jamais je faisais des révélations, ce serait pour être utile à la police, qui s'est montrée pleine de bons soins pour moi, ce dont je lui suis infiniment obligé; et encore, pourquoi le ferais-je? Cela changerait-il quelque chose à ma position? Non; et d'ailleurs, je préfère emporter dans ma tombe l'estime des malheureux que la misère, la souffrance ou l'ingratitude de la société ont jetés dans la voie que j'ai moi-même parcourue.

Je répliquai que les motifs qu'il donnait pour excuser les crimes ne pouvaient être acceptés, qu'il était de la dernière évidence que les vices engendraient seuls les coupables, qui demandaient alors au crime plutôt qu'au travail les moyens, ou de se procurer un bien-être dont ils sont indignes, ou de satisfaire leurs passions.

— Je ne veux pas discuter avec vous, me répondit-il; mais du reste, n'espérez rien tirer de moi. Je vous ai fait connaître mon opinion au sujet de la délation, je ne m'en départirai jamais.

Lacenaire et Avril étaient condamnés à mort; quelques jours encore, et leur tête allait tomber. Par un de ces mouvements de l'âme impossible à définir, ces deux hommes, qui s'étaient assez haïs pour se perdre l'un par l'autre, se réconcilièrent sincèrement, et, pour célébrer cette réconciliation, on les fit dîner ensemble. Entre autres mets, on leur servit un poulet rôti, et, comme il en découpait les cuisses, Avril, voyant le sang jaillir sur son couteau, s'écria : Tiens ! il n'est pas assez cuit, vois donc, Lacenaire, voilà du sang.

— Eh bien ! répondit Lacenaire, est-ce que le sang te ferait peur par hasard?

Et ils se mirent à plaisanter sur le sang qu'ils avaient répandu et sur le leur qui allait bientôt couler. Atroces plaisanteries qui prouvaient la froide cruauté de ces deux misérables !

Le 9 janvier 1836, ils furent transférés à la prison de Bicêtre ; ils en devinèrent parfaitement les motifs et se dirent : Ah ! ah ! il paraît que ça va bientôt finir. En effet, le soir même je montai en fiacre avec le chef du service et mon secrétaire. Nous avions mission d'annoncer aux condamnés que le jour de l'exécution était fixé au lendemain, mais que, s'ils avaient quelques révélations à faire, on leur accorderait un sursis. C'était pousser l'homme dans ses derniers retranchements, et faire luire à ses yeux le mirage d'une prolongation indéterminée d'une vie dont le erme était fixé.

Avril fut amené au greffe. Le chef du service lui annonça quel était le but de notre visite, et Avril, avec sa nonchalance ordinaire, se borna à répondre :

Je n'ai rien à dire. Lacenaire fut amené à son tour ; il entra, comme toujours, le sourire sur les lèvres en nous disant :

— Ah ! bonsoir, messieurs, comment vous portez-vous ?

— Lacenaire, lui dit M. Allard, je suis chargé par M. le procureur général et M. le préfet de police de vous demander si vous n'avez point quelques révélations à faire.

Mais, en disant ces mots, le chef du service était devenu d'une pâleur extrême, et sa bouche balbutiait plutôt qu'elle ne prononçait ces paroles, qui, dans cette circonstance, équivalaient presque à un arrêt de mort.

— Ah ! ce n'est que cela ? interrompit Lacenaire qui avait remarqué son trouble, rassurez-vous, monsieur ! vous venez m'annoncer que c'est pour demain, n'est-ce pas ? Eh bien, autant demain qu'après, puisqu'il faut toujours en venir là. Cela fait que j'en serai plus tôt débarrassé.

Puis, après avoir échangé avec nous quelques paroles insignifiantes, il nous dit au moment de nous quitter : — Ah ! ça, messieurs, j'espère bien que j'aurai l'honneur de vous voir demain matin à la barrière Saint-Jacques ? Nous lui fîmes un signe de tête et il fut reconduit à sa cellule. Quelques minutes après, en traversant la cour pour rejoindre notre voiture, une voix bien connue vint frapper nos oreilles : c'était celle de Lacenaire qui, occupant un cabanon situé sur la cour et contigu à celui d'Avril, causait avec son complice d'une cellule à l'autre.

— Dis donc, Avril, disait Lacenaire, j'ai oublié de dire quelque chose à M. Allard, si je le faisais demander?

A ces mots, nous nous arrêtâmes pour entendre leur conversation.

— Eh bien, reprit l'autre, fais-le appeler; il ne peut être loin.

— Ah! bah! ce n'est pas la peine, autant que ce soit fini tout de suite.

Puis un instant après, s'adressant encore à son complice, il lui cria d'une voix forte :

— Avril! la terre sera bien froide demain!

— C'est vrai! répondit celui-ci.

Et un instant de silence suivit ces mots.

— Père Thomas! reprit Avril en s'adressant au gardien chargé de le veiller pendant la nuit, je vous donne bien du mal, n'est-ce pas, mon vieux?

— Ah! que veux-tu, mon garçon, c'est mon état, à moi!

La conversation n'alla pas plus loin, car Lacenaire, s'adressant de nouveau à son complice, lui cria : Bonsoir, Avril, bonne nuit!

— Bonsoir, Lacenaire! répondit l'autre.

Puis tout rentra dans le silence, et nous nous retirâmes fort émus d'avoir entendu un pareil dialogue de la part de deux hommes qui, dix heures plus tard, devaient mourir de la main du bourreau.

Le lendemain, la voiture qui les conduisait n'arriva au lieu de l'exécution qu'à huit heures trois quarts, par suite du mauvais état des chemins. Voici en quels termes la *Gazette des Tribunaux* rendit compte de cette double expiation :

« A neuf heures moins un quart, le funèbre cortège est arrivé au pied de l'échafaud qui avait été dressé à une heure après minuit à la lueur des torches. Lacenaire descend brusquement de la voiture, la pâleur de son visage est effrayante, son regard est vague et incertain, il balbutie et semble chercher des paroles que sa langue se refuse à articuler ; Avril descend après lui d'un pas leste et décidé, et jette un regard tranquille sur le public ; toujours résigné, il s'approche de Lacenaire et l'embrasse. — Adieu, mon vieux, lui dit-il, je vais ouvrir la marche ! Il monte d'un pas ferme les degrés de l'échafaud, on l'attache sur la planche fatale, il se retourne encore et dit : Lacenaire, mon vieux, allons, du courage ! imite-moi ! C'est sa dernière parole et le couteau fait rouler sa tête sur les planches de l'échafaud. Pendant cet horrible moment, Lacenaire est au pied de l'escalier, M. l'abbé Montès cherche à détourner son attention de l'effroyable spectacle qu'il a devant les yeux... — Ah ! bah ! répond Lacenaire d'une voix atterrée... En vain cherche-t-il à faire croire à une assurance qu'il n'a pas. — Monsieur Allard est-il là ? demande-t-il d'une voix de plus en plus éteinte. — Oui, lui répond M. Canler, sous-chef au service de sûreté... — Ah ! j'en suis... bien aise... Il avait annoncé qu'il parlerait au peuple ; mais il n'en a plus la force ; ses genoux fléchissent, sa figure est décomposée, il monte les degrés, soutenu par les aides de l'exécuteur et le coup fatal a bientôt mis fin à ses angoisses et à sa vie. »

Dans le récit de la *Gazette des Tribunaux*, tout qui concerne Avril est de la plus grande exactitude, mais il n'en est pas de même pour ce qui se rapporte à Lacenaire. J'ai vu et entendu tout ce qui s'est fait, tout ce qui s'est dit au moment de l'exécution, car j'étais un des témoins les plus rapprochés de l'échafaud et des patients, auxquels j'ai parlé; tout ce sinistre épisode est resté gravé dans ma mémoire d'une manière ineffaçable, et en voici la narration exacte et fidèle :

Lacenaire descendit lestement de la voiture, embrassa Avril, et, m'ayant aperçu à sa droite me salua gracieusement de la tête, puis me dit : Ah! vous voilà! bonjour, monsieur Canler, c'est bien à vous d'être venu! M. Allard est-il là? — Oui, lui répondis-je. Pendant ce colloque, sa physionomie était souriante et ne dénotait aucune préoccupation d'anxiété; Avril monta hardiment les degrés de l'échafaud; quand il fut attaché sur la planche fatale, il jeta la tête en arrière et cria d'une voix forte : Adieu, mon vieux Lacenaire! du courage! A quoi Lacenaire répondit d'une voix pleine et énergique : Adieu, adieu! Le sieur Desmarest, exécuteur des hautes œuvres à Beauvais, beau-frère de celui de Paris, qu'il était venu assister dans cette double exécution, s'approcha alors de Lacenaire, et le prenant par les épaules, le força à se retourner pour qu'il ne pût voir l'instrument de supplice ; Lacenaire céda à l'impulsion, mais, se retournant aussitôt, il leva de nouveau la tête pour regarder l'horrible scène qui se passait derrière lui, il contempla le couteau suspendu sur la tête de son complice, y jeta deux fois les regards en signe de défi, en disant : Je n'ai pas peur ! va ! je n'ai pas peur ! et ce ne fut que par la force qu'on le contraignit à se retourner de nouveau. Bientôt, il monta lui-même d'un pas assuré les marches de l'échafaud, et une seconde après il n'existait plus.

Je dois, pour rendre hommage à la vérité, expliquer la contradiction qui existe entre l'article de la *Gazette des Tribunaux* et ma narration.

La façon excentrique dont Lacenaire s'était posé pendant l'instruction et les débats lui avait acquis une déplorable célébrité, par suite de la persistance que la presse apportait chaque jour à attirer sur ce grand criminel la curiosité des lecteurs. Les paroles rapportées, la publication des vers qu'il avait composés, l'annonce de l'impression prochaine de ses mémoires, tout cela pouvait être d'un exemple aussi fâcheux que contagieux pour certains caractères enclins à se croire méconnus dans la société, et poursuivis par la funeste idée d'arriver à se faire une célébrité de quelque nature que ce fût. Aussi cette considération détermina l'autorité à vouloir, avec raison, dans l'intérêt de la morale, que Lacenaire, le grand criminel, le grand assassin, l'homme qui s'était fait un jeu de la vie de ses semblables et qui avait répandu leur sang avec une froide cruauté, que Lacenaire, dis-je, parût avoir faibli dans ses derniers moments, et que le public crût qu'il était mort en lâche.

La *Gazette des Tribunaux* avait chargé un homme de lettres, étranger à sa rédaction, de faire le compte rendu de l'exécution ; mais cette personne, n'ayant pu approcher de l'échafaud, avait prié un employé au journal de prendre à la préfecture des informations qui lui furent données de telle sorte que l'article fut rédigé dans le sens qu'on désirait.

Tels sont les faits que je n'ai pas cru pouvoir me dispenser de faire connaître, attendu qu'en me décidant à raconter mes souvenirs, je me suis imposé la loi d'être véridique, et que les motifs qui avaient engagé l'autorité à altérer la vérité n'existent plus aujourd'hui. Vingt-cinq ans se sont écoulés depuis cette sinistre affaire, depuis l'époque où la spéculation s'était emparée des faits et gestes de ce grand coupable pour les livrer à l'avide curiosité publique, sans se demander si ce n'était pas dresser un piédestal au crime que de raconter les actes et les paroles d'un scélérat avec le soin minutieux qu'on ne devrait apporter que lorsqu'il s'agit du compte rendu de la réhabilitation d'un innocent, victime d'une fatale erreur.

XXXIX

DÉBUTS DE LACENAIRE

Lacenaire, ce grand criminel, avait été élevé dans une maison de jésuites située à Alix, près de Villefranche (Rhône) ; c'était le plus fort élève de sa classe. A dix-sept ans, il quittait cet établissement où il avait laissé de bons souvenirs et un grand nombre d'amis. On ne savait ce qu'il était devenu lorsqu'on le vit tout à coup rendre visite à plusieurs de ses condisciples, sortis à leur tour du collège, et qui le recevaient très amicalement. Du reste, jusque-là, il n'avait jamais laissé apercevoir aucun penchant au mal. Dans une de ses excursions, il se présenta au château des Ardillots, près Beaujeu (Rhône), pour rendre visite aux deux frères Lou..., ses amis de pension. Ceux-ci étant absents, il lui vint à l'idée de mettre à contribution le curé de ce village, M. l'abbé Chuzeville, vieillard presque octogénaire, qui venait de toucher une somme de 60,000 francs, produit de l'héritage de son frère, chef d'escadron de cuirassiers en retraite, décédé à Grenoble.

M. Chuzeville était connu au loin pour son hospitalité ; il aimait un peu le jus de la vigne et avait une cave garnie des meilleurs vins du Beaujolais, dont deux ou trois verres suffisaient pour lui troubler la tête et lui faire perdre la mémoire. Lacenaire, qui connaissait ces particularités, se présenta à la cure étant porteur d'un pain de sucre et se disant l'ami des propriétaires du château des Ardillots. L'abbé le reçut avec son affabilité ordinaire et le fit rafraîchir ; ils trinquèrent, mais trinquèrent si bien, que la tête du vieux curé se troubla. Lorsque Lacenaire le vit en cet état, il lui dit qu'il était commis voyageur d'une raffinerie de sucre de Dijon, et qu'il voulait lui faire faire une excellente affaire en lui vendant du sucre à 60 centimes la livre. — Comment, dit M. Chuzeville, à 60 centimes ? Mais mon épicier est donc un fripon ? Il me le vend 1 fr. 10 ! Puis il ajouta : Oui, je crois que c'est une bonne affaire, j'en prendrai pour mes confrères et mes amis. Et aussitôt il fut convenu que Lacenaire enverrait pour douze cents francs de sucre pareil au pain qu'il avait apporté et qui resterait pour échantillon.

Le faux commis dit alors au curé que l'habitude de la maison qu'il représentait était de faire un règlement à échéance pour le prix de la marchandise à livrer. Lacenaire, qui voyait son interlocuteur dans un état voisin de l'ivresse, lui fit souscrire un billet de 1,200 francs, puis un second et un troisième de même somme, à des échéances distancées. Le vieux curé en aurait fait dix sans la moindre observation.

La livraison du sucre n'arriva pas, mais le premier billet présenté fut payé, quoique l'abbé eût entièrement oublié cette affaire ; le second billet arriva. M. Chuzeville ne voulut pas le rembourser, prétendant qu'il n'était pas de lui ; il plaida, perdit et paya non seulement ce billet, mais encore le troisième. Le vieux curé qui ne pouvait se rémémorer ce qui s'était passé entre lui et Lacenaire, fut pendant plus d'une année dans une grande anxiété, craignant que de nouveaux billets ne continuassent à pleuvoir sur lui.

XL

1820-1830

LE SERRURIER ET LA FERMIÈRE

Dans une petite ville du Poitou habitait M. V..., ancien commerçant; qui était veuf depuis plusieurs années et père d'une fille unique. Mlle Clémentine était une brune aux yeux noirs et aux sourcils arqués; ses traits et son regard dénotaient des propensions aux passions ardentes. A dix-huit ans, elle était sortie du couvent pour épouser M. Gustave B..., fils unique d'un fermier millionnaire des environs. Gustave avait vingt-cinq ans, mais il était d'une faible constitution et d'une santé débile; aussitôt le mariage conclu, les époux partirent pour la ferme où, au grand regret de Clémentine, ils vécurent pendant deux ans dans l'isolement le plus complet.

Gustave, depuis quelque temps, s'était aperçu que la santé de sa femme déclinait chaque jour; il l'interrogea pour savoir ce qui pouvait être la cause de ce changement : « Mon Dieu, répondit-elle en pleurant, je m'ennuie de la vie monotone que nous menons ici. » B..., qui adorait sa femme, prit aussitôt la résolution de la conduire dans la capitale, où il espérait la guérir de sa mélancolie par les distractions qu'on y trouve.

En arrivant à Paris, ils s'installèrent dans un somptueux appartement de la Chaussée d'Antin, et bientôt les toilettes les plus à la mode, les spectacles, les bals, les promenades et les parties de campagne se succédèrent sans relâche, mais inutilement. Le mal de la jeune femme n'était pas là. Le mari se désespérait et ne savait plus que faire, lorsqu'un matin sa moitié sonna sa femme de chambre.

Celle-ci ne paraissant pas, elle sonna une seconde fois, mais avec tant de violence, que le fil de fer qui fait mouvoir la sonnette se brisa ; elle envoya chercher un serrurier pour le raccommoder. Le maître-serrurier se fit remplacer pour cette besogne par Adrien, l'un de ses ouvriers. Celui-ci était un homme d'une trentaine d'années, portant une longue barbe noire ; il était grand et taillé en hercule ; sa figure, quoique très belle, annonçait la stupidité. Mme B..., à la vue de cet ouvrier, éprouva un sentiment d'autant plus vif, qu'il était depuis longtemps comprimé. Lorsqu'Adrien eut terminé son ouvrage, elle lui dit : « Monsieur, j'ai perdu la clef de mon secrétaire, et je désire que vous m'en fassiez une autre. »

Pendant qu'Adrien démontait la serrure du meuble, il prit à la jeune femme une crise nerveuse ; elle jeta un cri et tomba sans connaissance dans un fauteuil. Le serrurier appela du secours, mais, personne ne paraissant, il prit Mme B... dans ses bras et la déposa sur son lit, coupa les lacets de son corset avec son couteau, et, lorsqu'il la vit respirer plus librement, il lui fit prendre une petite dose d'un spécifique, puis une seconde dose, qui lui fit reprendre ses sens.

Alors elle ouvrit ses beaux yeux, jeta un tendre regard sur Adrien et lui dit de sa voix la plus douce : « Ah! monsieur, vos soins m'ont rappelée à la vie! » A partir de ce moment, Mme B... retrouva toute sa gaieté, et Adrien devint son protégé. M. B... était enchanté de l'heureuse métamorphose qui s'était opérée chez sa femme et s'applaudissait de l'avoir amenée dans la capitale. La protectrice d'Adrien savait que sa position n'était pas heureuse : elle vint à son secours. Mais, pour ne point être remarquée dans sa bonne œuvre, elle ne se rendait chez le serrurier qu'à nuit close, vêtue d'une robe très simple et coiffée d'un bonnet de linge.

Une année se passa ainsi, à la satisfaction du mari, de l'épouse et du serrurier : mais, comme dit le proverbe, tout doit avoir une fin en ce monde.

Clémentine, qui commençait à s'ennuyer de cette vie, qu'elle avait trouvée si délicieuse d'abord, ne tarda pas à cesser ses visites à Adrien, qui, après avoir attendu sa bienfaitrice pendant huit jours, se décida à aller la voir sous un prétexte, pour connaître le motif qui l'avait privé si longtemps de sa présence.

En arrivant près de son domicile, il la vit sortir et s'approcha d'elle en lui adressant quelques paroles de reproche. Mais le mari, qui venait rejoindre sa femme, arriva assez à temps pour entendre les derniers mots du serrurier. M. B... lui appliqua sur les épaules un violent coup de canne. Adrien se retira sans prononcer une parole ; les deux époux remontèrent dans leur appartement où ils eurent une scène des plus violentes.

La jeune femme pensa alors qu'elle devait cesser toutes relations avec Adrien ; mais connaissant sa tenacité et sachant que ni la raison ni la persuasion ne pourraient jamais lui faire comprendre la position qu'il lui avait faite vis-à-vis de son mari, elle rumina un moment et sa résolution fut bientôt prise. Elle alla trouver un des principaux chefs de la préfecture de police auquel elle se plaignit d'être sans cesse suivie et obsédée des importunités d'un ouvrier serrurier qu'elle ne connaissait pas ; elle disait avoir appris par son concierge qu'il travaillait rue Chantereine.

L'homme de police promit qu'il y mettrait bon ordre et invita la plaignante à revenir le voir pour lui donner communication du résultat de ses démarches. Mme B..., enchantée de ce succès, décida son mari à retourner pour quelque temps à la ferme. Le lendemain, le pauvre serrurier était arrêté et conduit au Dépôt ; la jeune femme ayant été informée de cette circonstance, partit incontinent avec son mari, et lorsqu'après trois jours de prison Adrien fut relâché, il apprit que sa bienfaitrice se dirigeait en chaise de poste vers la province.

Quelques années plus tard, je rencontrai le pauvre

serrurier, qui me dit qu'il s'était marié, et que le mari de Mme B... était décédé. Il me raconta en pleurant tous les détails de cette affaire ; puis il me quitta en me disant : « Je n'oublierai jamais les bontés que cette femme exceptionnelle a eues pour moi. »

XLI

FIESCHI, PEPIN, MOREY ET NINA LASSAVE

Après la révolution de 1830, sept préfets de police se succédèrent en moins de quinze mois, c'est-à-dire du 30 juillet 1830 au 15 octobre 1831, époque à laquelle M. Gisquet prit possession de la préfecture de police. Le nouveau préfet eut à lutter contre les menées des carlistes et des autres partis qui fomentèrent des émeutes dans les rues de Paris. Pendant la période qui s'écoula de 1831 à 1836, M. Gisquet rendit de grands services au gouvernement. Après bien des tiraillements, la tranquillité des rues de la capitale paraissait enfin rétablie pour longtemps ; aussi, le 28 juillet 1835, le roi Louis-Philippe, à l'occasion de l'anniversaire des journées de juillet 1830, passait la garde nationale en revue sur les boulevards ; la foule se pressait agitée et tumultueuse derrière les gardes nationaux. Cependant tous les fronts n'étaient pas joyeux, tous les cœurs n'étaient pas exempts d'inquiétude, et un esprit observateur eût pu remarquer au milieu de cette foule un homme, un officier de paix, M. Tranchard, qui, depuis la veille, 27, à onze heures du soir, surveillait le boulevard avec huit agents de police et interrogeait du regard toutes les fenêtres.

La police avait été informée qu'on avait construit une machine infernale destinée à tuer le roi, que cette machine devait être placée dans une des maisons du boulevard Saint-Martin près le théâtre de l'Ambigu, et qu'elle devait faire explosion lorsque le roi passerait et envelopper un grand nombre de personnes dans le désastre qu'elle occasionnerait.

Pour empêcher cet attentat, on avait établi sur ce boulevard une surveillance qui n'eut aucun résultat, puisque, comme tout le monde le sait, la machine, placée dans une maison du boulevard du Temple, éclata en faisant un grand nombre de victimes, sans atteindre Louis-Philippe qui restait debout au milieu des morts et des blessés.

Pendant le premier moment de trouble, l'auteur du forfait avait utilisé les instants en cherchant à prendre la fuite par le derrière de la maison, où il fut arrêté. Il refusa de faire connaître son nom, mais le 2 août on apprit à la préfecture qu'il s'appelait Fieschi.

Aussitôt on fit des recherches dans les sommiers judiciaires, dans les bureaux de la deuxième division, et là on trouva qu'il existait depuis quelque temps un mandat d'amener décerné par un juge d'instruction contre Fieschi, inculpé d'escroquerie au préjudice du Trésor, et que ce mandat m'avait été remis pour le faire mettre à exécution.

J'étais parti la veille à dix heures du soir, fort tranquillement, de mon bureau, car j'ignorais complètement cette particularité ; mais le lendemain à six heures du matin arrivait chez moi un de mes agents :

— Il paraît, me dit-il, que l'individu qui a fait le coup du boulevard du Temple est un nommé Fieschi, contre lequel vous avez depuis longtemps un mandat d'amener ; M. le préfet et M. le procureur général veulent savoir pourquoi vous n'avez pas fait arrêter cet homme.

Je compris parfaitement l'importance de cette question et je calculai à l'instant la responsabilité énorme qui aurait pesé sur moi, si par ma négligence j'avais été la cause indirecte et bien involontaire de ce crime.

A vrai dire, le délit, objet du mandat, n'avait pu fixer plus spécialement mon attention que les cent ou cent cinquante autres mandats ou jugements que je recevais chaque mois de la justice, et qui, en attendant leur exécution, étaient serrés dans un tiroir fermé à clef. Heureusement je m'étais occupé d'une manière sérieuse de la recherche du coupable ; six rapports annexés au mandat constataient les démarches faites, 1° à Croulebarbe, demeure de Fieschi ; 2° près de la femme Laurence Petit, sa concubine, qu'il avait abandonnée ; 3° près de M. C***, ingénieur, protecteur de l'inculpé.

Le mandat et les rapports furent remis immédiatement au préfet de police, qui en prit connaissance et acquit ainsi la certitude que je n'avais rien négligé.

Peu de jours après, on apprit que les canons de fusil qui avaient servi à confectionner la machine infernale avaient été d'abord placés dans une malle et transportés par le commissionnaire Dubronet dans la chambre de la nouvelle maîtresse de Fieschi, la fille Nina Lassave, dont on ne pouvait parvenir à découvrir la demeure. Le commissionnaire était un garçon picard, chez lequel la force avait remplacé l'intelligence, et qu'on pouvait justement comparer à ces bêtes de somme qui transportent un fardeau sans savoir ni pour qui, ni dans quel endroit. Interrogé sur la course qu'il avait faite, il répondit qu'il avait porté une malle dont il ignorait le contenu, dans une chambre à l'étage supérieur d'une maison du quartier de l'Hôtel de ville, mais il ne put ni indiquer la rue, ni désigner la personne chez laquelle il était allé. On confia cet homme aux soins des agents Bouveret et Schacherer qui, placés sous la direction de M. Milliet, commissaire de police, furent chargés de retrouver la maison où la malle avait été déposée.

A cette époque, le quartier de l'Hôtel de ville était couvert de petites rues qui n'existent plus aujourd'hui, et qui alors se ressemblaient toutes, car toutes étaient étroites et sales, véritable labyrinthe où l'honnête et intelligent commissionnaire se perdait, et dont ce dédale inextricable de ruelles achevait de dérouter la faible imagination et les souvenirs confus.

Depuis deux jours, les recherches se faisaient sans

succès, les inspecteurs et leur indicateur avaient parcouru vingt fois toutes les rues qui avoisinent l'Hôtel de ville, et devant chaque maison les premiers avaient dit à celui-ci : Est-ce là ? et chaque fois l'enfant de la Picardie avait répondu : Non, je ne crois pas, ce ne doit pas être là. Les agents, fatigués et perdant tout espoir de réussite, vinrent rendre compte de leurs démarches infructueuses. J'étais dans le cabinet du chef du service lorsqu'on lui fit ce rapport verbal. — Vous devriez, lui dis-je, me donner cela, vous savez que j'ai la main assez heureuse, et peut-être, si je m'en mêlais parviendrais-je à trouver.

— Je le souhaite, me répondit-il, allez et faites pour le mieux.

Nous partîmes de la préfecture, les inspecteurs, Dubronet et moi, et nous nous dirigeâmes vers l'Hôtel de ville. En arrivant au coin de la rue du Long-Pont, je demandai aux inspecteurs s'ils avaient parcouru cette rue. — Certainement, répondit l'un d'eux, et plusieurs fois encore ! — Et nous passâmes outre. Nous allâmes dans tout le quartier, nous arrêtant devant chaque maison et obtenant toujours la même réponse de notre commissionnaire. Mes inspecteurs commençaient peut-être à se réjouir intérieurement de l'insuccès de mes recherches, lorsque je résolus de continuer mes investigations sans la présence du commissionnaire ; mais, avant de le faire conduire au poste le plus voisin, je lui adressai une dernièr question :

— Dans la rue où vous avez porté la malle, voyait-on une église ?

— Non, monsieur, je ne me rappelle pas ! me répondit-il.

(A ce moment nous nous trouvions sur le quai, en face la rue du Long-Pont, à l'extrémité opposée de laquelle se dessinait le portail de l'église Saint-Gervais).

N'obtenant de Dubronet que des réponses négatives, je chargeai mes agents de le consigner au poste du marché Saint-Jean, et leur recommandai de venir promptement me rejoindre.

Pour s'éloigner, ils prirent par la rue du Long-Pont, et à peine avaient-ils fait une centaine de pas, que l'inspecteur Bouveret accourut m'avertir que le commissionnaire venait de reconnaître la maison numéro 11 pour être celle où il avait porté la malle. Les quelques mots que je lui avais dit au sujet de l'église avaient suffi pour préciser et déterminer ses souvenirs.

Je m'empressai de me rendre à la maison désignée, où je trouvai Dubronet et Schacherer qui m'attendaient dans la cour. Le concierge nous dit que depuis quelques jours demeurait au quatrième une jeune fille répondant parfaitement au signalement que je donnais, et que, du reste, il reconnaissait notre commissionnaire pour avoir apporté une malle chez sa locataire. Je montai à l'étage indiqué, je frappai, l'on ne me répondit pas ; j'appelai, et le même silence continua ; regardant alors par le trou de la serrure, je vis une robe étalée sur le lit qui se trouvait en face de la porte. Je pensai tout aussitôt que Nina Lassave s'était suicidée, et j'allais descendre pour envoyer requérir l'assistance d'un commissaire de police afin de faire ouvrir la porte, lorsque je vis une jeune fille sortir d'un cabinet situé entre le troisième et le quatrième étage. A sa figure, je la reconnus facilement pour être la personne à laquelle j'avais affaire ; aussi, m'avançant vers elle : N'êtes-vous pas, lui dis-je, mademoiselle Nina Lassave ? — Oui, monsieur, répondit-elle ; je vois ce que c'est, vous venez pour m'arrêter. Il est fâcheux pour moi que vous soyez venu aujourd'hui, car j'avais l'intention d'en finir ce soir et *de me périr*, soit avec du poison, soit en me jetant à l'eau. J'entrai dans sa chambre ; la malle en question était auprès du lit. J'avais enfin atteint le but de mes recherches ! Je laissai Nina Lassave sous la garde de mes deux agents et j'allai tout de suite prévenir M. Joly, chef de la police municipale, de la capture que je venais de faire. Après m'avoir complimenté sur l'importance de la prise que j'avais opérée, il ajouta : « Cette arrestation, voyez-vous, va donner à la justice la clef de toute cette affaire et jeter un jour tout nouveau dans ses investigations. »

En effet, ce ne fut qu'après la confrontation de Nina Lassave avec Fieschi que celui-ci se décida à parler et que Pepin et Morey furent arrêtés.

Je quittai M. Joly et retournai rejoindre mes deux agents. En attendant le commissaire de police que j'avais envoyé requérir pour procéder à une perquisition dans la chambre et dresser procès-verbal, je causai avec Nina Lassave et lui demandai, entre autres choses, si elle était bien attachée à Fieschi.

— Moi ? fit-elle, je n'ai jamais pu le sentir ! Je dirai plus, je n'ai jamais éprouvé que de la répugnance pour lui.

— Cependant vous étiez sa maîtresse ?

— Ah ! cela, c'est toute une histoire et qui déjà remonte à longtemps. Fieschi était l'amant de ma mère, et pour cette cause je le détestais franchement ; mais nous vivions tous ensemble, et il fallait bien en passer par là ou quitter ma mère, et je ne le voulais pas. Souvent Fieschi m'avait entretenue de son amour, et, profitant des sorties de ma mère, il m'avait pressée de me livrer à lui, mais j'avais toujours repoussé ses propositions et j'espérais l'avoir dégoûté par mes refus continuels, lorsqu'un jour, à la suite d'une querelle qu'ils avaient eue ensemble, ma mère s'absenta pour vingt-quatre heures. Je me trouvai seule avec lui. Pour m'inspirer plus de confiance, il ne me parla pas de sa passion de toute la journée. Le soir, sur les neuf heures, j'allai me coucher comme d'habitude : ma chambre était au rez-de-chaussée, la fenêtre donnait sur la cour. Je fermai ma porte à double tour et je me mis au lit. Vers minuit, je fus réveillée en sursaut : quelqu'un frappait à ma croisée. — Qui est là ? criai-je sans me lever.

— C'est moi, ma petite Nina, répondit Fieschi, ouvre-moi vite, je t'en prie, ouvre-moi ! Sur mon refus et la menace d'appeler du secours, il se retira silencieusement. Je crus en être quitte pour la peur, mais grande était mon erreur, car, vers une heure du matin, je fus de nouveau réveillée par le bruit que produisaient en tombant par terre les débris d'un des carreaux de la fenêtre, puis je vis un bras passer par cette ouverture, ouvrir l'espagnolette, et enfin Fieschi sauter dans ma chambre. Tout cela s'était fait si rapidement que je n'avais pas eu le temps de me lever, et, muette de saisissement, je me trouvai à sa discrétion. J'eus beau chercher à me défendre, il fallut céder, et, à partir de cette nuit, malgré mes pleurs et mes supplications, je dus être sa maîtresse! Il m'aime éperdument et peut-être aurait-il su me rendre heureuse si j'avais répondu à son amour; mais, comme je vous l'ai dit, je n'ai jamais eu que de la répugnance et de la haine pour lui : le corps a cédé, mais le cœur s'est toujours révolté.

Morey et Pepin furent arrêtés, et, quelques jours après, ce dernier fut extrait de sa prison sur un ordre du juge d'instruction et confié aux mains de M. Milliet, commissaire de police, et de deux agents pour être chez lui afin de le faire assister à la vidange de la fosse d'aisances, dans laquelle on pensait qu'il avait pu jeter des armes ou des papiers compromettants. L'opération commença vers la fin de la soirée, et certes elle n'était pas des plus agréables. Le commissaire se tenait près des vidangeurs et examinait avec la plus scrupuleuse attention les matières qu'on retirait. Pepin était un peu plus loin, placé entre les deux agents. L'ouverture de la fosse se trouvait dans la cave, sous la boutique. Vers une heure du matin, Pepin remarqua que M. Milliet, uniquement occupé de ses recherches, ne s'inquiétait aucunement de lui ; il vit, en outre, que ses deux gardiens, cédant à la fatigue et aux émanations fétides qui se dégageaient, avaient succombé au sommeil. Alors réunissant tout son courage, il franchit en trois enjambées les seize marches qui le séparaient de sa boutique. Quand le commissaire et ses agents s'aperçurent de la fuite de leur prisonnier, ce dernier était déjà en lieu de sûreté, car il se cacha, et se cacha si bien, que toutes les recherches de la police furent infructueuses.

Cependant Pepin, comme tant d'autres, trouva un Judas pour le trahir, et le 14 septembre, le chef de la police de sûreté fut chargé par le préfet d'accompagner un délateur, un ami de Pepin, qui connaissait sa retraite et lui avait promis de lui porter un passeport pour fuir à l'étranger. J'étais de l'expédition avec une dizaine d'agents.

Le chef de la police de sûreté, le brigadier Fraudin et le délateur montèrent en voiture et partirent tous trois en éclaireurs ; les autres agents et moi, nous nous rendîmes au pont d'Austerlitz, en face la rue Lacuée, où des coucous loués à l'avance nous attendaient et nous transportèrent à Tournan, lieu fixé pour le rendez-vous. Nous y arrivâmes vers quatre heures de l'après-midi. Pendant ce temps, nos éclaireurs avaient été jusqu'au village de Saint-Germain-les-Couilly ; ils s'étaient aventurés un peu sur la route de la ferme de Belleyme, où Pepin se tenait caché; puis N***, le délateur, avait déclaré que le moment n'était pas propice et qu'il faudrait revenir dans quelques jours; tous trois nous avaient rejoints. Pour se donner une tournure et ne pas éveiller les soupçons, la plupart des agents avaient trouvé moyen de se munir de carniers et de fusils de chasse; mais cette tenue prédisposait encore aux conjectures, car les habitants de la petite ville ne savaient que penser de tous ces chasseurs ne chassant rien en apparence, puisqu'en réalité ils n'étaient venus que pour une chasse à l'homme. En conséquence, je proposai de renvoyer à Rosoy une partie des agents pour y coucher.

La chose étant convenue, j'appelai un de nos brigadiers, que je savais être sinon poltron, du moins peu courageux, et je lui dis :

— Il a été convenu que l'on passerait la nuit en surveillance dans les champs (à ces mots je vis un léger frisson courir par tous ses membres). Mais, continuai-je, comme on ne pourrait qu'éveiller des soupçons en restant tous ici, six suffiront pour la surveillance, et vous allez, avec les autres agents, retourner à Rosoy, vous y coucherez et vous nous y attendrez.

Notre poltron, enchanté de ne pas passer la nuit à la belle étoile, reprit à huit heures du soir la route de Rosoy et fit ses deux lieues, non seulement sans murmurer, mais encore satisfait de cette faveur. Le lendemain, nous les prîmes en passant et nous rentrâmes à Paris.

Mais on ne devait pas en rester là, et, à bien prendre, ce qui avait été différé n'était pas perdu, car le 18 du même mois, nous reçûmes l'ordre de nous rendre à Meaux et de n'y arriver qu'à dix heures du soir. A cet effet, nous allâmes louer à la porte Saint-Denis deux coucous qui allèrent nous attendre rue de Paradis-Poissonnière et nous nous mîmes en route. Le dénonciateur, cette fois, n'était pas avec nous. L'affaire était d'une haute importance pour la police. La première expédition ayant manqué, le préfet s'était réservé la conduite de celle-ci et avait gardé le délateur près de lui dans sa calèche. Un peu avant d'arriver à Claye, ils nous rattrapèrent et nous devancèrent sur la route; quant à nous, nous allions bien plus modestement que le fringant attelage du préfet, et, arrivées à Claye, les malheureuses haridelles, exténuées des efforts qu'elles avaient dû faire pour nous amener jusque-là, tombèrent, hors d'état de nous conduire plus loin, et nous dûmes prendre des chevaux de poste pour finir notre route. A dix heures du soir, nous faisions notre entrée dans l'ancienne capitale de la Brie, puis, descendant à l'hôtel de la *Herse d'or*, où le préfet était déjà, nous y soupions, et à minuit nous nous remettions en marche pour la ferme de Belleyme, située à environ dix kilomètres de Meaux. Les gendarmes de cette ville, qui avaient été requis par le préfet de police, nous accompagnaient.

Pepin avait été placé dans cette ferme par le meunier Collet, de Lagny, sous le prétexte que sa santé faible et chancelante demandait au grand air et à la tranquillité de la campagne une convalescence paisible et efficace ; plusieurs fois il avait reçu dans cette retraite la visite de N***, son dénonciateur.

Dans sa dernière visite, N*** avait promis à Pepin de lui apporter un passeport afin qu'il pût passer à l'étranger. Au lieu d'un passeport, il lui apportait la mort.

A une heure du matin, nous traversions Coupray, village à six kilomètres de Meaux, et là nous prenions un guide, le sieur Vavasseur, pour nous conduire au refuge de Pepin ; mais bientôt nous nous arrêtions au pied de la côte où est situé le village de Saint-Germain-les-Couilly, pour y laisser nos voitures et continuer notre chemin à pied sous la conduite de notre guide.

Pendant la courte halte que nous avions faite, le préfet s'était entretenu quelques instants en particulier avec le chef de la police de sûreté, qui vint ensuite me communiquer ce dont il avait été question entre eux.

— Croiriez-vous, me dit-il que M. le préfet veut absolument que j'aille à la ferme de Belleyme voir Pepin, en me présentant comme envoyé par N***, pour lui annoncer que le passeport qu'il attend n'est pas prêt, mais que ce ne sera qu'un retard de quelques jours ? Je vais peut-être me trouver là dans un coupe-gorge, car vous pensez bien qu'il n'est pas seul, et que s'il ne me reconnaît pas, ses complices le feront pour lui.

— Vous avez une chose fort simple à faire, lui répondis-je, retournez près du préfet, dites-lui que vous n'avez pas l'habitude de ces sortes d'expéditions et qu'en pareilles circonstances, c'est toujours moi qui opère ; de cette façon, on me chargera sans doute de la mission et j'irai à la ferme à votre place.

— Oh! non! je ne puis faire une pareille proposition. J'en subirai toutes les conséquences; mais, ajouta-t-il en me remettant son portefeuille, dites bien à ma femme et à mes enfants, si je ne reviens pas, que c'est pour eux que je me suis sacrifié.

Heureusement pour lui, notre guide se trompa de route et nous égara si bien, qu'après avoir marché pendant toute la nuit, nous nous trouvâmes le matin au point du jour au bord du chemin où nous dûmes nous arrêter pour nous orienter ; notre guide ne s'y reconnaissait plus.

Bientôt, à travers les brouillards du matin, M. le préfet, qui connaissait le plan de la ferme par ce que lui en avait dit N***, aperçut à notre droite une habitation assez importante, entourée de murs, et pensa que ce pourrait bien être la ferme que nous cherchions. Il fit appeler notre guide, qui, s'étant consulté avec N***, finit enfin par se reconnaître. Aussitôt, les gendarmes à cheval s'élancèrent pour cerner les murs de clôture, et une demi-douzaine d'agents durent les soutenir, afin que personne ne pût escalader cette enceinte sans être arrêté. En même temps, le préfet, le chef de la sûreté, moi et le reste des agents, nous nous dirigeâmes vers la grande porte d'entrée où nous frappâmes à coups redoublés.

Après dix minutes d'attente, la porte massive roula sur ses gonds rouillés. Le préfet interrogea lui-même le fermier Rousseau, qui répondit à toutes les questions qu'on lui adressa : « Je ne connais pas ce monsieur Pepin, je ne sais pas ce que vous voulez me dire. » Pendant ce temps, nous nous étions dispersés dans les différents corps de logis, afin de les fouiller tous simultanément. Comme j'étais en train d'interroger du regard les coins et recoins d'une grande pièce dans laquelle je venais d'entrer avec le brigadier Fraudin, celui-ci pénétra dans une petite pièce y attenante et s'écria : Tiens! voilà un lit encore chaud! il n'y a pas longtemps que le paroissien en est sorti! A cette exclamation, je me précipitai dans la pièce où il était; pendant ce temps, il avait tiré le lit et ouvert un placard assez bien dissimulé qui se trouvait derrière ce lit à hauteur d'appuis : Pepin y était en chemise, le dos collé contre le mur. Nous le fîmes descendre.

En se voyant pris, sa première exclamation fut de nous prier de ne pas lui faire de mal; mais s'apercevant bien vite que rien dans nos procédés ne justifiait sa crainte, ses idées prirent un autre cours et, nous adressant de nouveau la parole, il nous dit : Vous croyez peut-être que je suis carliste? eh bien, détrompez-vous, je saurai plus tard vous en donner des preuves certaines.

Le préfet arriva; on fit habiller Pepin et on procéda à une perquisition qui n'amena d'autre résultat que la saisie d'un volume de Saint-Just, placé sur la table de nuit.

L'opération terminée, le préfet, accompagné de N***, regagna sa calèche et se dirigea vers Paris. Quant à nous, nous partîmes avec notre prisonnier. Dans l'un des coucous se trouvaient le chef de la sûreté, Pepin, trois agents et moi; dans l'autre le restant de nos hommes.

Dans la première voiture, la conversation fut pendant tout le voyage gaie, enjouée, et à nous entendre, rien n'aurait pu faire présumer que parmi les causeurs se trouvait un homme réservé à l'échafaud. A Claye, nous déjeunâmes tous à la même table; le déjeuner était composé d'une omelette et de côtelettes de mouton. Pepin mangea de bon appétit, tint hautement le dé de la conversation, et, une fois remonté en voiture, ne causa, depuis Claye jusqu'à Paris, que d'agriculture et de dessication de légumes. Il parla du prince de Rohan, qui s'occupait également d'agriculture et avec lequel il entretenait des relations suivies. « C'est à cause de mon intimité avec ce personnage, nous dit-il, qu'on me croit légitimiste. »

Je ne parlerai pas du procès de Fieschi, Pepin et Morey, tout le monde le connaît et sait quelle en fut la fin; mais ce qu'on ignora, c'est que N***, l'ami de Pepin, le confident qui devait chercher à lui procurer les moyens de se sauver à l'étranger, reçut, dit-on, 25,000 francs pour prix de sa délation, et qu'il sut si bien faire fructifier cette somme, qu'au moment où j'écris ces lignes, il est à la tête d'un bel établissement et d'une fortune très considérable.

Pepin a constamment nié sa complicité avec ses deux coaccusés, et sur l'échafaud même, au moment où on le liait sur la planche fatale, tournant sa tête en arrière, il s'écria : Mes amis, je suis innocent, je meurs innocent !

La planche bascula : la tête sous le couteau, Pepin s'écria encore : Je suis innocent !

Ce jour là, sa femme et ses quatre enfants étaient réunis, dès six heures du matin, dans sa chambre à coucher, et, agenouillés devant un crucifix, ils passèrent leur journée à demander à Dieu d'avoir pitié de leurs larmes et de prendre leur père et mari dans sa sainte miséricorde !

LXII

LES MARCHANDS DE BILLETS DE THÉATRE

M. le docteur Véron dit, dans ses *Mémoires d'un bourgeois de Paris*, que le commerce des marchands de billets à la porte de l'Opéra avait pris de grands développements à l'occasion de Robert-le-Diable, et que le public avait été si étonné, si ému de la première représentation, que le lendemain matin la foule stationnait aux abords du bureau de location; puis il ajoute :

Quelques jeunes gens sans profession ou sans travail, ayant réuni une petite somme d'argent, imaginèrent de passer une partie de la nuit à la porte de l'Opéra, afin d'être les premiers à obtenir du préposé, des stalles ou des loges; ils ne manquaient jamais aux représentations de Robert-le-Diable, de revendre dans la journée ou le soir, avec de gros bénéfices, tout ce qu'ils avaient pu acheter le matin ; ils prirent goût à ce fatigant mais lucratif métier; ils s'ingénièrent à se procurer le plus grand nombre possible de loges et de stalles ; les bénéfices étaient certains.

Il raconte ensuite avec de minutieux détails les expédients et les ruses qu'ils mettaient en œuvre pour se procurer des billets ; tous ces faits sont de la plus grande exactitude, car plus d'une fois j'ai été témoin de leurs manœuvres plus ou moins frauduleuses. J'écrivis à M. le préfet de police, continue-t-il, plusieurs lettres, j'établissais qu'un directeur de spectacle jouissait seul du droit de vendre les billets de son théâtre, que tous les trafics qui se commettaient sur la voie publique étaient un scandale, et je priais l'autorité de vouloir bien y mettre un terme.

Puis, quelques lignes plus bas, il dit en forme de péroraison que les marchands de billets sont utiles aux théâtres et au public, qu'ils font honnêtement leurs transactions et qu'ils finiront par être patentés. Cet étrange revirement d'opinion sur les marchands de billets et leur commerce m'a fait penser que l'auteur des *Mémoires d'un bourgeois de Paris*, n'avait jamais vu ces industriels qu'à la porte de son théâtre et par le gros bout de sa lorgnette, ce dont je le félicite bien sincèrement ; mais moi qui, par la nature de mes fonctions me suis trouvé longtemps en contact, non seulement avec les marchands de billets de l'Opéra, mais encore avec tous leurs confrères des autres théâtres, j'ai vu et appris beaucoup de choses sur leur origine, leurs mœurs, leur manière de vivre et d'agir ainsi que sur leurs antécédents, dont je vais donner un aperçu aussi succinctement que possible.

En 1820, le trafic de billets de spectacle aux abords des théâtres existait à peine ; quatre personnes possédaient alors le monopole des billets d'auteurs et de ceux donnés par les administrations théâtrales aux artistes et aux chefs de claque ; la vente s'en effectuait en quelque sorte à huis-clos, à moitié prix du bureau. C'était le bon temps pour les amateurs, car un ouvrier, qui achetait de ces billets, pouvait à peu de frais procurer à sa famille une soirée de plaisir, sans trop entamer la somme destinée aux besoins du ménage.

Les quatre personnes privilégiées pour cette vente étaient : 1° Mme Bizet, tenant un petit café rue Charlot, et faisant simultanément marcher les deux branches de son commerce de manière qu'on ignorait si la foule allait chez elle pour acheter des billets ou pour fréquenter son café ; 2° le sieur X***, tenant une boutique, passage du Caire ; 3° le sieur Adolphe, marchand de vins, rue Montmartre, et enfin 4° la mère Bolivar, qui demeurait aussi rue Montmartre.

Mais cette dernière, n'ayant pas les moyens d'ouvrir une boutique, ou pressentant peut-être l'existence nomade des marchands de billets de nos jours, se tenait sur la porte de l'allée de sa maison, afin d'y attendre sa clientèle.

Il y avait loin, on le voit, de ces quatre personnes à la multitude d'individus qui encombrent aujourd'hui les abords de tous les théâtres. A cette époque, il existait une association connue sous la dénomination de *Bande des Trucqueurs*, elle était composée d'une douzaine d'individus, presque tous repris de justice, qui exploitaient les théâtres de la capitale au moyen d'un certain truc qui, comme on va le voir, ne manquait pas d'imagination et nécessitait en outre une grande adresse dans l'exécution. Trois trucqueurs étaient nécessaires pour arriver à la perpétration de ce vol qui, dans le commencement, leur rapporta des bénéfices d'autant plus notables qu'ils se renouvelaient tous les soirs.

Deux de ces individus se présentaient dans un théâtre et prenaient chacun un billet de parterre, puis, une fois dans l'intérieur de la salle, ils surveillaient attentivement une ouvreuse des premières loges, stalles ou fauteuils, peu importe, et faisaient en sorte de savoir où elle avait déposé le paquet de contremarques destinées aux spectateurs sortants. Lorsqu'ils avaient découvert cet endroit qui, le plus souvent, n'était autre que la poche de l'ouvreuse, ils attendaient le baisser du rideau après le premier acte ; puis, profitant du moment où plusieurs personnes réclamaient des contremarques, un des trucqueurs s'approchait et en demandait une également ; l'ouvreuse qui n'avait point vu cet individu sortir des loges ou des stalles confiées à sa garde, refusait et de là naissait une petite discussion pendant laquelle le deuxième *trucqueur* enlevait avec dextérité le reste du paquet de contremarques enfouies dans la poche de la malheureuse qui les croyait bien sûrement à l'abri de toutes mains indiscrètes.

Pour se servir de ces contremarques d'intérieur, il en fallait d'autres pour le contrôle alors les deux filous descendaient, et la même scène se renouvelait, mais avec une légère modification : tous deux à la suite l'un de l'autre attendaient que la foule se pressât pour sortir, puis le premier dépassait le contrôleur sans demander de carton de sortie et tout de suite se retournait brusquement pour en réclamer un ; pendant que le contrôleur distrait par cette réclamation faisait droit à sa demande, le deuxième *trucqueur* allongeait le bras et s'emparait vivement du paquet de cartons déposé sur le contrôle ; aussitôt sortis, les deux voleurs remettaient chacun leur paquet à un troisième compère qui effectuait à la porte du théâtre la vente des objets volés : le bénéfice était partagé par tiers.

Plusieurs des membres de cette bande de flibustiers ayant été garnir les prisons, les autres, pour éviter le même sort, se firent marchands de billets et formèrent le noyau des brigades qui stationnent aujourd'hui à la porte de nos théâtres.

Quelques-uns prirent d'abord leur nouvelle industrie au sérieux et s'y livrèrent avec ardeur, mais l'argent gagné trop facilement est, dit-on, presque toujours dépensé de même, et j'ai eu plus d'une fois occasion de remarquer que, chez certaines natures, plus on obtient avec facilité des bénéfices immérités, plus on devient insatiable, et l'avidité de plus d'un voleur a été bien souvent la seule cause de sa perte.

En voici un exemple :

Quatre marchands de billets, trouvant probablement que la vente de stalles ou de loges n'offrait pas assez de bénéfice, imaginèrent de dorer, à la manière dite au bouchon, des pièces de 1 et de 2 francs d'Italie, afin de les faire passer ensuite dans le commerce pour des pièces de 20 et 40 francs. Ils réussirent à en lancer ainsi dans Paris une grande quantité, sans accident, et peut-être auraient-ils continué longtemps encore ce commerce frauduleux, s'ils n'avaient pas été le 28 novembre 1828, visiter à Poissy un de leurs camarades qui était détenu à la maison centrale.

En revenant à Paris, ils s'arrêtèrent à Saint-Germain et dînèrent à l'hôtel du sieur Paget, auquel ils volèrent de l'argenterie ; puis, plus loin, dans l'auberge du sieur Bignon, ils dérobèrent également de l'argenterie, et passèrent dans ces deux maisons plusieurs fausses pièces de 20 francs. Les personnes volées s'aperçurent de la soustraction et de la fraude dont elles avaient été victimes ; une plainte fut portée et les délinquants arrêtés.

Conformément aux usages judiciaires, les plaignants furent confrontés avec les accusés, et trois de ceux-ci furent sans hésitation reconnus par les premiers, mais le quatrième ayant eu le bonheur de posséder une assez grande ressemblance avec un de ses co-accusés, se sauva par ce moyen, en provoquant à tout instant devant le juge d'instruction des méprises de la part des plaignants qui, prenant alternativement l'un des accusés pour l'autre, établirent par cela même sa non-culpabilité en reportant toute la responsabilité des faits sur une même tête. Ce quatrième prévenu, nommé X***, fut mis en liberté par la Chambre d'accusation. Les trois premiers comparurent devant la cour d'assises de Versailles et furent condamnés à mort pour fabrication de fausse monnaie ; mais une décision royale vint commuer cette peine en une détention perpétuelle qui bientôt fut réduite à quinze années. Deux moururent à la prison de Melun, le troisième obtint une remise de plusieurs années de sa peine et fut mis en liberté.

Des anciens trucqueurs Gervais, Morel, Durand, Camus, Lavie, Saint-Charles, Lantibolle, Hubert, Labourée, La Perruche, Lebijoutier, Henry, Prosper et X***, un seul, le dernier, se trouve dans une position très confortable, car il s'est amassé une dizaine de mille francs de rente en vendant des billets à la porte d'un de nos théâtres.

Jusqu'en 1829, il n'y eut à chaque théâtre qu'un petit nombre de marchands de billets ; mais, à partir de 1830, le métier prit une extension extraordinaire, car, à l'aide du désordre produit par la Révolution, des repris de justice, des voleurs à la tire, à l'américaine, des souteneurs de filles publiques, des désœuvrés de la dernière espèce vinrent se livrer à cette industrie parfaitement en rapport avec leurs habitudes de paresse et d'extorsion dont ils donnèrent bientôt une preuve des plus palpables : Le dimanche gras de 1831 se trouvait le 13 février, jour anniversaire de la mort du duc de Berry (1820) ; ce soir-là, il y avait bal à l'Opéra, où j'étais de service ; les journaux légitimistes avaient annoncé qu'un service funèbre serait célébré le 14 février en commémoration de la mort de ce prince. Le lendemain matin, lorsque le bal fut terminé et la salle évacuée, l'un des commissionnaires qui avaient passé la nuit à la porte du théâtre vint me prévenir que plusieurs marchands de billets venaient de se diriger vers l'église Saint-Germain l'Auxerrois, pour prendre part à une manifestation anti-légitimiste qui devait avoir lieu à l'occasion d'une messe dite par le curé de cette paroisse pour le repos de l'âme de la victime de Louvel. Je me transportai aussitôt à cette église où je trouvai deux ou trois cents personnes qui faisaient un tumulte épouvantable et qui, au milieu de cris et d'imprécations, déchiraient les tableaux, abattaient les statues et renversaient les vases sacrés qui étaient ensuite déposés au Louvre. Ce rassemblement, ou plutôt cette cohue était composée d'individus qui ne se ressemblaient ni par leur langage, ni par leurs allures, ni par leur toilette ; cependant les pardessus et les paletots, qui étaient en grand nombre, se mariaient très bien avec les blouses, comme les chapeaux avec les casquettes ; les premiers, c'est-à-dire ceux qui portaient paletot et pardessus n'étaient venus là qu'avec le dessein de briser les ornements de l'église, pour faire obstacle à la cérémonie religieuse qu'ils regardaient comme un défi jeté par le parti légitimiste à leurs opinions politiques surexcitées par cette bravade jusqu'au paroxysme de l'exaltation. Les autres étaient des émeutiers de profession qui avaient passé la nuit au cabaret et qui n'étaient accourus à cette manifestation que pour prêter leur concours à la dévastation de l'église, dans l'espérance de pouvoir satisfaire leur cupidité et leur propension à s'approprier le bien d'autrui.

Lorsque cette orgie de dévastation fut à peu près terminée, les marchands de billets et leurs dignes acolytes, les blousiers, se précipitèrent dans la maison du curé, et lorsqu'elle fut complètement dépouillée des valeurs, des bijoux et des objets précieux qu'elle contenait, une voix s'écria alors : A l'archevêché ! Ce cri fut aussitôt répété par cette horde de bandits qui se dirigea vers la cité en ramassant sur son passage les désœuvrés qui n'ont rien à perdre et tout à gagner dans les moments d'effervescence populaire ; l'émeute ainsi grossie arriva au palais archiépiscopal, qui fut pillé. Les meubles furent brisés, les papiers et les livres lacérés, puis le tout jeté dans la rivière et lorsque ces sauvages n'eurent plus rien à anéantir, ils imaginèrent, pour assouvir leur rage de destruction, de s'en prendre aux murailles et à la toiture de l'édifice, qui fut entièrement détruit, et, chose incroyable, tout cela se faisait sans opposition, et pourtant le temps n'avait pas manqué à l'autorité, car on avait dévasté, démoli et pillé pendant plusieurs heures et en plein jour. J'ai toujours ignoré les motifs qui avaient pu déterminer la préfecture de police, qui était à deux pas, à laisser commettre ces actes de vandalisme, mais, ce que je n'ignore pas, c'est que trois des marchands de billets qui, ce jour-là, n'avaient pas un sou, étaient peu de temps après propriétaires de belles et bonnes maisons ; l'un d'eux est mort il y a quelques années en laissant à ses héritiers une fortune de deux cent cinquante mille francs.

Je crois devoir faire observer qu'il ne faut pas confondre le marchand de billets avec le marchand de contremarques, la distance qui les sépare est infiniment plus grande que de l'ouvrier au banquier.

Un marchand de contremarques est un pauvre hère qui revend vingt sous une contremarque qu'il vient d'acheter 10 ou 15 sous; tandis qu'un marchand de billets qui a le monopole d'un théâtre, traite les affaires en grand avec certains directeurs, auteurs ou compositeurs, dont il parle comme s'ils étaient ses anciens camarades de collège ou ses amis intimes. Enfin, c'est une puissance dans le monde théâtral ; il entretient à sa solde plusieurs commis qu'il paye six francs par jour pour faire autour du théâtre le raccolage des amateurs qui viennent au bureau de location pour retenir des places ; ces commis sont pour la plupart recrutés parmi les désœuvrés vivant avec des filles, ou parmi des repris de justice. Je me suis souvent demandé ce que penseront messieurs les directeurs et les auteurs quand ils apprendront que l'individu avec lequels ils sont journellement en relations est un repris de justice auquel ils donnent peut-être quelquefois la main. J'ai connu plusieurs marchands de billets qui avaient gagné dans les prisons des chevrons dont ils se gardaient bien de se glorifier, et qui, après leur libération, avaient cherché à se créer une position mixte entre l'honnête homme et le voleur, position qui leur permît de jouer le rôle de fripon d'une manière sinon légale, du moins tolérée ; et, à ce métier qui, si souvent, frise la correctionnelle, ils avaient joint une autre branche d'industrie en se faisant receleurs, et voici comment ils en trouvaient l'occasion :

Un *tireur* entre dans un théâtre ; il vole à la sortie de la salle une tabatière, une montre, un bracelet ; il ne sait que faire, sur le moment, de cet objet qui peut le compromettre, car il ne peut à cette heure aller l'offrir en vente à un bijoutier, on fait généralement peu de commerce à minuit. Quel parti prendre cependant ? il lui faut de l'argent ! Alors il se tient à peu près ce langage : Voici un marchand de billets que je connais, qui s'est livré autrefois à l'industrie que j'exerce aujourd'hui, c'est donc un frère ; mais si je m'ouvre à lui, il peut me trahir et me faire arrêter. Non ! car, en me dénonçant, il gagnerait cinq francs, tandis qu'en lui laissant pour soixante francs cet objet qui en vaut cent, il gagnera quarante francs et préférera ne rien dire. — Voilà comment, depuis l'origine de leur trafic, des marchands de billets, après avoir été voleurs, sont devenus receleurs.

Je m'empresse d'ajouter que depuis quelques années, plusieurs de ces repris de justice ont abandonné les abords des théâtres, soit pour un motif, soit pour un autre, et ont été remplacés par des hommes qui, s'ils ne sont pas très purs sur l'article des mœurs, n'ont du moins jamais eu maille à partir avec la justice. Lorsque les marchands *honnêtes* se décideront à ne plus prendre pour associés ou pour commis que des individus sans antécédents fâcheux, les voleurs, les repris de justice ne tarderont pas à disparaître de la porte des théâtres qu'ils salissent de leur présence.

Cette industrie me rappelle une arrestation qui a motivé de la part d'un voleur des récriminations qui, sans justifier l'analogie qu'il prétendait établir, n'en sont pas moins une amère critique des us et coutumes de certains commerçants.

Un nommé Cassure, voleur *à la tire*, qui avait été professeur dans une institution de la capitale et qui avait des compères parmi les marchands de billets, se trouvait un soir au théâtre de l'Ambigu, dans une stalle d'orchestre. Il y avait foule, on jouait *Gaspardo le pêcheur*; j'étais aux stalles des premières, j'aperçus mon filou serrant de près un vieillard placé devant lui, qui tirait à chaque instant de sa poche une magnifique tabatière en or; craignant que cet objet ne devînt la proie de ce voleur et qu'il ne le passât en d'autres mains sans que je m'en aperçusse, je descendis et fit venir au bureau de police mon individu qui fut immédiatement fouillé, mais, dans ses poches, on ne trouva rien qui pût motiver son arrestation. Au moment d'être relâché, l'ancien professeur, loin de s'empresser de sortir du bureau, tint à me prouver qu'il avait deviné le véritable motif qui m'avait déterminé à le faire arrêter, et m'adressant la parole avec une ironie chagrine, il me dit : Vous m'avez fait amener ici parce que vous avez pensé que j'avais enlevé la tabatière du vieillard derrière lequel j'étais placé : il n'en est rien, mais si vous m'aviez laissé à ma place cinq minutes de plus, il est plus que probable qu'elle serait maintenant entre les mains d'un mien compère, marchand de billets à ce théâtre et que vous me permettrez de ne pas vous nommer, pour cause. Je ne comprends vraiment pas, ajouta-t-il, pourquoi la police s'acharne après de pauvres diables de voleurs *à la tire* qui ont bien de la peine à vivre du produit de leurs maigres larcins ; il me semble qu'elle ferait tout aussi bien et peut-être mieux de surveiller ces commerçants qui volent impunément, dans la capitale, sur le poids ou la qualité de la marchandise qu'ils livrent chaque jour aux consommateurs. A ces voleurs là, on ne dit presque rien, parce que ce sont des voleurs patentés ; cinquante fois par jour, ils volent, et s'ils sont pris une fois par hasard, on les traduit devant le tribunal de simple police, qui les condamne à un franc d'amende, tandis que nous, pauvres malheureux, si nous dérobons deux sous dans la poche d'autrui, on nous condamne, la première fois à six mois de prison, et la seconde à cinq ans de la même peine et à la surveillance.

Est-ce là l'égalité devant la justice?

— Votre raisonnement, lui répliquai-je, ne peut excuser vos habitudes et je n'ai point à le discuter avec vous. Allez!...

Je le congédiai en réfléchissant que ses observations ne manquaient pas d'une certaine justesse, car, qu'on soit volé de cinquante centimes par un voleur, ou qu'on paye un franc une marchandise falsifiée qui ne vaut pas cela, même que cinquante centimes, ou bien que l'on soit trompé sur le poids dans la même proportion de valeur, pour le volé le résultat est toujours le même, la différence n'existe que dans la peine qu'on applique à l'auteur du fait.

XLIII

ASSASSINAT CAZES

« Au secours ! au meurtre ! à l'assassin ! » Tels étaient les cris qui retentissaient sur la route de Neuilly, le 9 octobre 1835, vers neuf heures du soir, par un temps obscur et pluvieux. Un homme tombait frappé de quatre coups de poignard, et quoiqu'il eût appelé plusieurs fois à l'aide, bien qu'il eût pu, malgré ses blessures, se traîner jusqu'aux plus proches maisons et frapper aux portes, les habitants, croyant qu'il s'agissait de quelque ivrogne, ne s'émurent aucunement de ses cris. Quelques instants après, un omnibus vint à passer ; le conducteur, entendant des gémissements, fit arrêter la voiture, et trouva ce jeune homme étendu par terre, murmurant ces seules paroles : « Je suis bien malheureux ! je suis blessé à mort ! » Il le releva doucement, le transporta dans sa voiture et le déposa ensuite dans dans la boutique du marchand de vins Cotinet.

A peine cet infortuné eut-il été placé sur une chaise, qu'il expira sans avoir pu prononcer un seul mot. Sa chemise, ses vêtements, la chaise même étaient inondés du sang qui s'échappait en abondance de ses blessures, dont une à la poitrine, une sur l'épaule droite, une troisième au côté gauche et une quatrième dans le dos.

Aussitôt que la préfecture de police fut informée de ce crime, le chef du service de sûreté se rendit sur les lieux pour commencer une enquête. Il ne trouva sur la victime pour tout renseignement de son identité, qu'un bulletin des diligences de Rouen portant sans autre désignation le nom de Cazes. Ce bulletin fut immédiatement envoyé à la préfecture avec un rapport; le chef de la police municipale me le remit en m'enjoignant de faire toutes les démarches nécessaires pour découvrir l'assassin.

Conformément à ces ordres, je me mis à l'œuvre et je ne tardai pas à savoir qu'un individu du nom de Cazes, ouvrier armurier, demeurait rue de Valois-Batave, numéro 5. J'appris ensuite du propriétaire de cette maison que son locataire, garçon fort sage et fort rangé, n'avait pas reparu depuis trois jours, ce qui ne lui était jamais arrivé.

— Au surplus, ajouta-t-il, Cazes occupe une chambre conjointement avec un de ses camarades nommé Dublé, aussi ouvrier armurier, mais celui-ci ne rentre que le soir à neuf heures, et si vous avez quelques renseignements à lui demander, il pourra probablement vous satisfaire.

— Mais où travaille ce Dublé?

— Je l'ignore.

Je me trouvais donc réduit à attendre jusqu'à neuf heures du soir l'arrivée fort problématique d'un garçon qui pouvait faire en route quelque rencontre et ne rentrer qu'à minuit ou même pas du tout. Cette dernière réflexion ôtant tout frein à mon impatience, j'allai au Palais-Royal au cabinet de lecture de la galerie d'Orléans, je pris les adresses des armuriers-arquebusiers, et me voilà parti, courant de boutique en boutique, d'atelier en atelier, demandant partout si on ne connaissait pas un nommé Dublé, demeurant rue de Valois-Batave, numéro 5.

— Attendez donc, me répond un employé de l'armurier de la rue du Coq-Saint-Honoré, je le connais, il doit travailler au tir de l'Allée-des-Veuves.

Et, toujours courant, je me dirigeai vers les les Champs-Élysées, au tir indiqué, où je trouvai Dublé en train d'arranger une paire de pistolets.

Je crus ne devoir adresser à ce jeune homme aucune question relative à l'assassinat de son camarade dans la crainte de commettre une indiscrétion qui aurait pu entraver le succès de l'affaire ; d'ailleurs, j'ignorais complètement ce qui se passait à Neuilly. Aussi dis-je à Dublé que M. le procureur du roi désirait le voir à l'instant pour lui demander quelques renseignements au sujet d'un jeune homme qui, la veille, avait été arrêté porteur d'armes prohibées qu'il prétendait tenir d'un de ses amis nommé Dublé.

L'armurier me suivit sans difficulté, mais, au bout

d'un moment, il me demanda quelles étaient les armes saisies sur ce jeune homme.

— Ce sont des pistolets de cavalerie.

— Et vous dites qu'il me connaît ?

— Il prétend être fort intime avec vous.

— Connaissez-vous son nom ?

— Non. Je l'ai bien entendu prononcer, mais je ne me le rappelle pas.

— Ah ! mais comment est-il ?

En réponse à cette demande, je lui bâtis un signalement de ma façon. Tout en causant de la sorte, nous arrivâmes à la préfecture de police ; mais, au lieu de le mener au cabinet du procureur du roi, je le fis conduire par deux agents à Neuilly pour y être confronté avec le cadavre, qu'il reconnut. A son retour à Paris, Dublé fut écroué au Dépôt ; le lendemain, aux questions qui lui furent adressées, il déclara très franchement que son camarade était parti pour Rouen ou le Havre, après lui avoir confié qu'il ne faisait ce voyage que pour sauver l'honneur d'un de ses amis, qui l'avait à plusieurs reprises chargé de toucher des traites chez les banquiers, et en dernier lieu chez N. Lebœuf, rue Hauteville.

— J'ignore le nom de cet ami, ajouta Dublé, je sais seulement qu'il doit être employé à la poste ou aux douanes, qu'il a un frère officier, et qu'il demeure en garni, rue des Vieux-Augustins ; le numéro m'échappe, mais je reconnaîtrai bien la maison si l'on veut m'y conduire.

Le chef du service, Dublé et moi montâmes en

fiacre, et bientôt nous arrivâmes à la maison qui nous fut désignée par l'armurier ; le concierge interpellé, nous déclara que l'individu que nous demandions se nommait X***, qu'il avait effectivement été son locataire, mais qu'il avait quitté l'hôtel sans laisser sa nouvelle adresse. « Du reste, ajouta-t-il, si vous voulez attendre un instant, je vais voir si ma maîtresse la connaît. » Celle ci demeurait au premier ; le cerbère monta l'escalier, nous le suivîmes et nous l'entendîmes dire : « Des messieurs demandaient l'adresse de M. X***, et, comme il me l'avait recommandé, je leur ai dit que je l'ignorais. » Sans en entendre davantage, le chef de sûreté s'avança, fit connaître sa qualité et reprocha à la propriétaire du garni de prêter la main aux subtilités d'un malfaiteur pour le faire échapper à la justice. La dame, effrayée, intima au portier l'ordre de nous dire la vérité, et celui-ci, changeant tout aussitôt de ton, nous apprit que X*** était employé à la poste, qu'il vivait avec une femme qui lui faisait mener grand train, et que, déménagé depuis quelques jours seulement, il demeurait avec elle, rue de Tivoli, n° 20.

A la suite de cette visite, Dublé fut réintégré au Dépôt ; j'allai voir M. Lebœuf, qui m'apprit que peu de jours auparavant un jeune homme, répondant parfaitement au signalement de Cazes, était venu toucher des mandats : « Je regrette, me dit-il, de les avoir payés, car je reçois à l'instant la nouvelle que ces mandats ont dû être soustraits dans une lettre à la poste. » Cette dernière particularité vint corroborer les présomptions qui existaient contre X*** ; aussi, en quittant le banquier, me rendis-je immédiatement à l'hôtel général des postes. Je m'adressai à un chef de division, auquel je fis connaître ma qualité et l'objet de ma mission. Après être convenu du prétexte qu'il mettrait en avant, il fit venir X*** dans son cabinet.

— Voilà monsieur, lui dit-il, qui vient vous prier de vouloir bien vous rendre avec lui près du juge d'instruction, qui n'attend que votre témoignage pour mettre en liberté un jeune homme qui prétend être votre ami d'enfance et qui a été arrêté hier pour voies de fait.

La pilule était dorée, X*** l'avala sans hésitation et me suivit ; seulement, en chemin, je fus obligé de répondre à des questions en quelque sorte analogues à celles qui, deux jours auparavant, m'avaient été adressées par Dublé, et à confectionner encore un signalement de pure invention. On devine facilement qu'une fois à la préfecture il y demeura.

Une visite faite à son domicile amena, entre autres objets, la saisie d'un poignard dont la pointe était émoussée. Confronté avec le cadavre de Cazes, X*** nia l'assassinat, bien que les médecins déclarassent que le poignard saisi chez l'inculpé était semblable, par sa dimension, à celui qui avait frappé la victime.

Devant la cour d'assises, X*** soutint son système de dénégations et ne fut condamné qu'à sept ans de travaux forcés pour soustraction de lettres chargées, le jury ayant écarté le chef d'accusation d'assassinat.

XLIV

TENTATIVE DE VOL CHEZ LE CURÉ DE SAINT-MERRY.

Le 13 juillet 1837, un nommé Balestrino vint au bureau de la police de sûreté déclarer que les nommés Legendre et Jenvry devaient dans la journée commettre une escroquerie en vendant un lingot en cuivre pour de l'or, et que, pour mieux tromper l'acquéreur, ils avaient placé une petite partie d'or à chaque extrémité du lingot. Je fis surveiller ces deux individus, qui furent arrêtés en flagrant délit à la barrière d'Enfer et conduits à la préfecture de police. Quelques années plus tard, un jour de Noël, je rencontrai, rue Saint-Martin, à la hauteur de la rue Aubry-le-Boucher, ce même Legendre qui marchait très vite et avait l'air préoccupé ; me doutant qu'il allait rejoindre des acolytes de sa trempe pour commettre quelque méfait, je rebroussai chemin et ne le perdis pas de vue. Il entra chez le marchand de vin faisant le coin de la rue de La Reynie, où l'attendaient deux voleurs de profession, Chat et Smekins, forçat libéré et en rupture de ban ; les fenêtres de la salle où ils étaient donnaient sur la rue, je m'approchai, ils étaient fort affairés et causaient à voix basse ; puis, un moment après, sortaient et se séparaient en se donnant rendez-vous pour le dimanche suivant. Ce jour-là, dès cinq heures du soir, j'étais, avec le Petit-Pompier et un autre agent, en observation aux alentours de la rue de La Reynie; Legendre, Chat et Smekins arrivèrent au rendez-vous. Le Petit-Pompier, pour savoir ce qui se tramait dans le conciliabule, alla s'accroupir sous les fenêtres de la pièce où ils se trouvaient ; Chat sortit presqu'aussitôt en se dirigeant vers l'église Saint-Merry par la rue de la Verrerie. A cette époque il existait dans cette rue un long couloir au bout duquel il y avait une porte donnant entrée dans l'église ; mais avant d'y arriver on trouvait à droite une petite grille toujours fermée à clef qui conduisait au logement du curé ; Chat s'arrêta à cette grille, tira une clef de sa poche et essaya vainement d'en ouvrir la serrure. Il revint rendre compte de son insuccès à ses camarades. Le Petit-Pompier, qui était à son poste, put saisir quelques petits lambeaux de conversation qui lui firent comprendre que c'était le curé qu'ils voulaient dévaliser pendant qu'il serait aux vêpres. Chat remit la clef à Smekins qui donna quelques coups de lime aux endroits indiqués par son camarade; celui-ci retourna à la grille, mais monsieur le curé était rentré chez lui. Un nouveau rendez-vous fut donné pour le dimanche suivant; Legendre quitta ses complices et peu après Chat et Smekins se dirigèrent par la rue

Saint-Martin vers les boulevards; chemin faisant, Smerkins remarqua qu'il n'y avait point de lumière au quatrième étage de la maison n° 111 de la rue Saint-Martin; supposant alors que les locataires étaient absents, nos deux voleurs entrèrent dans la maison en se baissant de manière à n'être point aperçus du portier, ils montèrent l'escalier à pas de loup. Arrivés à la porte du logement, ils essayèrent mais en vain d'ouvrir la serrure avec de fausses clefs puis ils firent plusieurs pesées avec une pince en fer, sans pouvoir réussir à jeter la porte en dedans; et vingt minutes après ils sortaient de l'allée et suivaient tranquillement la rue Saint-Martin; mais, lorsqu'ils furent arrivés à la rue Royale, je chargeai mes deux agents de s'emparer de Chat, me réservant d'appréhender Smekins, que je pris par derrière dans mes bras; je l'enlevai de terre, je l'emportai ainsi au poste des Arts et Métiers occupé par la garde nationale. Les deux misérables furent fouillés, mais on ne trouva sur eux qu'un paquet de fausses clefs et une pince en fer dite monseigneur.

Chat fut condamné à cinq ans de travaux forcés et Smekins à quinze ans de la même peine et M. le curé de Saint-Merry l'échappa belle!

XLV

M. DELESSERT, PRÉFET DE POLICE

M. Gabriel Delessert, qui était préfet du département d'Eure-et-Loir, fut appelé, le 10 septembre 1836, à remplacer M. Gisquet dans les fonctions de préfet de police.

La renommée et ses antécédents l'annoncèrent comme un galant homme, jouissant d'une juste réputation de droiture, d'honnêteté et de probité dont rien ne devait le faire dévier. D'une politesse exquise et d'une aménité extraordinaire, franc dans ses paroles, loyal dans ses vues, intègre dans sa conduite, magistrat éclairé, excellent administrateur, il possédait une activité extraordinaire et chaque jour on le voyait parcourir à cheval, suivi d'un domestique, les rues de la capitale, signalant des contraventions, des embarras sur la voie publique et stimulant par sa présence le zèle, quelquefois refroidi, des agents subalternes. Il voulait que tous les employés placés sous ses ordres apportassent dans l'exercice de leurs fonctions l'urbanité qui chez lui caractérisait si bien l'homme du monde, mais il n'en pouvait être ainsi dans tous les degrés de la hiérarchie du personnel actif, et notamment pour le corps des sergents de ville. En effet, il est excessivement difficile de trouver des sergents de ville ayant toutes les qualités nécessaires pour ces fonctions, car pour bien remplir cet emploi, qu'on a tant décrié et qu'on décriera tant encore, il faudrait posséder un discernement profond, un jugement sain et prompt, et surtout n'être jamais accessible à la colère. Or, quel est l'homme qui, se trouvant continuellement en contact direct avec la population ouvrière et les petits marchands de la rue, se trouvant appelé par la nature de ses fonctions à réprimer maints petits abus, maintes atteintes au repos ou à la sûreté générale, devant signaler maintes contraventions aux lois ou aux règlements de police, et par cela même s'aliéner l'esprit des parties contrevenantes, qui souvent manifestent leur mécontentement par des paroles peu convenables, quel est l'homme, dis-je, qui ne se laissera pas un peu emporter par la colère? quel est l'homme qui, ayant la force morale, représentant le droit public, dépouillera toute susceptibilité et se laissera impunément offenser par celui qui se trouve au contraire sous le coup de la loi; partant de là, et n'écoutant que les perfides conseils d'un mouvement de colère, il n'y a plus qu'un pas à faire pour arriver à l'abus de la force, du pouvoir dont l'agent est investi; alors le contrevenant qui, avant tout, possède sa dignité d'homme, repousse les menaces de l'agent par un geste énergique ou en élevant la voix au même diapason de colère que celle de son interlocuteur, et alors, je l'avoue, les conséquences en sont très fâcheuses pour le délinquant qui est arrêté et condamné à quelques jours de prison, et, pendant ce temps, la famille de ce malheureux, privée du travail de son soutien, manque du nécessaire. Il résulte de ces quelques considérations que le soin le plus particulier devrait être apporté dans le choix des représentants subalternes de la force publique ; que les candidats ne devraient être nommés qu'après un examen sérieux et un essai de leurs qualités personnelles, et encore, cela suffirait-il ? et trouverait-on assez d'hommes parfaitement justes, toujours doux, affables, polis, ne gardant dans leur cœur, ni colère, ni rancune, et enfin assez fermes pour répartir à tous une justice impartiale ? Ah ! je le crois, un parfait sergent de ville est bien difficile à trouver ! et cependant, il en faut, car ils sont utiles quand même.

Pour compléter le portrait de M. Delessert il me suffira d'ajouter qu'habitué à vivre dans la région où la fortune et l'honorabilité marchent de pair, il manquait de cette expérience qui ne s'acquiert que lorsqu'on s'est trouvé en contact avec presque toutes les classes de la société ; ses excellentes qualités le portant à juger les autres d'après ses propres sentiments, son caractère franc et loyal ne lui permettait guère de se mêler aux manœuvres détournées qu'on est quelquefois obligé d'employer lorsque l'on veut préserver un gouvernement des attaques d'un parti contraire, ou déjouer les projets d'individus qui, sous de faux semblants de liberté et pour satisfaire leurs passions ou leurs intérêts particuliers, cherchent à porter le trouble dans la société, la division parmi leurs concitoyens et le deuil au sein des familles; aussi lorsqu'il s'agissait d'aborder les roueries de la politique, il devenait insuffisant pour les intérêts qu'il avait à défendre. Je ne citerai qu'un exemple :

Le 12 mai 1839, un grand nombre d'individus armés se réunirent vers une heure de l'après-midi, rue Bourg-l'Abbé, se formèrent en plusieurs groupes et parcoururent ainsi plusieurs quartiers, en désarmant les postes sur leur passage. Tout cela se faisait à l'insu du préfet de police. Je puis d'autant mieux affirmer le fait, que j'étais présent lorsque la première nouvelle de cet événement parvint à la préfecture de police; il était environ trois heures de l'après-midi, je me promenais dans la cour de l'hôtel en causant avec M. Jennesson, commissaire de police du quartier du Palais de justice et Allard, chef du service de sûreté, lorsque nous vîmes accourir tout essoufflé le brigadier Dumez, du service de sûreté, qui, haletant d'une course précipitée et le front couvert de sueur, s'écria en s'adressant à moi :

— Comment vous êtes là à vous promener tranquillement? vous ne savez donc pas ce qui se passe dans l'intérieur de Paris?

— Non! dites-le?

— Je viens de chez moi (il demeurait rue aux Ours), j'ai vu une troupe d'hommes armés de fusils s'emparer du poste de la rue Mauconseil, ils me suivent et vont attaquer la préfecture.

Je connaissais Dumez pour être tant soit peu alarmiste et s'effrayant sans cause, peut-être n'aurais-je pas ajouté à son discours toute la foi qu'il méritait, mais en ce moment nous entendîmes plusieurs détonations : c'était le poste du Palais de justice qu'on attaquait. Aussitôt les portes de l'hôtel furent fermées, chaque agent s'empara d'un fusil, mais, précaution inutile, aucune tentative ne fut faite contre la préfecture de police. L'opinion publique se prononça avec force contre la police qui s'était ainsi laissé surprendre en plein jour. La presse, de son côté, attaqua avec véhémence le préfet de police, il y eut plus, il fut question en haut lieu de remplacer M. Delessert dans ses fonctions de préfet de police; mais, après avoir fait beaucoup de bruit, l'affaire resta dans le statu quo, si ce n'est que la garde municipale, jusqu'alors composée de quinze cents hommes, fut portée à trois mille.

Par suite de ces événements, la police politique, qui, jusqu'à cette époque, avait été divisée entre le chef du cabinet du préfet et le chef de la police municipale, fut centralisée entre les mains du secrétaire général, qui lui donna, par son activité incessante et sa bonne direction, l'impulsion qui lui avait manqué jusques-là; le service fut organisé sur une nouvelle base, une surveillance sévère s'étendit comme un réseau sur les hommes politiques, et grâce à l'habileté du chef et à l'intelligence des agents, le règne de Louis-Philippe, si fécond en insurrections, put arriver jusqu'en février 1848, sans encombre pour sa politique et sans échec pour son pouvoir.

XLVI

ASSASSINAT JOUBERT

Le 20 septembre 1837, deux rouliers, suivant la route de Paris à Reims, trouvèrent, non loin du village du Bourget, un pistolet à la détente duquel était attachée une ficelle ensanglantée. A quelque distance, dans la petite rivière qui sépare les départements de la Seine et de Seine-et-Oise, plusieurs personnes, dans la même journée, voyaient un cadavre flotter sur l'eau; elles s'empressèrent d'en donner avis à l'autorité qui le fit repêcher. C'était le corps d'un jeune homme dont le crâne avait été fracturé par deux coups de feu et le visage couvert de blessures faites avec un instrument piquant et tranchant des deux côtés. Une somme d'argent assez forte était cousue dans la blouse du malheureux noyé qui fut porté à la Morgue. Les médecins déclarèrent, en faisant l'autopsie, que, vu l'état des poumons, la victime respirait encore lorsqu'on l'avait jetée à l'eau. Le point essentiel pour me mettre sur la piste des assassins était de connaître l'identité de ce malheureux, je me livrai donc activement aux recherches;

bientôt j'apprenais qu'il se nommait Isidore Joubert, âgé de vingt-deux ans, garçon maçon, demeurant rue du Mûrier-Saint-Victor, et que peu de jours avant sa mort il avait commis un vol considérable en argent au préjudice d'un de ses oncles qui habitait les environs de Reims, qu'il était revenu à Paris pour changer son argent en or, puis, qu'il était tout à coup disparu après avoir passé avec deux de ses camarades, les nommés Gilbert et Rodolphe, plusieurs jours au milieu des orgies, des dépenses les plus folles et les plus exagérées. Ces circonstances me donnèrent à penser que les deux camarades de débauche de Joubert étaient ses assassins. Je me mis aussitôt à leur recherche et je ne tardai pas à apprendre qu'ils fréquentaient habituellement le cabaret du sieur Gautruche, rue Jeannisson n° 1, où à quatre heures du soir Gilbert fut arrêté. Le marchand de vin me déclara que Rodolphe lui avait laissé en dépôt une somme de 240 francs et que probablement il reviendrait pour chercher son argent. D'après ces renseignements et d'autres que j'avais obtenus d'une fille publique, je me décidai, en l'absence du chef du service qui était au camp de Compiègne, à établir quatre surveillances : 1° chez Gautruche ; 2° dans la maison de tolérance de la femme Joseph, rue Jeannisson ; 3° chez la femme Marie, maîtresse de maison même rue 17, où Rodolphe venait presque chaque jour ; 4° chez une blanchisseuse de la rue du Plâtre-Saint-Jacques, où il avait du linge.

Il semble au premier abord que ce vaste système d'observation et de surveillance devait assurer le succès de l'opération, et pourtant il n'en fut rien, car c'est tout le contraire qui arriva.

Un soir, en me rendant rue Jeannisson pour m'assurer que les agents étaient bien à leur poste, je remarquai dans cette rue deux individus vêtus de blouse et à la mine suspecte, qui regardaient avec soin autour d'eux ; puis un instant après, ils entrèrent dans la boutique du sieur Gautruche et demandèrent deux verres de vin sur le comptoir ; pendant qu'on les servait, ils jetèrent les yeux dans la salle, comme s'ils cherchaient quelqu'un et en même temps comme s'ils craignaient d'être surpris. Je les fis suivre par deux agents, mais l'obscurité était si grande, qu'au détour d'une rue ceux-ci les perdirent de vue.

Les agents, désappointés, vinrent me faire part de leur insuccès et m'apprirent que, dans la journée, ils avaient aperçu plusieurs individus rôdant dans la rue et regardant attentivement la maison de la femme Joseph. Ces circonstances me firent penser que les filles publiques ou leurs souteneurs avaient prévenu l'assassin que des agents étaient placés en embuscade pour opérer son arrestation dans le cas où il se présenterait pour retirer son argent. Je me hâtai de prendre de nouvelles dispositions afin d'inspirer confiance à Rodolphe et de le faire venir chez le marchand de vin. Pour mettre ce projet à exécution, j'allai dans les deux maisons de tolérance au moment où toutes les filles étaient réunies pour le dîner ; alors je donnai à haute voix, en leur présence, l'ordre aux agents d'abandonner immédiatement la surveillance, prétextant que d'après de nouveaux renseignements il me suffisait de ne pas perdre de vue la blanchisseuse de la rue du Plâtre-Saint-Jacques, où Rodolphe avait laissé son linge, et j'ajoutai comme péroraison : Il faudra bien qu'il vienne le chercher, et on l'arrêtera !

Je me rendis ensuite près du sieur Gautruche dont la maison avait été plusieurs fois signalée pour des infractions aux règlements de police : des contraventions lui avaient été déclarées, il en avait gardé rancune à la police et semblait peu disposé à la servir. Je lui fis remarquer qu'il rendrait un grand service à la société s'il voulait me prêter son concours pour opérer l'arrestation de Rodolphe qui n'était après tout qu'un meurtrier et qui n'avait aucun droit à son indulgence ou à sa pitié. J'ajoutai que d'ailleurs la police lui saurait gré de sa coopération et lui en tiendrait bon compte à l'occasion. Enfin mes raisons le convainquirent tellement qu'il me donna sa parole d'arrêter l'assassin s'il se présentait pour réclamer ses 240 francs.

Ainsi que je l'avais prévu, ma combinaison eut un plein succès : Rodolphe, averti par ses acolytes que les surveillances étaient levées, vint à cinq heures du matin chez le marchand de vin réclamer son argent, mais celui-ci se rendit maître de l'assassin et envoya chercher les deux inspecteurs que j'avais mis en permanence au poste du Château-d'Eau

Comme on le voit, ce fut en cessant toute espèce de surveillance que je m'emparai de ce criminel qui sans cela aurait peut-être échappé à la justice.

Gilbert, atteint d'aliénation mentale, ne passa point en jugement, Rodolphe seul fut condamné à mort.

La soif des plaisirs et de la débauche avait fait de ces jeunes gens, âgés chacun de vingt-deux ans, trois voleurs d'abord, puis deux assassins et une victime.

XLVII

HISTOIRE D'UN COQUEUR RACONTÉE PAR LUI-MÊME

Je m'étais d'abord décidé à ne pas écrire ce chapitre par la raison qu'en ne faisant pas connaître le nom de mon coqueur, cette anecdote n'aurait pour mes lecteurs qu'un intérêt tout à fait secondaire; mais, après réflexions, j'ai pensé que, tout en conservant l'anonyme à mon héros, je n'en devais pas moins rapporter cette histoire, ne fût-ce que pour enseigner par l'exemple que les révolutions font toujours sortir de la fange quelques individus pour les placer à une certaine hauteur de l'échelle sociale.

Un jour, en entrant dans le bureau des agents pour donner quelques ordres, je remarquai mon coqueur qui, commodément assis sur une chaise, le pied et le coude appuyés sur une autre, pérorait au milieu des inspecteurs faisant cercle autour de lui. Assis de manière à tourner le dos à la porte d'entrée, il ne s'aperçut pas de mon arrivée; curieux de savoir ce qu'il pouvait raconter, je m'approchai à pas de loup, en faisant signe à ceux de mes agents qui me voyaient, de ne pas compromettre mon incognito, et j'écoutai. Voici ses paroles presque textuelles, car elles sont restées gravées dans ma mémoire :

— Je suis né, disait-il, dans une petite ville du Midi ; mon père était d'origine étrangère et avait depuis longtemps quitté sa patrie pour venir habiter la France.

« Mes parents ne purent jamais me faire apprendre un état, j'étais l'ennemi de tout travail manuel, j'avais en quelque sorte sucé la paresse avec le lait, et je me sentais, quoique bien jeune, des instincts nomades qui me faisaient aspirer après le moment où je pourrais abandonner le toit paternel pour me soustraire à la surveillance de mon père ; aussi, un beau matin, profitant de l'absence des auteurs de mes jours, je fis mon paquet et, sans tambour ni trompette, je partis pour Marseille ou je ne tardai pas à m'associer à une bande de contrebandiers qui exerçaient leur industrie entre cette ville et les côtes d'Italie. Cette existence était d'autant plus agréable que les bénéfices étaient considérables et le travail peu fatigant, car il ne s'agissait que de ruser et non de travailler ; lorsque la contrebande nous laissait quelque temps de repos, le vin, le jeu et les femmes étaient nos plaisirs. L'argent que nous gagnions sans peine, nous le dépensions sans regret, et ma foi, je dois l'avouer, ce fut là le plus beau moment de ma vie ; mais la fortune, jalouse de mon bonheur, me fit subitement quitter mes camarades. Je m'étais embarqué à Gênes avec plusieurs de mes associés sur un bâtiment en partance pour Marseille ; notre chargement consistait en marchandises prohibées que nous comptions introduire dans la ville, où nous en avions un placement assuré ; malheureusement pour nous, ou plutôt pour moi, nous remarquâmes qu'il y avait parmi les passagers un douanier sarde qui vraisemblablement ne s'était embarqué que pour faire confisquer nos marchandises à l'arrivée.

«L'affaire était grave, car si ce gabelou réussissait dans son dessein, la perte pour nous devait être considérable. On s'assembla sur le pont, on tint conseil, et il fut décidé à l'unanimité qu'il fallait se débarrasser du douanier. La chose était plus facile à dire qu'à faire, cependant je me chargeai de l'opération avec un camarade, et, saisissant une circonstance favorable, nous le balançâmes par-dessus les bastingages dans la mer. Nous avions si bien pris notre temps qu'on ne s'aperçut pas de la disparition, mais après notre entrée à Marseille, le gouvernement sarde porta plainte, la justice me traqua, et, pour échapper à ses recherches, je me réfugiai en Algérie. Quand l'affaire fut assoupie, je revins à Lyon où je me trouvai sans le sou, mais j'eus la chance de rencontrer un camarade qui me procura une place de surveillant aux travaux de terrassement de la ville ; bientôt j'abandonnai cette surveillance par trop assujettissante, pour me faire saltimbanque, genre lutteur. Ce nouvel état ne tarda pas à me déplaire, car si l'on faisait bombance un jour, on était le lendemain réduit à une diète forcée. Je quittai *la baqune* pour tenir un *Flouau* (jeu de hasard sur la voie publique.) Ce nouveau commerce ne me réussit pas davantage, et, après avoir mené une vie d'autant plus misérable que je m'étais marié, je cherchais à rendre quelques services à la police en me faisant coqueur : Je pensai alors que pour ce métier j'aurais bien plus de chances à Paris qu'à Lyon. Je partis donc pour la capitale, où j'arrivai avec quelques sous dans ma poche et ne sachant de quel côté donner de la tête. J'étais jeune, confiant dans l'avenir et peu scrupuleux sur les moyens qu'il me faudrait employer pour vivre, j'allai m'établir rue de la Vannerie n° 10, dans un garni de maçons, où, moyennant vingt centimes, on possédait pendant une nuit le droit de s'étendre sur la paille qui tapissait le plancher d'une chambrée où vingt limousins ronflaient à briser les vitres. Pendant quelques jours je me promenai dans la capitale, en me battant les flancs; un soir, après avoir payé à l'avance ma location d'une nuit, je me trouvai sans un sou. Le lendemain je filai le long des quais, j'allai me *balader* aux Champs-Élysées, espérant saisir aux cheveux quelques circonstances favorables pour me tirer d'affaire, mais rien ne se présenta. La matinée m'avait paru longue, la journée me sembla interminable, à jeun et il n'y a rien comme la faim pour faire paraître le temps long. La nuit approchait et je commençais à me tourmenter, lorsque j'eus le bonheur de rencontrer un saltimbanque que j'avais connu à Lyon et auquel j'exposai ma position; l'honnête lutteur me fit manger un morceau avec lui et m'adressa à son frère, maître tailleur; celui-ci me reçut comme l'enfant de la maison, et, pour me prouver son amitié, me confia, dès le lendemain à six heures du matin jusqu'à huit heures du soir, un carreau pour aplatir les coutures. Bientôt je devins un des favoris du patron, mais j'avais le défaut d'être insensible à la gloire qu'il fallait acquérir par le travail; ma nature nomade et paresseuse s'accommodait fort peu de travailler toute la journée. Il me vint alors à l'idée que le chantage au remplacement militaire serait moins fatigant, moins ennuyeux et plus lucratif; à cet effet, je me présentai chez le sieur Guignard, marchand d'hommes, quai de la Grève; comme étant célibataire, pour remplacer. Le recruteur me prit à sa solde à raison de quarante sous par jour, en attendant mes papiers, qui ne devaient jamais arriver, et, lorsque j'eus reçu de la sorte une centaine de francs, je crus prudent de me donner un courant d'air et laissai le marchand de chair humaine tout désappointé. Mon étoile voulut alors que je rencontrasse d'anciens camarades que j'avais connus à Marseille et à Lyon, et qui, pour le moment, étaient assez bien fournis de *picaillons* (de monnaie); nous passâmes la journée ensemble, puis le soir, nous allâmes tous, bras dessus bras dessous, dans différentes maisons publiques de la cité et du quartier des Arcis, où je fis connaissance de plusieurs filles qui m'engagèrent à retourner les voir. La proposition était trop de mon goût pour qu'il me prît fantaisie de refuser, et j'y retournai pas plus tard que le lendemain. Une de mes nouvelles conquêtes, qui avait la confiance de la femme Suchet, maîtresse de la maison de tolérance de la rue de la Tannerie, me procura un asile dans cet établissement. Dès que je me vis le commensal de la mère Suchet, je m'appliquai à me lier intimement avec les voleurs, dont les maisons de la cité pullulent, et, favorisé en cela par l'influence que je possédais sur un grand nombre de filles, qui remplissent le premier rôle dans l'existence oisive des malfaiteurs, je ne tardai pas à être au courant de toutes les entreprises qu'ils méditaient, de toutes celles dans lesquelles ils avaient échoué, et, afin de pouvoir mieux les amadouer, je me montrais exalté et téméraire pour ces sortes d'opérations : au moment définitif, je disparaissais.

« Et voilà, messieurs, comment, ayant repris mon ancien métier de coqueur, j'ai eu le plaisir de faire votre connaissance. Je ne sais ce que l'avenir me réserve, mais quoi qu'il arrive, je m'en bats l'œil, car je saurai toujours bien me tirer d'affaire. »

Tout en admirant l'impudence et l'infamie de l'individu je ne fus pas fâché de connaître à fond les antécédents de ce misérable qui, plus tard, comme je l'ai dit, arriva, après le 2 décembre, à la fortune et aux honneurs. Balestrino.

XLVIII

DEUX PÉTARDS AUX TUILERIES.

Dernier descendant d'une race qui menaçait de s'éteindre, le duc de Berry avait eu, en mourant, la consolation d'apprendre que la duchesse sa femme était enceinte. Cette grossesse, les journaux l'avaient annoncée, et les royalistes n'avait pas manqué de faire remarquer que la main qui avait dirigé l'assassin dans le crime du 23 février avait crû priver le trône d'un héritier, le roi d'un successeur direct; mais que le ciel, déjouant ces projets, s'était plu à féconder l'illustre duchesse pour donner aux Bourbons de la branche aînée un nouveau rejeton. Cependant cet espoir ne faisait pas la joie de tout le monde, et trois individus, Gravier, ancien officier de l'Empire, Bouton et L***, résolurent d'empêcher la grossesse d'arriver à terme. Pour cela, ils imaginèrent de fabriquer deux pétards formidables, dans l'intention de les placer sous le guichet des Tuileries non loin de l'appartement de la princesse. Ces pétards, auxquels on ne devait mettre le feu que la nuit, devaient provoquer l'avortement de la duchesse par la peur que lui causerait la détonation.

Une fois le projet arrêté, on se mit à l'œuvre ; Bouton et Gravier s'étaient chargés d'acheter la poudre et de fabriquer l'instrument nécessaire à la perpétration du crime.

Mais ces deux hommes ne tardèrent pas à éprouver des craintes, des scrupules et même des remords ; l'action qu'ils avaient préméditée leur apparut dans toute son horreur, le crime qu'ils devaient commettre les effraya, et bientôt l'affaire traîna en longueur ; peut-être même aurait-elle été entièrement abandonnée si, parmi les trois conjurés, il n'y avait pas eu un Judas, qui déjà avait vendu le sang de ses complices.

L*** était depuis quelque temps en relation directe avec l'officier de paix Rivoire, près duquel il se rendait tous les jours à la préfecture, dans la salle même où se réunissaient tous les officiers de paix et les inspecteurs pour recevoir leurs ordres de service. L*** était parfaitement connu de tous les agents, chacun savait pourquoi il venait, mais jusqu'alors il avait l'adresse de ne pas faire connaître ceux qu'il trahissait, en promettant de les livrer au moment où ils commettraient leur forfait.

Chaque jour, Bouton et Gravier recevaient la visite de leur faux frère et chaque jour celui-ci les pressait de mettre la dernière main à la confection des deux pétards. Lorsqu'ils furent terminés, L*** et Gravier, dans la nuit du 29 avril se rendirent aux abords des

Tuileries et firent partir le premier pétard sans que le résultat eût aucune suite fâcheuse, Bouton et Gravier avaient été tellement émus par cette criminelle tentative qu'ils étaient décidés à ne pas donner suite à leurs coupables projets, mais L*** leur ayant reproché leur lâcheté et leur couardise, ses deux dupes se laissèrent endoctriner par ce fourbe et il fut décidé qu'ils mettraient le feu au second pétard dans la nuit du 6 mai.

A l'heure fixée, L*** accompagna Gravier jusqu'au guichet des Tuileries, côté de la rue de Rivoli ; mais arrivé là, il le laissa aller seul et se retira à l'écart ; l'officier de paix Rivoire, ainsi qu'il avait été convenu à l'avance avec L***, se trouvait posté en embuscade à proximité avec les agents David, Gannat, Mazières et Lambquin. Au moment où Gravier se baissait pour déposer le pétard, Rivoire et ses agents se précipitèrent sur lui et le saisirent.

Bouton fut arrêté peu de jours après.

A la suite de cette double arrestation, on vit L... revenir à la préfecture pendant plusieurs jours, comme si, dans ces murs qu'il côtoyait, deux hommes ne s'y trouvaient pas, par son fait, sous une inculpation qui pouvait entraîner la peine capitale !

Dans leurs interrogatoires, Gravier et Bouton avaient parlé de leur complice ; la police, qui voulait soustraire celui-ci à la justice, le fit partir pour la Hollande où il alla dépenser l'argent que sa provocation lui avait valu. Quant à Gravier et Bouton, ils furent condamnés à la peine de mort ; mais la duchesse de Berry écrivit au roi, son oncle, la lettre suivante :

« Mon cher oncle,

« Comme je ne puis voir le roi aujourd'hui, je lui écris pour lui demander la grâce de deux malheureux qui ont été condamnés à mort, hier, pour tentative contre ma personne.

« Je serais au désespoir qu'il pût y avoir des Français qui mourussent pour moi. L'ange que je pleure demandait en mourant la grâce de son meurtrier, il sera l'arbitre de ma vie ; me permettrez-vous, mon oncle, de l'imiter et de supplier Votre Majesté d'accorder la grâce de la vie à ces deux infortunés ?

« L'auguste exemple du roi nous a habitués à la clémence ; daignera-t-il permettre que les premiers instants de l'existence de mon Henri, de mon cher fils, du vôtre, du fils de France, soient marqués par le pardon ?

« Excusez, mon cher oncle, la liberté que j'ose prendre de vous ouvrir mon cœur ; dans toutes les occasions, votre indulgente bonté m'y a encouragée.

« Je supplie le roi d'excuser ma hardiesse et de croire au respect aussi profond que les sentiments avec lesquels je suis

de Votre Majesté,
la très humble, très obéissante et très soumise nièce,

« CAROLINE. »

Après la réception de cette lettre, le roi commua la peine de mort prononcée contre Gravier et Bouton en celle des travaux forcés à perpétuité.

Les chansons de Béranger, qui avaient été mises à l'index et qui néanmoins se chantaient partout, causaient un vif mécontentement à messieurs les congréganistes. Il fut donc prescrit aux agents de police d'employer tous les moyens pour faire saisir ces chansons chez les libraires. L'agent D..., pour obtenir la bienveillance de ses chefs dans cette circonstance, se rendit chez le sieur Terry, libraire au Palais-Royal; il s'y annonça comme expéditeur pour les États-Unis, en ajoutant qu'il avait en ce moment un bâtiment en partance pour Philadelphie, chargé de plusieurs pacotilles, qu'il ne lui manquait plus que des exemplaires par milliers des chansons de Béranger pour compléter sa cargaison, et que si M. Terry pouvait les lui fournir, il les lui payerait largement. Le libraire, qui n'en possédait pas, lui répondit que la chose lui était impossible, mais l'agent le supplia tellement, que M. Terry lui promit de s'en procurer chez un de ses confrères; l'heure fut convenue pour la livraison à une fausse adresse indiquée par D..., qui chargea trois de ses collègues de surveiller le libraire, et au moment où se commerçant, nanti de ses exemplaires, se rendait au prétendu domicile de D..., il était arrêté dans la rue par trois agents. L'infortuné Terry, traduit en police correctionnelle, s'entendit condamner à six mois de prison et à une forte amende.

Comme on le voit, les provocations étaient à l'ordre du jour. Toutefois, ce qui doit au premier abord paraître non seulement surprenant, mais incompréhensible, c'est le grand nombre de fabricants, de commerçants, dupes de ces infâmes provocations; car, pour les faire tomber dans leurs filets, les agents ne déployaient que fort peu d'imagination; c'était toujours le même moyen mis en œuvre : la commande de bustes de Napoléon, d'emblèmes tricolores, en un mot, d'objets séditieux destinés, selon leur dire, aux États-Unis ou à quelques petites républiques d'Amérique. Les avertissements cependant ne manquaient pas; chaque jour, les journaux rendaient compte de nombreuses condamnations prononcées pour la vente ou la fabrication d'objets prohibés, mais l'appât du bénéfice enfantait tous les jours de nouveaux délits.

Ce système ne pouvait qu'exciter les mauvaises passions de certains agents; car pour se faire remarquer de ses chefs, il n'y avait qu'un seul moyen : découvrir quelque conspiration, quelque complot; ou si, après bien des recherches, on ne découvrait rien, créer adroitement quelque infâme machination, inculper dans un prétendu complot un honnête père de famille qui de sa vie n'avait pensé à conspirer, imaginer des complices, choisir pour ce rôle d'autres innocents, enfin livrer le tout à la police.

C'est à ce dernier moyen que s'arrêta entre autres un certain B..., l'un des officiers de paix de M. Delavau. Cet homme était doué d'une énergie remarquable ; aussi astucieux qu'entreprenant, il savait tirer parti de toutes choses. Dévoré d'une ambition démesurée, il cherchait toutes les occasions de se faire valoir. Un matin, il fit venir dans son bureau un de ses agents, nommé D..., tailleur de son état, ancien garde royal et décoré de la Légion d'honneur. « Mon ami, lui dit-il, lorsqu'ils furent seuls, on prétend à la préfecture que nous ne savons plus rien faire ; il est vrai que depuis longtemps aucune opération quelque peu importante n'a été faite par nous, aussi est-il urgent que nous nous réhabilitions aux yeux de tous, en prouvant que nous savons travailler mieux que personne. J'ai pensé à vous, je connais votre adresse, votre intelligence, et je suis persuadé qu'en vous confiant une affaire, vous saurez la conduire à bonne fin. »

(Ici, D... grimaça un sourire et exécuta un petit balancement qu'à la rigueur on pouvait prendre pour un salut.)

« Demain matin, continua l'officier de paix, vous irez chez quelque gros marchand de la rue Saint-Denis, vous aurez soin de vous adresser à un négociant bien connu par son libéralisme, et vous lui commanderez quelques douzaines de bretelles tricolores ; cela pourra très bien passer pour une charmante petite conspiration, car au lieu de prendre livraison des bretelles, nous les ferons tout simplement saisir. »

Muni de ces instructions, D... s'en alla flâner rue Saint-Denis, le nez au vent, les mains dans ses poches, cherchant parmi tous ces noms qui s'étalaient au-dessus des boutiques quel était celui qu'il devait choisir.

Le lendemain matin, il se présentait chez M. Burth, fabricant de bretelles, rue Saint-Denis, n° 349, qu'on lui avait signalé comme étant un libéral.

— Monsieur, lui dit-il, je suis en rapport direct avec plusieurs républiques de l'Amérique qui me demandent toutes, en ce moment, des bretelles tricolores.

— Monsieur, interrompit le marchand, je regrette sincèrement de ne pouvoir vous satisfaire ; je ne vends pas de bretelles tricolores et je ne puis ni ne dois en aucune façon me charger d'une pareille commission. J'ai ici des bretelles de toutes sortes et de toutes dimensions ; si vous pouvez vous en contenter, je serai heureux de traiter avec vous.

D... refusa et revint l'oreille basse, raconter à son officier de paix, le mauvais succès de ses démarches.

— Mon cher, dit celui-ci, avec impatience, j'en suis bien fâché pour vous ! Je vous confie une affaire superbe et vous me la *brûlez* (manquez). Tant pis ! arrangez-vous comme vous l'entendrez, mais j'ai parlé de cette affaire aujourd'hui même, il faudra bon gré mal gré qu'elle réussisse.

D... baissa la tête et promit de faire que la combinaison arrivât à bonne fin. A cet effet, il retourna chez Burth.

— Monsieur, lui dit-il, j'ai réfléchi, et puisqu'il

vous est impossible de vous charger de ma commande, j'éprouverai probablement ailleurs les mêmes difficultés ; je vais donc m'y prendre différemment et voir s'il y a un moyen de m'arranger des bretelles que vous avez en magasin.

Puis il choisit et acheta quelques douzaines de bretelles entièrement blanches, mais portant visiblement la marque du fabricant. Après quoi, étant allé acheter du ruban bleu et rouge, il rentra chez lui et passa la nuit à garnir ces bretelles qui, ayant un bord rouge et un autre bleu, devinrent ainsi tricolores.

Le lendemain matin, il se présenta au bureau de M. B... avec les bretelles ; un mandat fut décerné, on fit une perquisition au domicile et dans les magasins de M. Burth. Cette perquisition n'amena, comme on le pense bien, aucune découverte ; mais le fabricant n'en fut pas moins arrêté, et peu de jours après relâché, faute de preuves suffisantes.

A quelque temps de là, M. Burth allait au Théâtre-Français, lorsque, arrivé au contrôle, il vit avec surprise l'homme aux bretelles qui causait avec un des employés : D..., de son coté l'apercevant, s'esquiva tout de suite.

Le fabricant, qui nourrissait une secrète rancune contre l'individu qui s'était joué de lui et avait manqué de lui mettre une très vilaine affaire sur les bras s'informa auprès du contrôleur quel était cet homme et apprit que c'était l'agent de police D...

Le lendemain, une plainte était déposée au parquet, et le procureur du roi commençait une enquête, qui n'aboutit pas, car autrement il eût fallu poursuivre au criminel un agent secret de la police.

Pour satisfaire l'opinion publique qui s'était émue de cette manœuvre, dont les journaux, en faisant connaître les moindres détails, avaient mis à jour toute l'infamie, on simula une réparation administrative, en prononçant officiellement la révocation de l'agent D...; puis, au bout d'un certain temps, on le réintégra dans ses fonctions, et M. Burth fut encore une fois joué, car tandis qu'il se félicitait d'avoir fait chasser son indigne provocateur, l'ex-tailleur ne perdait même pas une seule journée de ses appointements.

L'agent de police T*** s'était abouché avec un nommé S***, ancien militaire, qui demeurait rue Saint-Lazare, 120; ces deux individus, ainsi qu'un troisième portant l'uniforme d'officier des Invalides, se réunissaient chaque jour au Champ de Mars, où T***, après quelques moments d'entretien, remettait à S*** une pièce de 5 francs. Alors ce dernier se dirigeait vers la barrière Monceaux, et, allant de cabaret en cabaret, ne rentrait chez lui qu'après avoir fortement ébréché son prêt journalier. Deux agents, ignorant complètement ce dont il s'agissait, avaient reçu l'ordre de suivre l'habitant de la rue Saint-Lazare, afin de pouvoir rendre compte de ses actions, et ne le quittaient que lorsqu'il rentrait à son domicile. Ces manœuvres durèrent une quinzaine de jours; alors T*** déclara que S*** était décidé à tuer le roi, et qu'il était temps de l'arrêter. Voilà à quoi tendaient ces réunions journalières au Champ de Mars. Le lendemain de ce rapport, l'agent provocateur, le faux officier d'Invalides et S*** arrivèrent comme de coutume à leur rendez-vous ; mais cette fois, au lieu d'y séjourner, ils se dirigèrent vers Plaisance, entrèrent chez un marchand de vins dont la maison avait été choisie à l'avance par T***, et montèrent dans un cabinet ayant une pièce contiguë de laquelle on pouvait entendre tout ce qui se disait dans l'autre. Les agents qui depuis quinze jours suivaient S*** allèrent se placer dans une pièce située au-dessus de ce cabinet ; mais, curieux, comme tous hommes de police, ils écoutèrent à la porte, et bientôt ils entendirent T*** dire à sa dupe :

— Le moment approche, il ne faut plus attendre ; nous allons vous louer sur la route de Neuilly une petite maison isolée ; un bon cheval sera à votre disposition pour que vous puissiez prendre la fuite après le coup.

En ce moment, un commissaire et des agents arrivèrent dans le cabinet contigu pour entendre la conversation de S***, et celui-ci non seulement surexcité par les discours de ses deux interlocuteurs, mais encore par les nombreuses libations qu'on lui avait fait faire se répandit en menaces violentes contre le roi déclara formellement être bien décidé à attenter à sa vie, *à délivrer la France de son tyran*.

Ces paroles et d'autres furent soigneusement recueillies et écrites par le commissaire de police, et lorsque T***, jugeant qu'on en avait assez entendu, leva la séance, les trois conjurés sortirent de chez le marchand de vins ; mais deux minutes après, tous trois étaient arrêtés par des agents et emmenés chacun d'un côté différent.

L'agent T*** et le faux officier d'Invalides furent, bien entendu, relâchés ; quant à S***, il fut conduit à Brest avec sa femme et embarqué pour le Sénégal.

Chaque jour de nombreux placards injurieux pour le roi, et contenant des menaces contre sa personne, étaient affichés dans les faubourgs Saint-Antoine et du Temple, deux centres populeux ; la police s'en était émue, mais elle avait affaire à forte partie ; les coupables n'avaient pu être découverts. Aussi, de guerre lasse, l'administration avait fini par promettre une récompense à celui des agents qui arrêterait ou découvrirait l'auteur de ces affiches. Moyen extrême employé généralement quand une affaire est désespérée. Aussitôt la récompense promise, un agent secret fit savoir, par un rapport, qu'il avait enfin mis la main sur l'auteur de ces pamphlets, et que si le soir, à neuf heures, on voulait envoyer deux agents ostensibles chez tel marchand de vins du faubourg du Temple, ceux-ci y trouveraient deux individus, l'un grand et vêtu d'une redingote blanchâtre, l'autre petit et couvert d'une redingote bleue ; qu'enfin en suivant ce dernier, ils s'assureraient que c'était bien lui qui affichait les placards en question.

- Exacts au rendez-vous, les agents se mirent en observation à l'heure dite : l'homme à la redingote bleue était seul à une table du marchand de vins ; mais quand le grand au vêtement blanchâtre arriva et se joignit à lui, les agents le reconnurent parfaitement pour être un agent secret.

Un quart d'heure se passa en conversation, puis le grand remit à son acolyte, mais non pas assez adroitement pour qu'on ne s'en aperçût, un paquet d'affiches et tous deux se séparèrent en se disant : Au revoir.

Le petit fut suivi et arrêté au moment où il apposait le quatrième placard. C'était un nommé L***, mécanicien, demeurant rue Fontaine-au-Roi, vivant avec peine du produit de son travail, et, de plus, l'unique soutien de sa vieille mère septuagénaire.

Pendant les débats, ce malheureux, qui ne pouvait nier le délit dont il s'était rendu coupable, chercha, mais inutilement, à se défendre, en alléguant qu'il avait été poussé à afficher ces libelles injurieux par un grand jeune homme qu'il ne connaissait que sous le nom d'Adolphe, lequel lui avait remis ces pamphlets, chez un marchand de vins du faubourg du Temple, pour les placarder. Le tribunal ne pouvait admettre de telles raisons, et le malheureux paya de sa liberté les provocations et les menées de l'agent secret, car les agents ostensibles s'étaient bien gardés de parler de lui, croyant qu'il était autorisé à commettre cette provocation.

L'agent de police A***, ancien militaire, fit un jour la rencontre du sieur B***, ouvrier menuisier, l'un de ses anciens camarades de régiment, et, comme il est d'usage en pareil cas, une halte chez un marchand de vins permit à une vieille amitié de s'épancher fraternellement. A*** se garda bien de faire confidence des fonctions secrètes qu'il remplissait et se posa comme un modeste employé faisant la place pour une maison de commerce. Au contraire, B***, le menuisier, avoua franchement que son travail pouvait à grand'peine subvenir aux besoins de sa famille et il en donna pour cause principale la marche du gouvernement qui paralysait les affaires. Le fourbe et astucieux agent pensa aussitôt qu'il pourrait plus tard tirer profit des sentiments politiques de son ancien camarade. Ils se quittèrent enchantés l'un de l'autre et se promettant de se revoir bientôt. L'agent, pour ne pas brusquer l'affaire qu'il méditait et ne pas éveiller les soupçons de la proie qu'il convoitait, ne se présenta au domicile du menuisier que quinze jours après la première entrevue. On alla vider une bouteille, et A*** amena adroitement la conversation sur la politique et fit chorus avec B***, pour blâmer l'état de choses, sans cependant pousser aussi loin les récriminations. Les visites de l'agent devinrent plus fréquentes et la confiance ne tarda pas à paraître complète entre les deux camarades. C'est alors que A*** proposa à B*** de lui faire connaître un homme qui, disait-il, occupait une certaine position dans le monde et qui était l'un des principaux membres d'une société secrète. La proposition fut acceptée, et bientôt A*** présenta l'agent C***, son collègue comme étant le personnage annoncé. Une intimité sympathique sembla s'établir entre ces trois individus et les réunions se multiplièrent ; enfin, un certain soir, C*** dit au menuisier qu'il était chargé par son comité de faire construire une machine infernale et lui proposa d'exécuter ce travail, en l'assurant qu'il serait récompensé généreusement. B*** manifesta d'abord de la répugnance pour entreprendre une telle besogne, mais les instances et les raisonnements du complice de C*** ne tardèrent pas à lever les scrupules de ce pauvre diable, qui, pour dernière objection, déclara qu'il n'avait pas d'argent pour acheter les matériaux nécessaires à la fabrication de l'instrument régicide.

— Qu'à cela ne tienne, reprit C***, on vous fournira tout ce dont vous aurez besoin.

Le menuisier se mit à l'œuvre. L'un ou l'autre des deux agents venait, chaque jour, lui rendre visite et l'encourager à activer son travail. Enfin, lorsque l'instrument de mort fut presque achevé, un commissaire de police, accompagné d'agents se présenta un matin au domicile du menuisier, procéda à son arrestation et à la saisie de la machine. Le malheureux, conduit en prison, se donna la mort la nuit même dans son cachot.

Ces quelques exemples suffiront, je pense, pour donner une idée des moyens exécrables mis en œuvre à certaines époques par de méprisables agents pour faire du zèle, afin d'en tirer bénéfice.

L'opinion publique ne saurait trop flétrir les provocations quelles qu'elles soient, et la justice ne saurait être assez sévère pour en punir les auteurs ; mais hélas ! en politique, il est souvent bien difficile pour ne pas dire impossible, de découvrir la *vérité vraie!*

XLIX

ASSASSINAT D'HERMANCE DECREUS.

Voici un criminel qui se sépare complètement des types ordinaires, un voleur à l'âme charitable, au cœur bon, humain, aimant à soulager la misère de ses propres deniers, sachant profiter, pour faire le bien, des nombreux hasards de sa triste vie, et, disons-le, pour le faire avec discernement, finissant toutefois par porter sur l'échafaud une tête que la société a maudite, que l'humanité a réprouvée et que la justice a flétrie en lui gravant sur le front le mot : Assassin !

Jadin tenait, en 1833, avec sa concubine, la fille Rosalie C***, un café rue Saint-Germain l'Auxerrois. Quels que soient les bénéfices attachés à cette industrie, quelles que fussent les chances de succès qu'une clientèle nombreuse pouvait lui offrir, Jadin était loin d'être satisfait de sa position ; aussi joignait-il aux ressources qu'elle lui procurait les bénéfices de la profession beaucoup plus lucrative de voleur.

Serrurier expert, habile ouvrier, il excellait dans

la fabrication des fausses clefs. En outre, une rare prudence lui assura longtemps l'impunité. Un jour, cependant, moins heureux que d'habitude, il fut arrêté en flagrant délit de vol à l'aide de fausses clefs, avec les circonstances aggravantes d'escalade et d'effraction dans une maison habitée. Traduit devant la cour d'assises, il s'entendit condamner à dix ans de travaux forcés.

Le jour même de l'arrestation de Jadin, la fille Rosalie demanda au parquet du procureur du roi l'autorisation d'aller voir son amant à la Force. Le sieur B***, commis d'ordre, à qui elle s'adressa sous le nom de femme de Jadin, fut touché de sa douleur, de ses larmes. B*** était jeune, la fille Rosalie était fort jolie; aussi B*** lui fit accorder la permission qu'elle sollicitait, et, en échange de sa complaisance, il obtint bientôt la récompense qu'il désirait, car des relations intimes et suivies s'établirent entre eux. Malheureusement, B***, avec l'inconséquence des amoureux, ne sut pas séparer sa vie publique de sa vie privée, et bientôt sa nouvelle maîtresse fut au courant des secrets les plus intimes du travail qu'il faisait chaque jour au Palais de justice.

Grâce à ces renseignements, que Rosalie reportait fidèlement à Jadin dans sa prison, celui-ci fut instruit qu'il existait à son dossier judiciaire une note de police constatant qu'à une époque antérieure il avait été condamné à dix jours de prison pour voies de fait. Or cette note, qui par elle-même ne présentait aucun caractère sérieux, offrait cependant une particularité remarquable qui pouvait être extrêmement préjudiciable à l'innculpé. Jadin y était qualifié d'*ouvrier serrurier;* cette profession, coïncidant avec le chef d'accusation de fabrication de fausses clefs, pouvait donner une nouvelle force aux preuves et témoignages déjà recueillis. Il devenait donc très important pour Jadin de faire disparaître ce document; aussi ce fut vers ce but que tendirent tous ses vœux et toutes les intrigues de sa concubine.

B***, circonscrit par la fille Rosalie dans un cercle incessant de prières, de menaces, de séductions, ne put en sortir qu'en lui remettant la pièce accusatrice, qui fut aussitôt portée à Jadin dans sa prison et détruite par lui. Toutefois, craignant qu'on ne vînt à s'apercevoir de cette soustraction et qu'on l'en rendît responsable, B*** en demanda un duplicata à la préfecture sous le prétexte que la première copie avait été égarée. Le duplicata demandé fut expédié par le sieur Benoît, employé aux sommiers judiciaires, mais le mot accusateur d'*ouvrier serrurier* se trouva retranché sur cette deuxième copie. On ignora toujours si cette omission était un oubli ou une préméditation du sieur Benoît, mais l'opinion publique pencha vers cette dernière hypothèse, car, peu de temps après, il se suicida.

Le procès de Jadin s'instruisit, et la cour d'assises le condamna à dix ans de travaux forcés. Mais la fille Rosalie détermina son amant à faire des révélations pour obtenir la faveur de ne pas aller au bagne et de faire son temps dans les prisons de Paris, où il aurait moins à souffrir et où elle pourrait facilement aller le voir. Dans cette intention, elle fit connaître elle-même à la police toutes les particularités de la soustraction de la note, ce qui provoqua d'abord la révocation de B***, puis son arrestation. Jadin, de son côté, révéla à la police qu'il était l'auteur du vol de cent vingt-quatre couverts d'argent et de cent dix-huit timbales de même métal, commis la nuit, à l'aide d'escalade et de fausses clefs dans le pensionnat Muron, rue de la Pépinière, et il désigna comme ayant été ses complices les nommés Richard et Liékens; puis il ajouta que les précautions à prendre, les dangers à éviter, les empreintes des clefs, enfin toutes les indications nécessaires pour commettre ce vol avaient été données par son beau-frère, le sieur G***, professeur dans cette institution.

Les trois complices furent arrêtés, un nouveau procès s'instruisit. Richard et Liékens, n'ayant pas contre eux de charges suffisantes, furent acquittés; G***, fut condamné à cinq ans de réclusion et le dénonciateur vit s'ajouter à sa première condamnation douze années de travaux forcés.

Quatre ans plus tard, grâce à ses révélations, aux services qu'il avait rendus à la police et en considération de sa bonne conduite en prison, Jadin obtint des lettres de grâce pleine et entière. Dès qu'il fut mis en liberté, ce malheureux, réellement résolu à quitter la triste voie qu'il avait si longtemps suivie, alla rendre visite au chef de la police de sûreté et le remercia, les larmes aux yeux, de toutes les bontés qu'on avait eues pour lui. Il ajouta qu'il avait la promesse d'être constamment occupé par l'entrepreneur des travaux de serrurerie de la Roquette, et que, sûr de gagner honorablement son pain, il voulait abandonner complètement ses habitudes de paresse, de débauche, fuir ses anciens camarades de perdition, en un mot, il jura que désormais sa conduite serait irréprochable. Et Jadin, employé pendant trois mois à raison de trois francs vingt-cinq centimes par jour dans les ateliers de M. Goûtannier, maître serrurier rue de Montmorency, 4, s'y montrait honnête et laborieux ; il commençait même à manifester des sentiments religieux, lorsque malheureusement il rencontra Séguin et Valhin, anciens repris de justice, voleurs émérites avec lesquels il avait *travaillé*. Il fallut causer, dire quelle était sa vie, ses occupations, ses moyens d'existence ; mais ces deux misérables, entendant raconter à leur ancien camarade ses travaux de la veille, ses intentions du lendemain, au lieu de rentrer en eux-mêmes et de rougir de leur existence réprouvée, accueillirent cette confidence par des ricanements atroces, des plaisanteries infâmes. Ils s'efforcèrent de prouver à Jadin que le travail manuel n'était bon que pour les brutes et pour les imbéciles, que ce n'était pas pour trois malheureux francs qu'un homme, un homme capable surtout, devait se ravaler et travailler du matin au soir. Ils firent briller à ses yeux quelques bijoux, tinter à son oreille quelques pièces d'or ; ils lui rappelèrent ses anciens succès et les orgies qu'ils avaient faites ensemble. Réveillant tour à tour sa vanité, sa paresse, son amour du plaisir et de la bonne chère, ils renversèrent facilement en quelques heures l'édifice de réhabilitation que quatre années d'emprisonnement, de privations et de luttes intérieures avaient si péniblement élevé.

Dès ce jour, Jadin abandonna le travail de l'atelier pour reprendre ses anciennes habitudes, et s'enfonça de plus en plus dans le bourbier dont il était momentanément sorti ; mais, au milieu de ses méfaits, il eut souvent de ces élans d'humanité qui dénotent une nature généreuse, un cœur compatissant. Deux faits que je vais citer suffiront pour en donner une preuve.

Un jour, il entre dans une maison de la place Royale et monte l'escalier pour chercher une aventure. Une porte s'offre à lui ; il frappe une seconde fois, et, voyant que le même silence continue, il fait usage d'une fausse clef et pénètre dans la chambre ; mais, à la vue du mobilier, il s'arrête stupéfait : des mesures en papier accrochées à un clou lui annoncent qu'il est chez une couturière ; un mauvais lit, une commode vermoulue, quelques chaises boiteuses, tel est l'ameublement. Sur la cheminée est une cage avec un serin dont la mangeoire est presque vide et le verre rempli d'une eau pure et fraîche ; tout annonce la misère, mais tout est propre et rangé. « Dieu me pardonne, s'écrie-t-il, celle que je venais voler est pauvre comme Job ! » Et fouillant dans sa poche, il en tire les deux seules pièces de cinq francs qu'il possédait, les dépose dans la cage et s'échappe.

Une autre fois, Jadin se trouve rue du Rocher, il s'arrête devant une maison de mesquine apparence, mais, confiant dans ce dicton populaire : que l'habit ne fait pas le moine, il monte les cinq étages d'un escalier étroit humide et obscur ; une porte est devant lui, il frappe plusieurs fois et pénètre grâce à ses fausses clefs. Là encore, la vue de l'intérieur ne répond pas à ses espérances : un lit, ou pour mieux dire un grabat, et une armoire formant le mobilier ; il trouve une vieille redingote, une mauvaise paire de draps de lit et un livret d'ouvrier chapelier. Il se retourne et contemple avec tristesse cette pauvre mansarde, où il n'y a pas même de chaise. Tout à coup, un papier posé sur la cheminée frappe ses yeux : c'est un congé par huissier, donné au locataire à défaut de payement d'un terme de vingt francs. « Vraiment, dit-il, en voilà un qui est plus malheureux que moi ! » Prendre sur le congé l'adresse du propriétaire, le nom du locataire, est l'affaire d'un instant ; puis il se rend chez le premier :

— Monsieur, lui dit-il, voici vingt francs que M. Durand, votre locataire, m'a chargé de vous remettre en vous priant de vouloir bien retirer votre congé. Ayez l'obligeance de me donner la quittance. Il sort, met cette quittance sous enveloppe et l'adresse par la poste à l'ouvrier chapelier. De pareils faits n'ont pas besoin de commentaires. Hélas ! ces bons instincts mêmes devaient le conduire à sa perte !

Le 2 janvier 1838, à six heures du matin, un violent coup de sonnette m'annonça un visiteur : c'était l'inspecteur de police Roger, venant m'avertir que la veille une jeune fille avait été assassinée dans sa chambre, rue des Petites-Écuries, 41. A cette nouvelle, le chef du service de sûreté s'était immédiatement transporté sur les lieux ; mais, n'ayant pu obtenir aucun renseignement utile, il me chargeait de continuer les investigations à sa place. Je me rendis tout de suite à l'adresse désignée et j'interrogeai la concierge.

La victime, la demoiselle Hermance Decreus, femme de chambre de madame Widmer, profitant de la permission que sa maîtresse lui avait accordée, devait, le jour même de sa fin déplorable, sortir vers deux heures avec son prétendu, le sieur Mercier, domestique dans une autre maison. Elle monta dans sa chambre, située au cinquième étage. Quelques instants après, un individu passa devant la loge du concierge et monta l'escalier sans rien dire. La concierge, la femme Pommier, courut après lui pour lui demander où il allait : mais celui-ci, marmottant un nom qu'elle crut reconnaître pour celui d'un de ses locataires, elle rentra dans sa loge sans s'en inquiéter davantage. Un quart d'heure plus tard, l'inconnu redescendait lentement l'escalier, et, en passant devant la loge, il introduisait l'auriculaire de la main gauche dans son oreille afin de masquer autant que possible sa figure. Cet homme avait été également vu, mais sans être autrement remarqué, par M. Mestro, qui était venu rendre visite à la famille Widmer. A trois heures, Mercier arriva; impatient comme tous les amoureux, il monte l'escalier en courant, trouve la porte de la chambre entre-bâillée, la pousse doucement, avance la tête croyant surprendre sa prétendue, et se trouve lui-même fort étonné de voir tout en désordre. Il se retourne pour en chercher l'explication, et, dans une pièce située en face de la chambre d'Hermance, il voit cette malheureuse étendue par terre et baignée dans son sang. Aux cris de Mercier, la concierge accourt, la victime est transportée sur son lit, où bientôt elle expire sans avoir pu désigner son assassin. Le désordre de la chambre d'Hermance constatait qu'une lutte avait eu lieu, la malheureuse fille avait au cou trois profondes blessures, et les médecins appelés pour pratiquer l'autopsie du cadavre déclarèrent que ces blessures avaient été faites avec un fort tournevis laissé par l'assassin sur le théâtre du crime.

Tels étaient les événements que la concierge venait de porter à ma connaissance, quand survinrent M. Legonidec, juge d'instruction, et le commissaire de police. Ce dernier, m'apercevant, me dit aussitôt : « Je crois que vous perdez votre temps ici : il n'y a rien à faire; les concierges n'ont pu donner que fort imparfaitement le signalement de l'assassin. D'ailleurs, votre chef est venu hier, et il a bien vu que ce n'est pas dans cette maison qu'on trouvera le coupable.

— Cela peut être fort juste, lui répliquai-je; mais

j'ai reçu des ordres, et je dois les exécuter. Je suis ici, j'y reste. » A ces mots, je lui tournai les talons, et j'allai saluer M. Legonidec, qui, contrairement au premier, m'accueillit avec empressement, et me dit : « J'espère, monsieur Canler, que vous allez rester avec moi et m'aider dans mes recherches. » Je me mis à sa disposition, et je commençai par me faire donner aussi exactement que possible le signalement de l'individu. La concierge et sa fille avaient à peine vu sa figure ; elles avaient seulement remarqué qu'il portait des moustaches fort courtes. L'indication était loin d'être suffisante. M'emparant du tournevis oublié par le meurtrier, je chargeai un agent de se transporter, s'il le fallait, chez tous les quincailliers de la capitale et de découvrir de quel magasin cet outil sortait, à qui et quand il avait été vendu. Le second jour, ces recherches furent couronnées d'un plein succès, et je sus que cet instrument provenait de la boutique de M. Michon, quincaillier, rue du Petit-Carreau, 39.

Je me rendis chez ce commerçant, qui me déclara que le 31 décembre il avait vendu, pour la somme de 1 fr. 10 cent., le tournevis que je lui présentais à un individu dont le signalement répondait assez bien aux indications vagues données par la concierge de la rue des Petites-Écuries. Je proposai alors au chef de service de faire arrêter tous les malfaiteurs que je soupçonnais capables de commettre un pareil crime. C'était une mesure un peu générale, mais que les circonstances justifiaient pleinement. Plusieurs arrestations eurent lieu, mais la confrontation avec les témoins n'amena aucun résultat.

L'affaire en était là, et l'on pouvait douter du succès, lorsque le 12 janvier, en passant, vers cinq heures de l'après-midi, rue du Pont-Louis-Philippe, je vis sortir du café du sieur Brévune, situé au n° 8, Jadin, Valhin, Rose Guibert et sa sœur, toutes deux écaillères. Ils s'arrêtèrent sur le trottoir pour causer, les hommes faisant face à l'établissement, les femmes lui tournant le dos. Il me fallait passer entre celles-ci et le mur ; mais le passage était tellement étroit que je dus me mettre de côté. Tout naturellement mes yeux se portèrent sur les deux hommes auxquels je faisais face, et je fus aussitôt frappé de la ressemblance qui existait entre Jadin et l'individu signalé pour être le meurtrier d'Hermance Decreus.

Quant à Jadin, il m'avait regardé sans me saluer et sans paraître me reconnaître. Je ne crus pas devoir l'arrêter immédiatement pour plusieurs raisons : 1° je n'avais à invoquer contre lui que cette ressemblance peut-être trompeuse ; 2° ainsi que je l'ai dit, il avait montré, à sa sortie de prison, tant de repentir et manifesté tant de sentiments religieux, que la police ne devait pas penser qu'il fût l'assassin de la fille Decreus. Dans tous les cas, cette bonne opinion qu'on avait de lui (il le savait), devait lui donner toute sécurité, et j'étais bien sûr de pouvoir mettre la main sur lui quand il serait nécessaire.

J'allai d'abord prévenir le chef de service ; puis,

prenant un cabriolet, je me rendis rue des Petites-Écuries.

— Me reconnaissez-vous ? dis-je à la concierge.

— Oui, monsieur; c'est vous qui êtes venu lors de l'assassinat de cette pauvre Hermance.

— Eh bien, madame, veuillez, ainsi que votre fille, me prêter toute votre attention : je vais vous donner le signalement de celui que je crois être le meurtrier.

Alors je leur dépeignis Jadin de la tête aux pieds; sa figure, la grosseur de sa tête, la manière dont il portait son chapeau, sa démarche, et, à chaque trait, ces femmes répondaient : « C'est cela, c'est bien cela ! »

Sûr de mon fait, je revins trouver le chef du service. Nous nous rendîmes chez le juge d'instruction, qui décerna deux mandats d'amener contre Jadin et Valhin. Le premier fut arrêté rue de l'Arcade; son camarade rue du faubourg Saint-Denis. Mais, pendant le cours de l'instruction, on apprit tout à coup que le 1er janvier, le jour même de la perpétration du crime, Jadin avait été vu en compagnie d'un nommé Fréchard, dit Brutus, qui avait acquis une certaine réputation dans le monde des voleurs par son habileté et par la confidence que Lacenaire et Avril lui avaient faite de leur projet d'assassiner la veuve Chardon et son fils. En effet, Fréchard, appelé devant la cour d'assises pendant les débats, de cette triste affaire avait hautement déclaré avoir eu connaissance de ce criminel projet. En présence d'un pareil antécédent, en réfléchissant en outre qu'il avait été prisonnier avec Jadin et gracié en même temps que lui, on jugea qu'il avait pu lui servir de complice, et l'on décerna également un mandat contre lui.

Aussitôt que Jadin fut arrêté, on le conduisit au cabinet de M. Legonidec, qui envoya chercher les trois personnes qui avaient signalé l'assassin; mais chose incroyable, aucune d'elles ne reconnut positivement celui que j'avais découvert rien que sur les signalements imparfaits que ces mêmes personnes m'avaient donnés. Aussi, profitant de l'indécision des trois témoins principaux, Jadin adopta aux débats un système de dénégation absolue. Il n'en fut pas moins condamné à mort, et Fréchard, reconnu coupable de complicité de vol seulement, se vit appliquer la peine de dix ans de réclusion.

La veille de ce jugement, Jadin avait été acquitté dans une affaire de vol, de complicité avec Valhin et Séguin, qui furent tous deux condamnés comme récidivistes, le premier à vingt-cinq ans de travaux forcés, et le second à vingt années de la même peine.

Jadin n'ayant pas voulu se pourvoir en cassation, le délai fixé entre la condamnation et l'exécution était épuisé. C'était le lendemain que ce malheureux devait expier par son sang le crime qu'il avait commis. Nous allâmes, le chef du service et moi, le voir à la Conciergerie. Le condamné était assis dans un coin de sa prison, lisant attentivement un catéchisme. Il leva la tête, nous salua et nous remercia de la visite que nous lui faisions.

— Pourquoi ne vous êtes-vous pas pourvu en cassation? demandâmes-nous?

— Ah! messieurs, la mort est cent fois préférable à l'existence affreuse que je mènerais maintenant. La vie m'est à charge, et, certes, je ne ferai rien pour la prolonger. Cette malheureuse fille que j'ai frappée, et dont le sang a rejailli jusqu'à moi, est continuellement présente à ma pensée. La nuit, je la vois en rêves, et quels rêves, mon Dieu!... Le jour, je crois la voir encore, et toujours cette image sanglante se dresse devant moi pour me reprocher mon crime, ma lâche cruauté! Oh! non, je n'étais pas né pour être assassin!

Le 1er janvier, continua-t-il, Fréchard, avec lequel je m'étais trouvé en prison, vint me voir et me souhaiter la bonne année. Une politesse en vaut une autre : je l'emmenai déjeuner chez un marchand de vin de la rue de l'Arcade. On causa, on but, et, à la fin du repas, je lui proposai de m'accompagner à la prison de la Roquette, où mon beau-frère était alors détenu.

— Ce serait avec plaisir, répondit Fréchard, mais je ne puis ni ne veux sortir avec toi dans l'état de misère où je me trouve.

— Bah! n'est-ce que cela? Viens avec moi, je vais te procurer des effets et de l'argent; ce ne sera pas long. Nous avions la tête échauffée par le vin; et, marchant au hasard, nous arrivâmes rue des Petites-Écuries.

— Tiens, lui dis-je en lui montrant le n° 41, voilà une belle maison dans laquelle il doit y avoir des bourgeois, et conséquemment, des domestiques. Je vais aller rendre visite à la *cambriole* (chambre) de l'un d'eux. Attends-moi là, je ne serai pas long.

J'entre hardiment dans la maison, je monte l'escalier; la concierge court après moi pour me demander chez qui je vais, mais je lui jette le premier nom qui me passe par la tête, et me voilà sans encombre au cinquième étage. J'avais sur moi un tournevis. En une seconde, je force une serrure, d'ailleurs mauvaise comme toutes celles qui ferment les chambres de domestique. Je fouille dans les meubles, je prépare le paquet que je veux emporter; mais, à ce moment, je me retourne et j'aperçois à la porte une jeune fille qui se met à crier : *Au voleur!*

Je me précipite vers elle; je comprime ses cris en lui mettant la main sur la bouche, et je lui dis : « Taisez-vous! de grâce, taisez-vous! J'ai déjà été condamné, et si l'on m'arrête, je suis perdu. Taisez-vous, ou vous êtes morte! » Cette menace l'intimide ; elle me laisse partir. Mais à peine ai-je descendu quelques marches, qu'elle se met à crier de nouveau. Oh! alors, un nuage de sang me passe devant les yeux! Je vois en perspective la cour d'assises et le bagne; et, pour échapper à cette vision effrayante, je m'élance sur la jeune fille, l'entraîne dans une chambre vide en face de la sienne; je la renverse sur le dos en plaçant mon genou sur la poitrine et en lui tenant le cou avec la main gauche; puis, de mon autre main, je fouille dans ma poche, j'en tire un couteau catalan à lame très étroite, et, après l'avoir ouvert avec mes dents, je l'enfonce dans sa gorge à trois reprises... Cette action commise, je descendis en affectant beaucoup de calme, et j'allai retrouver Fréchard. Vous savez le reste. Mais il faut convenir *que les médecins sont de fiers ânes*, car ils ont tous constaté que les blessures avaient été faites avec le tournevis que j'avais laissé dans la chambre de cette pauvre fille.

Le lendemain, jour de l'exécution, je me plaçai, comme d'habitude, au pied de l'échafaud. Jadin, en descendant de voiture, me dit d'un air suppliant : Monsieur Canler, voulez-vous m'embrasser ?

— Ici ? lui dis-je, vous n'y pensez pas ; cela est impossible.

Jadin, qui avait écouté avec résignation les paroles consolatrices de M. l'abbé Montès, gravit avec calme les degrés de l'échafaud, se livra sans fanfaronnade, mais sans faiblesse, aux mains des aides du bourreau ; et, une minute plus tard, l'œuvre d'expiation était accomplie.

Jadin avait trente-deux ans, une taille de cinq pieds deux pouces, une figure fraîche et colorée, une assez forte corpulence ; c'était au demeurant un assez beau garçon. Habile ouvrier, son travail pouvait lui assurer une existence modeste et honorable ; mais ses goûts de paresse et de plaisirs l'amenèrent insensiblement à recourir au vol pour satisfaire à ses dépenses. Une première fois repentant, il retomba dans le crime grâce à la fatale rencontre qu'il avait faite de deux individus avec lesquels il s'était trouvé en prison. Sans cette circonstance, peut-être eût-il persévéré dans la voie honorable où il s'était engagé depuis sa libération. Ceci est un exemple sans réplique de la nécessité, pour tout homme qui a été atteint par la justice, de rompre d'une manière absolue avec tous ceux dont il a pu partager le sort pendant l'expiation de ses fautes.

FIN DU TOME PREMIER

TABLE DES MATIÈRES

Avant-propos : Pourquoi je publie mes Mémoires. 1
I. Mon enfance et ma jeunesse. 5
II. Mon entrée à la police. 33
III. M. Anglès préfet de police. 42
IV. Le colonel Labédoyère. 51
V. Les agents provocateurs. 56
VI. 1820-1830. Le général Berton et le colonel Caron. 61
VII. Mathéo et la danseuse. 69
VIII. Conspiration du 19 août 1820. 77
IX. Un baril de poudre dans le château des Tuileries. 82
X. Le coup du perroquet. 87
XI. Un flagrant délit. 92
XII. Un vol chez l'ambassadeur de Naples. . . . 100
XIII. Évasion de Sainte-Pélagie et de la maison de santé. 106
XIV. La congrégation à la préfecture de police. . 110
XV. Le marché du Temple. 123

TABLE DES MATIÈRES

XVI. Les poses mythologiques.	135
XVII. Un vol au poivrier.	142
XVIII. Avènement de Charles X. — Les fusillades de la rue Saint-Denis.	147
XIX. M. de Belleyme, préfet de police.	155
XX. M. Mangin, préfet de police.	159
XXI. Entrée à Paris des ducs d'Orléans et de Chartres.	163
XXII. Arrestation de la duchesse de Berry.	165
XXIII. Les assommeurs.	168
XXIV. Épisode de l'enterrement du général Lamarque.	174
XXV. Le pont d'Arcole.	181
XXVI. Origine de la police de sûreté.	185
XXVII. Les voleurs par catégories, les auxiliaires, la police de sûreté.	200
XXVIII. Les coqueurs ou dénonciateurs.	269
XXIX. Vol chez la marquise de Faltans.	286
XXX. Assassinat de la veuve Houet.	294
XXXI. Vol chez la marquise de Chinery.	302
XXXII. Un enlèvement.	309
XXXIII. Assassinat de la veuve Idate.	316
XXXIV. Le tuneur mendiant et le banqueroutier.	321
XXXV. Vol dans les omnibus.	327
XXXVI. Assassinat Babois.	334
XXXVII. Vol au théâtre de la porte Saint-Martin.	340
XXXVIII. Lacenaire. — François. — Avril.	343
XXXIX. Débuts de Lacenaire.	374
XL. 1820-1830. Le serrurier et la fermière.	377
XLI. Fieschi, Pepin, Morey et Nina Lassave.	382
XLII. Les marchands de billets de théâtre.	399
XLIII. Assassinat Cazes.	413
XLIV. Tentative de vol chez le curé de Saint-Merry.	419
XLV. M. Delessert, préfet de police.	422

XLVI.	Assassinat Joubert.	428
XLVII.	Histoire d'un coqueur racontée par lui-même.	433
XLVIII.	Deux pétards aux Tuileries.	439
—	Les chansons de Béranger.	443
—	Les bretelles tricolores.	445
—	Projet d'attentat sur S. M. le roi.	449
—	Une machine infernale.	453
XLIX.	Assassinat d'Hermance Decreus	455

FIN DE LA TABLE DES MATIÈRES.

www.ingramcontent.com/pod-product-compliance
Lightning Source LLC
Chambersburg PA
CBHW050248230426
43664CB00012B/1866